国家出版基金资助项目

湖北省学术著作出版专项资金资助项目

数字制造科学与技术前沿研究丛书

国家出版基金项目
NATIONAL PUBLICATION FOUNDATION

数字制造资源智能管控

郭顺生　编著

武汉理工大学出版社

·武　汉·

内 容 提 要

随着以云计算、物联网、大数据、移动互联网等为标志的新一代信息技术的发展,数字制造企业制造资源的管理向智能化管控的方向发展。本书通过 8 章内容,全面论述了数字制造资源智能管控的基本概念,介绍了数字制造资源智能管控的模型框架,具体阐述了数字制造资源配置方法、基于产品质量基因的数字制造资源质量管控、数字制造资源执行过程智能监控和评估方法,并对水泥建材装备行业和光电子行业的数字制造资源智能管控应用进行了分析。

本书结合理论、技术及相关的应用案例来说明数字制造资源智能管控的具体解决方法,以期为广大读者提供数字制造资源智能管控领域广阔的应用视角和有效的解决问题的方法。

本书可作为对数字制造资源智能管控感兴趣的工程技术人员、业务管理人员,或从事具体技术工作的其他人员的参考用书,也可作为大专院校相关课程的重要辅导教材。

图书在版编目(CIP)数据

数字制造资源智能管控/郭顺生编著. —武汉:武汉理工大学出版社,2016.12

(数字制造科学与技术前沿研究丛书)

ISBN 978 - 7 - 5629 - 5106 - 3

Ⅰ. ①数… Ⅱ. ①郭… Ⅲ. ①数字技术—应用—制造工业—工业企业管理—中国 Ⅳ. ①F426.4-39

中国版本图书馆 CIP 数据核字(2015)第 318896 号

项目负责人:田 高 王兆国		**责 任 编 辑**:陈 平	
责 任 校 对:雷红娟		**封 面 设 计**:兴和设计	

出版发行:武汉理工大学出版社(武汉市洪山区珞狮路 122 号 邮编:430070)

　　　　　　http://www.wutp.com.cn 理工图书网

经 销 者:各地新华书店

印 刷 者:武汉中远印务有限公司

开　　本:787×1092 1/16

印　　张:13

字　　数:226 千字

版　　次:2016 年 12 月第 1 版

印　　次:2016 年 12 月第 1 次印刷

印　　数:1—1500 册

定　　价:52.00 元

数字制造科学与技术前沿研究丛书
编审委员会

总　　序

  当前,中国制造 2025 和德国工业 4.0 以信息技术与制造技术深度融合为核心,以数字化、网络化、智能化为主线,将互联网＋与先进制造业结合,正在兴起全球新一轮数字化制造的浪潮。发达国家特别是美、德、英、日等制造技术领先的国家,面对近年来制造业竞争力的下降,最近大力倡导"再工业化、再制造化"的战略,明确提出智能机器人、人工智能、3D 打印、数字孪生是实现数字化制造的关键技术,并希望通过这几大数字化制造技术的突破,打造数字化设计与制造的高地,巩固和提升制造业的主导权。近年来,随着我国制造业信息化的推广和深入,数字车间、数字企业和数字化服务等数字技术已成为企业技术进步的重要标志,同时也是提高企业核心竞争力的重要手段。由此可见,在知识经济时代的今天,随着第三次工业革命的深入开展,数字化制造作为新的制造技术和制造模式,同时作为第三次工业革命的一个重要标志性内容,已成为推动 21 世纪制造业向前发展的强大动力,数字化制造的相关技术已逐步融入制造产品的全生命周期,成为制造业产品全生命周期中不可缺少的驱动因素。

  数字制造科学与技术是以数字制造系统的基本理论和关键技术为主要研究内容,以信息科学和系统工程科学的方法论为主要研究方法,以制造系统的优化运行为主要研究目标的一门科学。它是一门新兴的交叉学科,是在数字科学与技术、网络信息技术及其他(如自动化技术、新材料科学、管理科学和系统科学等)与制造科学与技术不断融合、发展和广泛交叉应用的基础上诞生的,也是制造企业、制造系统和制造过程不断实现数字化的必然结果。其研究内容涉及产品需求、产品设计与仿真、产品生产过程优化、产品生产装备的运行控制、产品质量管理、产品销售与维护、产品全生命周期的信息化与服务化等各个环节的数字化分析、设计与规划、运行与管理,以及整个产品全生命周期所依托的运行环境数字化实现。数字化制造的研究已经从一种技术性研究演变成为包含基础理论和系统技术的系统科学研究。

作为一门新兴学科,其科学问题与关键技术包括:制造产品的数字化描述与创新设计,加工对象的物体形位空间和旋量空间的数字表示,几何计算和几何推理、加工过程多物理场的交互作用规律及其数字表示,几何约束、物理约束和产品性能约束的相容性及混合约束问题求解,制造系统中的模糊信息、不确定信息、不完整信息以及经验与技能的形式化和数字化表示,异构制造环境下的信息融合、信息集成和信息共享,制造装备与过程的数字化智能控制、制造能力与制造全生命周期的服务优化等。本系列丛书试图从数字制造的基本理论和关键技术、数字制造计算几何学、数字制造信息学、数字制造机械动力学、数字制造可靠性基础、数字制造智能控制理论、数字制造误差理论与数据处理、数字制造资源智能管控等多个视角构成数字制造科学的完整学科体系。在此基础上,根据数字化制造技术的特点,从不同的角度介绍数字化制造的广泛应用和学术成果,包括产品数字化协同设计、机械系统数字化建模与分析、机械装置数字监测与诊断、动力学建模与应用、基于数字样机的维修技术与方法、磁悬浮转子机电耦合动力学、汽车信息物理融合系统、动力学与振动的数值模拟、压电换能器设计原理、复杂多环耦合机构构型综合及应用、大数据时代的产品智能配置理论与方法等。

围绕上述内容,以丁汉院士为代表的一批我国制造领域的教授、专家为此系列丛书的初步形成,提供了他们宝贵的经验和知识,付出了他们辛勤的劳动成果,在此谨表示最衷心的感谢!

《数字制造科学与技术前沿研究丛书》的出版得到了湖北省学术著作出版专项资金项目的资助。对于该丛书,经与闻邦椿、徐滨士、熊有伦、赵淳生、高金吉、郭东明和雷源忠等我国制造领域资深专家及编委会讨论,拟将其分为基础篇、技术篇和应用篇3个部分。上述专家和编委会成员对该系列丛书提出了许多宝贵意见,在此一并表示由衷的感谢!

数字制造科学与技术是一个内涵十分丰富、内容非常广泛的领域,而且还在不断地深化和发展之中,因此本丛书对数字制造科学的阐述只是一个初步的探索。可以预见,随着数字制造理论和方法的不断充实和发展,尤其是随着数字制造科学与技术在制造企业的广泛推广和应用,本系列丛书的内容将会得到不断的充实和完善。

《数字制造科学与技术前沿研究丛书》编审委员会

前　　言

随着科学技术的进步和全球经济的发展,市场竞争日益激烈,制造企业所处的环境发生了巨大的变化,企业普遍面临着制造资源与制造能力不均衡、资源闲置与资源短缺并存、加工能力过剩与不足等矛盾性问题。在数字制造环境下,制造企业需要利用网络化数字制造资源进行协同设计与制造。互联网、物联网等技术手段的支持使制造企业的制造范围进一步拓展,同时客户需求进一步个性化,客户也会参与产品的设计与制造过程。为此,企业内部各制造车间、企业与企业之间的交流更加频繁,在这一过程中,最核心的制造过程就是制造资源的流动,数字制造资源的管理效率决定了数字制造企业制造活动的收益。因此,通过智能化的手段对数字制造企业的数字制造资源进行管控是未来的发展趋势。

先进制造技术和信息化手段的结合使企业的数字制造过程实现了智能化、信息化。目前,数字制造技术在国内外取得了一定的研究成果和应用经验,但是针对数字制造企业制造资源的管控过程,还需要进一步完善和发展相关智能化的技术手段和方法,从而提高数字制造资源的利用效率和管控效率,不断开拓市场,增强企业竞争力。

在数字制造技术的推动下,制造企业的制造资源管控模式发生了较大的变化。传统的制造企业的制造资源的管控过程常采用的方式是企业资源计划(ERP)、制造执行系统(MES)等,这些系统实现的主要功能往往是基于制造资源流动过程中的制造资源跟踪与监控。随着数字制造技术的发展,制造过程中制造资源的管控不再是针对制造资源物流过程的跟踪,而是针对产品全生命周期过程中与制造资源相关活动的智能决策。因此,智能化的技术方法在企业资源决策过程中的作用日趋凸显。

目前,关于制造资源管控的技术理论和方法已经有较多的研究,也出版了相关技术方面的书籍,国内外一些企业进行了相关制造资源管控的实践并实施了相应的制造资源管控系统。但在数字制造技术的推动下,数字制造资源的管控有了新的内涵,一些新的技术不断涌现,包括数字制造资源的建模方法、数字制造资源的配置方法、数字制造资源的质量管控、数字制造资源的过程监控与评估方法等,这些理论方法的研究和应用进一步推动了数字制造资源管控的研究和发展。

　　本书由郭顺生编著,杜百岗、王天日、孙利波、郭钧、李益兵、彭兆、李西兴、王磊、吴锐、黄小荣、郭晨等参加了部分章节的编写整理和软件开发工作。本书相关研究内容得到了国家自然科学基金项目"基于演化博弈的核心制造企业订单跟踪与优化方法研究"(项目编号:71171154)和湖北省科技支撑计划项目"数字化协同设计与制造管理平台共性关键技术研发与应用示范"(项目编号:2014BAA032)的支持,在此表示感谢。

　　本书作为介绍数字制造资源智能管控的理论方法和技术方面的书籍,在总结国内外技术现状的基础上,有效融合了相关的研究成果。由于本书涉及的研究内容范围较广,相关的技术手段和方法还处在理论探索和实践推广阶段,可能会存在一些不完善之处和纰漏,恳请广大读者批评指正。

编著者

2015 年 9 月

目　　录

1 数字制造资源智能管控概述

1.1 数字制造资源智能管控的概念

随着以云计算、物联网、大数据、移动互联网等为标志的新一代信息技术的应用和发展，现代制造模式不断向集成化、智能化的方向发展，形成了工业 4.0 模式下的"智能制造"。智能制造是数字制造企业实现产品设计、生产、管理和服务等过程智能化应用水平的重要体现，也是实现由消费互联网向产业互联网转型创新的重要途径。

在智能制造环境下，数字制造企业利用移动互联网，结合大数据、人工智能等先进技术对产品进行协同设计和制造。数字制造企业基于客户产品订单进行生产，订单执行过程中制造资源的共享程度决定了企业的订单收益和交付质量。因此，在数字化智能制造环境下，数字制造企业的制造资源智能管控的实质是对订单执行过程中的制造资源的管理，具体体现为对与订单相关的一系列制造资源的匹配、优化、监控和共享。通过对与订单相关的数字制造资源进行匹配、优化、监控和共享，制订基于订单的数字制造资源管控的综合方案，在移动互联网环境下实现跨组织的数字制造资源的协同与共享。

数字制造企业在实施"智能制造"的过程中，实现对制造资源的智能管控是提升制造资源利用效率、提高企业效益的重要途径，也是促进两化（即工业化、信息化）深度融合、加速推进数字制造企业转型升级的必要手段。根据智能制造的概念，数字制造企业能够对产品全生命周期制造过程中涉及的与制造资源相关的制造活动进行统一、集中的智能化管理，实现智能制造环境下制造资源的按需优化获取、实时过程监控、全面综合评估等，满足安全、高效、优质的制造资源服务需

求。因此,数字制造企业的制造资源智能管控具有以下主要特征:

(1) 异构性

在数字制造环境下,与企业制造活动相关的制造资源种类繁多、数量巨大,并且贯穿于产品全生命周期的制造资源采购、加工、维护等制造活动中,同时企业地理位置的差异性进一步加剧了制造资源在分类、信息描述上的差异性。因此,制造资源的智能管控需要有效融合制造资源的多样性,有效支持异构系统中制造资源的共享和调用等需求。

(2) 动态性

在数字制造环境下,不同制造资源的可用状态、可用数量、地理位置、价格、质量、交货期等要素并不是一成不变的,而是随着时间的推移不断变化的。因此,制造资源的管控需要在动态环境和异构环境下实现对制造资源信息的更新,实现数字制造资源需求与制造资源提供者之间供应关系的动态平衡。

(3) 协同性

由于制造资源分布的异构性,在很多情况下,制造任务无法由单一的制造主体完成,需要多个制造资源的拥有者和需求者之间针对制造资源的协同,即制造资源智能管控的过程不仅体现在单一制造主体对制造资源的管控上,更多地体现在多主体、复杂制造任务对制造资源需求的协同上。

(4) 主动性

在企业传统的制造过程中,制造资源不足导致制造任务工期延误或者质量无法满足要求,这使得企业的收益受到严重影响。往往企业无法事先预知可能出现的制造资源不足等问题,只能在制造过程出现问题后采取被动措施以减少因制造资源不足造成的影响。在数字制造过程中,制造企业需要通过制造资源管控系统来满足制造资源需求,采用本体、语义、规则、推理等理论方法,主动发现可能存在的制造资源不足等问题并提供有效的解决方案,实现制造活动的主动性。

(5) 容错性

数字制造资源的智能管控过程是针对虚拟化制造资源的管控过程。在实际制造活动中,可能存在虚拟制造资源与物理制造资源不符的情况,制造资源管控系统应能够有效地发现所管控虚拟制造资源的潜在故障和错误,及时替换制造资源,提高制造资源管控的可靠性。

(6) 扩展性

在数字制造环境下,制造资源管控系统可以融合不同的制造行业、企业、产品和制造任务,具有高度的可扩展性。无论产品的类型如何变化,只要通过特定的制造资源和制造能力描述就能有效地接入数字制造资源管控系统,丰富产品种类和扩大制造资源规模。通过高度的可扩展性,能够有效集成不同行业的优质制造资源,以灵活适应不同用户的制造资源需求。

1.2 国内外研究现状

（1）制造资源信息建模

制造资源是企业完成客户订单时在产品全生命周期所有生产活动中的物理元素的总称,是制造企业运营的基础。任何制造资源都是为生产任务服务的,信息技术的发展给制造企业带来了巨大的影响,制造企业可以通过网络提供的资源实现产品的快速设计与制造、设备的网上订购与预约等,以保证客户订单的及时交付。但传统的信息建模方法无法完整地描述制造资源信息和实现制造企业制造资源的服务、发现、搜索、匹配等,如统一建模语言、资源描述框架等。制造企业的制造资源信息是建立在异构环境基础上的动态的非结构化的信息,为实现生产任务制造资源的智能发现,需让计算机理解资源服务的描述信息。在人工智能领域,常用本体来对共享概念模型进行明确的、形式化的规范说明[1]。DAML[2]、WSDL[3]、OWL[4]、OWL-S[5] 等被用来描述本体。Zhu 等[3] 提出了面向云端和云平台的双层制造资源描述模型,该模型将云端资源分为单一资源和复杂资源,在云端平台通过资源属性模型对资源进行描述;文献[5]、[6] 分别描述了云制造环境下外协加工服务资源和服务需求信息的 Web 服务本体,及基于知识的云制造系统智能按需服务 X 列表本体模型;文献[7] 从工厂设计的角度阐述了基于资源能力和产品工艺需求的资源本体模型。在制造过程的生命周期中,无论是制造资源的虚拟化封装管理,还是制造资源的智能搜索、匹配等,都离不开知识的应用。基于本体的领域知识管理经历了由模型构建到系统开发的发展过程,提出了数字资源明确性处理、共享性发布、形式化推理的解决方案,并在 Web 环境中得以具体实践[8,9]。

虽然目前对制造资源的建模研究取得了一定的成果,但制造资源的信息建模方法和内容较多集中在制造资源的信息模型方面,而对制造资源模型的描述大多是局部的、不完整的,对制造资源缺乏统一的分类及全面的信息描述和相似性度量方法。其研究的重点在于制造资源信息模型的建立与任务的分配和控制,缺乏制造资源的需求描述,所建立的制造资源信息模型不足以支持数字制造企业之间基于生产任务的制造资源信息的交换与共享。

(2) 制造资源的优化配置

在数字制造企业中,制造资源的优化配置是实现制造企业制造资源共享的关键之一。目前,对于资源配置的研究主要集中在针对网络化制造环境下的资源配置领域,可分为建模和求解两个方面,包括对概念[10,11]、过程[12,13]、协作[14] 等模型的研究,以及基于灰色关联度法[15]、蚁群算法[15-17]、遗传算法[18-20] 等求解方法的研究。

谭伟等[10]针对网络化制造环境下制造服务的集成需要,提出了基于语义的制造服务匹配、合成及运行框架;范菲雅等[11] 基于语义 Web 提出了涵盖功能信息、质量信息和参数优先权的应用服务资源扩展模型,以支持丰富的资源定义和多参数融合的服务匹配;陈金亮等[12] 为了达到短时间内快速组织制造资源进行生产的目标,提出了面向快速扩散制造的制造资源配置的体系结构,充分利用外部资源和使用内部技术;Lee 等[13] 提出了基于 RFID 的制造资源配置模型,并将其应用到服装制造企业;树志松等[14] 在分析制造资源协作的连接机制和演化机制的基础上,提出了基于节点年龄的制造资源协作网络演化模型;房亚东等[15] 为了优化网络化制造环境下的制造资源配置问题,提出了一种将灰色关联理论和蚁群算法相结合的资源优化选择求解方法;王正成等[16] 针对网络化制造资源服务链的构建问题,提出了基于时间最短、成本最低和时间成本综合最优的网络化制造资源服务链构建的数学模型,并设计了求解该模型的改进蚁群算法;Wang 等[17] 在考虑半导体终检业务过程的复杂性与多资源约束特征的情况下,提出了基于模糊商业规则抽取的资源配置知识模型,从大量数据库中挖掘资源配置知识,并运用遗传算法求解出资源配置最佳优先序列,实现资源优化配置。针对云制造环境下的资源配置与优化问题,王时龙等[18] 构建了以成本和时间最小化、质量最优化为目标的云制造资源优化配置模型,并采用最大继承法对资源配置模型进行求解;李海波[19] 提出了基于工作流的多粒度资源组合方法,从过程实例和活动两个层次将物理制造资源转化为逻辑制造资源,通过合并计算得到不同粒度的资源组合;Wu 等[20] 对需求计划网络的制造资源配置问题进行了研究,采用基于矩阵的贝叶斯方法进行求解,并利用遗传算法进行多属性决策;Hassan 等[21] 针对分布式云联邦平台的资源配置问题,提出了基于合作博弈的集中与分散配置算法;Du

等[22]采用 DEA 方法求解固定成本下的资源配置方案,该方法考虑了所有决策单元对配置结果的影响;Vincent 等[23]提出了基于改进 DEA 与目标规划模型的集成方法来解决资源受限情况下的资源配置问题。

现有研究对数字制造企业制造资源的配置具有一定的指导和借鉴意义,但研究主要是以制造资源有限或制造资源无限为前提的,而对动态性的多主体生产任务制造资源配置的研究较少。

（3）数字制造资源执行过程的监控

在对制造资源执行过程的监控问题上,国内外的研究主要集中于物流领域和单一企业的任务追踪,而对分布、异构、动态环境下的制造企业生产任务制造资源监控与处理的研究较少,在监控方式上多采用 Agent 技术进行跟踪。Chen[24]等为跟踪和控制动态的制造任务流程,提出了一个基于 RFID 和 Agent 的制造控制和协调框架;Pawlewski[25]在考虑复杂产品制造特性的情况下,提出了基于 Multi-agent 的规划过程框架,在产品生产系统中引入 Agent 检查并分析物料的流动;尹超等[26]通过移动短信息服务的信息实时传输和交互等方法与关键技术实现了对摩托车零部件制造企业供货状况的实时跟踪;Gavalas 等[27]使用移动 Agent 技术开发了基于互联网的跨企业物流服务跟踪系统;Zhang 等[28]应用 RFID 技术构建了制造信息实时跟踪框架,构建了员工、加工设备、物料等制造资源数据的实时获取环境,建立了实时数据的处理模型,解决了车间 WIP 数据与生产成本的跟踪问题;Guo 等[29]基于 RFID 使能技术建立了销售订单跟踪系统框架,提出了销售订单跟踪的数据处理算法;鄢萍等[30]建立了一种基于复杂网络的制造系统网络模型来处理定制型企业生产进度提取和订单跟踪困难的问题,该网络由任务分派网、任务完成反馈网、纯粹信息传递网组成,应用相应的演化算法,推导出基于网络节点的生产进度的提取方法;Snatkin 等[31]针对中小企业构建了实时计划监控框架和系统模块及参数的选定方法,用以实现企业短期以及中长期计划的数据统计与决策分析;Wang[32]提出了面向网络与服务的分层架构监控体系,用于监控云制造闭环网络中的任务制造过程,该体系利用共享网络实现了基于 Web 的分布式过程计划控制。

目前,在数字制造资源信息监控与跟踪方法方面的研究成果,主要集中在针对单个企业或者成员数固定、伙伴关系稳定的联盟企业而提出的制造信息跟踪解决方案或相应的生产信息跟踪原型系统。由于数字制造企业各主体有其独立的客户关系和制造资源,多任务在多主体间协同进行,其监控与跟踪的过程是多制造主体分布式执行过程的综合与集成,因此,结合数字制造企业分布式制造的特点,对数字制造企业面向生产任务的制造资源执行过程的监控进行研究是有必要的。

1.3 数字制造资源智能管控的关键技术

由前文可知,数字制造企业制造资源智能管控的实质是对订单执行过程中的制造资源的管理,具体体现为对与订单相关的一系列制造资源的匹配、优化、监控和共享。通过对与订单相关的数字制造资源进行匹配、优化、监控和共享,制订数字制造资源管控的综合方案,在移动互联网环境下实现跨组织的数字制造资源协同与共享。数字制造企业制造资源管控架构如图 1-1 所示,数字制造企业获取订单后,结合订单进度计划和产品 BOM(Bill of Materia,物料清单)结构对订单任务进行分解,形成订单任务链,同时发布制造任务,与制造资源服务进行匹配,组建制造资源链,完成订单的服务过程。

结合数字制造企业制造资源管控架构,数字制造资源的智能管控主要涉及以下关键技术:

(1) 数字制造资源的分类及建模方法

由于不同类型的数字制造资源具有不同的功能属性,并且具有分布性、异构性、动态性等特点,因此无法对所有的制造资源采用统一的描述模型进行描述,必须对数字制造资源进行合理的分类。数字制造资源分类的目的是为了有效地屏蔽制造资源的异构性,以便于在数字制造环境下保证制造资源的查全率和查准率,为后续数字制造资源的优化、配置、调度和评估奠定基础。

数字制造资源的分类主要是基于聚类的思想来解决制造资源的维度问题,即将产品制造过程中相关的数字制造资源按照其功能属性进行分类,将具有某些相似功能、特点的数字制造资源归类在一起,以降低数字制造资源在匹配时的维度。在分类的过程中,需要解决数字制造资源的基本分类标准以及数字制造资源的聚类问题。同时,为了建立数字制造资源模型,在对数字制造资源进行分类的基础上,还需要对数字制造资源进行建模,以便对每一类制造资源进行统一组织和管理,将每一类数字制造资源作为数字制造环境下的制造资源域,以实现同类数字制造资源之间的关系转换。

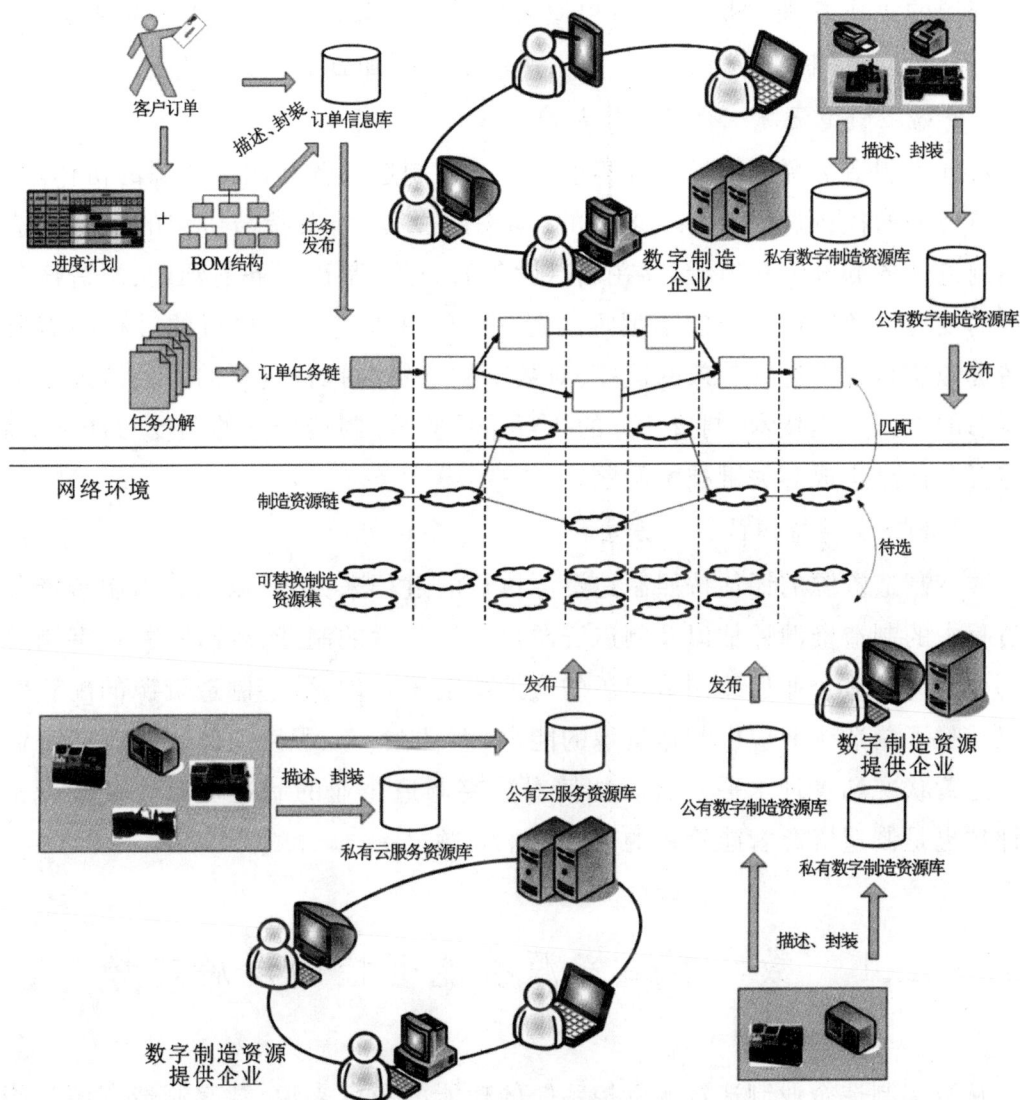

图 1-1 数字制造企业制造资源管控架构

（2）数字制造资源的管控与匹配方法

数字制造企业要实现制造资源的智能管控，首先必须有一套完整的数字制造资源的管控流程和框架，在此基础上再进行制造任务和制造资源的匹配。这一过程中涉及数字制造资源的集成管理、制造任务的分解、数字制造资源需求的提取和发布、制造资源的优选、制造任务及制造资源的调度等。在数字制造资源的管控过程中，对数字制造资源的快速检索是制造资源管控的关键技术之一。目前，相关的云计算、大数据、Web 服务技术以及面向服务的 SOA 架构等技术手段，为数字制造资源的集成管理、封装、发布和检索提供了有效的数据共享和发现模式。因此,需要研究数字制造资源在新的技术手段下的匹配方法。

（3）数字制造资源执行过程的监控方法

对数字制造资源的匹配过程侧重于静态的制造任务和制造资源的协作过程,而制造任务的执行过程是一个多变的、动态的过程,涉及参与协作的多个制造主体间制造任务的分配和执行,存在制造设备的故障、制造任务的延期、制造任务优先级的变更以及制造资源的不足等问题。因此,在制造任务执行的过程中需要对制造资源执行过程进行有效的监控。对数字制造资源执行过程的监控涉及制造资源状态的数据采集技术、制造任务的执行质量监控、制造任务的调度与冲突消解、制造资源信息集成等关键技术问题。

（4）数字制造资源的评估方法

数字制造资源的评估按照制造资源执行的过程来分,可以划分为制造资源执行过程中的制造资源评估以及制造资源执行结束后的制造资源评估。数字制造资源的评估为制造企业后续制造资源的决策奠定了基础。数字制造资源的配置效率不仅反映了制造企业应用制造资源的能力,而且在一定程度上体现了制造企业的整体运营状况和管理水平。因此,如何对数字制造企业的制造资源配置进行有效的评估也是制造资源智能管控的关键技术问题之一。

1.4　数字制造资源智能管控的发展趋势

从数字制造企业制造资源管控系统的功能的角度来说,数字制造资源智能管控可分为两个层次:一个是局限于单个制造企业内部、功能相对单一的数字制造资源管控平台,这一类平台的特点是基于数字制造资源的流转过程进行控制、分析和预警,这属于基本的数字制造资源管控;另一个则是从产品全生命周期,从多个制造主体协作的角度来整合和优化配置数字制造资源,以便高效、快捷地完成产品的设计、制造、安装、调试、运行和维护的全过程,并针对制造全过程的信息进行分析和智能处理,为用户提供一整套的制造资源管控平台,这属于较高层次的数字制造资源智能管控模式。

传统的制造资源管控过程主要集中在企业内部,从数据信息处理和共享的角度来看,数字制造资源的管控过程会不断向网络化的方向深入发展,使得基于移动互联网的制造资源管控成为可能。目前,国内外的许多制造资源管控系统厂商,例如 SAP、Oracle、用友、金蝶等软件公司不断向互联网转型,向高层次的制造资源智能管控模式推进。高层次的制造资源智能管控有利于实现网络化数字制造资源的高度共享和优化配置,提高数字制造资源的利用效率。这种网络化数字制造资源智能管控过程的实现,一方面有利于融合多个制造企业参与数字制造资源的协同配置,促使数字制造企业不断从传统的制造模式向新形势下的服务型制造模式转变,从而统筹管理数字制造企业,特别是中小企业的数字制造资源,优化产品的制造过程,提高制造企业的产品研发、制造和创新能力;另一方面能够有效集成与产品全生命周期相关联的数字制造资源及其制造资源的提供者,使产品设计、制造等各个阶段涉及的相关企业加强联系,有效拉动行业需求,促进制造业及其相关行业的发展。因此,高层次的制造资源智能管控模式的推广和应用成为未来一段时间内制造资源管控需要达到的目标。

结合数字制造资源智能管控的基本含义,并随着 Internet、信息技术、制造资源管控技术发展到一个新的阶段,数字制造企业制造资源管控的几个重要发展方向如下:

(1) 数字制造资源管控的服务化。数字制造企业实现制造资源管控的服务化的基础是数字制造资源的高度共享和制造资源的优化组合。为了实现数字制造资源的高度共享,需要对数字制造资源进行分类和描述,以服务化的形式进行封装,提高数字制造资源服务描述模型的通用性和可扩展性。

(2) 数字制造资源管控的智能化。随着人工智能技术的发展,以及大数据、数据仓库、数据挖掘技术在制造资源管控系统中的应用,制造资源的管控过程从传统的 ERP 模式的制造资源管控转向智能化的制造资源管控。例如很多决策支持系统、专家系统开始被应用于制造资源的管控,利用大规模的分布式知识库共享平台,并基于更加丰富化的推理方式来进行数字制造资源管控的智能制造决策。

(3) 基于移动互联网的数字制造资源智能管控。要实现高层次的制造资源智能管控,需要搭建相关的平台,移动互联网为此提供了良好的支撑。这涉及信息化技术方面的相关新理论和新技术,例如大数据、云计算、物联网以及智能监控技术等。由于制造资源管控的过程涉及制造任务发布,制造资源需求传递、交易和使用等一系列产品全生命周期内活动的动态变化,因此,基于移动互联网的数字制造资源管控平台需要具有较强的适用性,必须构建具有行业特色的可拓展的制造资源管控平台架构体系。

参 考 文 献

［1］ Adrian W T,Ligeza A,Nalepa G J,et al. Distributed and collaborative knowledge management using an Ontology-Based system［M］. Artificial Intelligence for Knowledge Management. Springer Berlin Heidelberg,2014：112-130.

［2］ Geng B,Tao D,Xu C. DAML：Domain adaptation metric learning ［J］. IEEE Transactions on Image Processing,2011,20(10)：2980-2989.

［3］ Zhu L,Zhao Y,Wang W. A bilayer resource model for cloud manufacturing services ［J］. Mathematical Problems in Engineering,2013. http://dx. doi. org/10. 1155/2013/607582.

［4］ McGuinness D L,Van Harmelen F. OWL web ontology language overview ［J］. W3C recommendation,2004,10(10)：2004.

［5］ 尹胜,尹超,刘飞,等. 云制造环境下外协加工资源集成服务模式及语义描述 ［J］. 计算机集成制造系统,2011,17(3):525-532.

［6］ 李从东,谢天,汤勇力,李浩民. 面向云制造服务的语义 X 列表知识表达与推理 体系［J］. 计算机集成制造系统,2012,18(7):1469-1484.

［7］ Agyapong-Kodua K,Haraszkó C,Németh I. Resource selection ontologies in support of a recipe-based factory design methodology［J］. International Journal of Production Research,2014,52(21)：6235-6253.

［8］ Cheng H,Lu Y C,Sheu C. An ontology-based business intelligence application in a financial knowledge management system ［J］. Expert Systems with Applications, 2009,36(2):3614-3622.

［9］ Rao L,Mansingh G,Osei-Bryson K M. Building ontology based knowledge maps to assist business process re-engineering ［J］. Decision Support Systems,2012,52(3)： 577-589.

［10］ 谭伟,范玉顺. 网络化制造环境下服务匹配与合成问题研究［J］. 计算机集成 制造系统,2005(10):1408-1413.

［11］ 范菲雅,倪炎榕,袁晓舟,郑宇. 网络化制造环境下基于语义 Web 的应用服务 资源模型［J］. 计算机集成制造系统,2009(8):1507-1513.

［12］ 陈金亮,何卫平,房亚东,董蓉,郝广科,王海宁. 支持快速扩散制造的制造资 源配置平台研究［J］. 计算机应用研究,2007(12):285-287.

[13] Lee C K H, Choy K L, Ho G T S, et al. A RFID-based resource allocation system for garment manufacturing [J]. Expert Systems with Applications, 2013, 40(2)：784-799.

[14] 树志松, 刘丽兰, 孙雪华, 俞涛. 制造资源协作网演化机制研究[J]. 现代制造工程, 2011(9):15-20.

[15] 房亚东, 杜来红, 和延立. 蚁群算法及灰色理论在制造资源配置中的应用[J]. 计算机集成制造系统, 2009, 15(4):705-711.

[16] 王正成, 潘晓弘, 潘旭伟. 基于蚁群算法的网络化制造资源服务链构建[J]. 计算机集成制造系统, 2010(1):174-181.

[17] Wang K J, Lin Y S, Chien C F, et al. A fuzzy knowledge resource allocation model of the semiconductor final test industry [J]. Robotics and computer-integrated manufacturing, 2009, 25(1):32-41.

[18] 王时龙, 宋文艳, 康玲, 等. 云制造环境下的制造资源优化配置研究[J]. 计算机集成制造系统, 2012, 18(7):1396-1405.

[19] 李海波. 云制造环境下基于工作流的多粒度资源组合方法[J]. 计算机集成制造系统, 2013(1):210-216.

[20] Wu J, Zhang W Y, Zhang S, et al. A matrix-based Bayesian approach for manufacturing resource allocation planning in supply chain management[J]. International Journal of Production Research, 2013, 51(5)：1451-1463.

[21] Hassan M M, Hossain M S, Sarkar A M J, et al. Cooperative game-based distributed resource allocation in horizontal dynamic cloud federation platform[J]. Information Systems Frontiers, 2014, 16(4)：523-542.

[22] Du J, Cook W D, Liang L, et al. Fixed cost and resource allocation based on DEA cross- efficiency[J]. European Journal of Operational Research, 2014, 235(1)：206-214.

[23] Vincent F Y, Hu K J. An integrated approach for resource allocation in manufacturing plants [J]. Applied Mathematics and Computation, 2014, 245：416-426.

[24] Chen R S, Tu M. Development of an agent-based system for manufacturing control and coordination with ontology and RFID technology[J]. Expert Systems with Applications, 2009, 36(4):7581-7593.

[25] Pawlewski Pawel. Manufacturing material flow analysis based on agent and movable resource concept[J]. Advances in Intelligent and Soft Computing, 2011,90：67-74.

[26] 尹超,储建涛,刘飞,等.摩托车零部件制造企业网络化采购支持系统[J].重庆大学学报,2008,31(4)：377-381.

[27] Gavalas D,Tsekouras G E,Anagnostopoulos C. A mobile agent platform for distributed network and systems management[J]. The Journal of Systems and Software,2009,82(2):355-371.

[28] Zhang Y,Jiang P,Huang G,et al. RFID-enabled real-time manufacturing information tracking infrastructure for extended enterprises[J].Journal of Intelligent Manufacturing,2012,23(6):2357-2366.

[29] Guo S S,Wang T R,Yu X B. Agent-based system for sales order tracking with RFID technology[C]. The Mechanic Automation and Control Engineering,2010:2996-3000.

[30] 鄢萍,王东强,等.一种基于制造过程信息传播关系网的生产进度提取和跟踪方法[J].中国机械工程,2010,21(9):1046-1052.

[31] Snatkin A,Karjust K,Majak J,et al. Real time production monitoring system in SME[J]. Estonian Journal of Engineering,2013,19(1)：62-75.

[32] Wang L.Machine availability monitoring and machining process planning towards Cloud manufacturing[J]. CIRP Journal of Manufacturing Science and Technology,2013,6(4)：263-273.

② 数字制造企业资源管控模型

随着全球化经济的不断推进和快速发展,生产活动更加趋于网络化、协同化,制造企业迫切需要在数字制造环境下,围绕"制造资源"完成设计、分析、制造、装配、售后等产品的全生命周期活动。通过采用信息化的手段和方法,获取优质高效的制造资源,改善企业生产经营活动,提高制造资源利用水平,从而增加制造企业的市场竞争优势。

2.1　数字制造资源管控过程模型

企业制造资源活动是围绕客户需求所进行的设计、计划、采购、加工、装配、发运等一系列活动。图 2-1 给出的是面向企业的供应链上资源活动的基本过程,这些活动集中在企业内部各职能部门及制造车间之间,企业与外部原材料供应商、外协制造商及物流供应商之间,通过需求的传递,完成不同主体、不同阶段对基于客户需求的制造资源的转化和实现。

从图 2-1 中可以看出,企业通过市场部组织投标,获取客户订单后,客户的订单将以项目工程的形式立项,同时将客户需求传递至设计部。设计部接收到市场部的联系单后,按已有产品结构,结合客户新的需求对产品进行设计和改进,完成设计后将图纸资料发送到技术部,技术部根据图纸资料对 BOM 进行转化,划分成材料主线和制作 BOM 主线,制订零件加工工艺,最后由采购部完成物料的采购,由生产部完成产品的生产。

采购部的物料采购计划分为两种类型,一种是项目工程的物料需求计划,入库时进入项目工程库存;另一种是项目工程的物料备库计划,入库时进入备库库存。项目工程库存和备库库存之间可以通过 MTO 进行调整,即在项目工程完工后,可将项

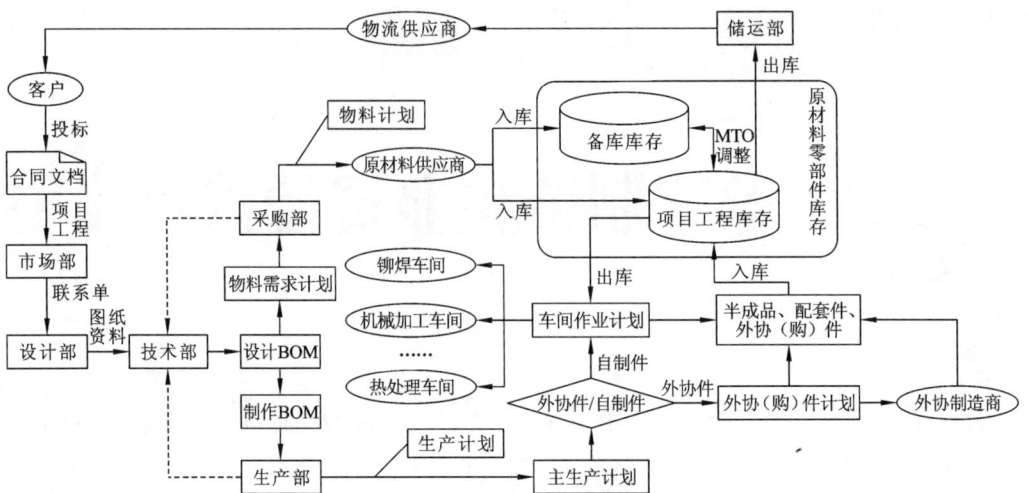

图 2-1   企业供应链总体模型

目工程库存中的物料库存调整至备库,以便其他项目工程占用;备库库存中的物料可调整至项目工程库,以实现物料的占用。

生产部根据制造 BOM 完成主生产计划的编制,对于外协件,选择合适的外协制造厂商进行加工;对于自制件,拟定车间作业计划,将计划分配到不同的车间,各车间将按计划从项目工程库存中领用物料进行生产加工。项目工程完工后,储运部根据发运计划,通过物流供应商将产品交付至客户。

在以上客户需求执行的过程中,对制造资源的管理存在以下几个方面的问题:

(1) 有限的供应商,有限的制造资源

企业的制造活动离不开供应商的参与,这些供应商包括原材料供应商、外协供应商、物流供应商等,企业从供应商处获取相应的制造资源完成产品的生产和制造。由于企业所管理的各类供应商是有限的,而每个供应商所能提供的制造资源也是有限的,因此,企业只能从这些有限的制造资源中选取在某种程度上相对优质的制造资源为企业服务。在某些项目工程中,由于产品结构对材料或加工工艺等的特殊要求,企业无法及时从所拥有的供应商中获取必要的制造资源,特别是在项目工期紧张时,这一问题更为突出。

(2) 资源信息的闭塞,制约制造资源的高效利用

车间作为制造企业经营活动的最底层,担负着企业产品制造的重任。企业产品的生产主要面向客户的个性化需求进行,类型较多,但大多是单件或小批量生

产,有较大的随机性,工艺的变更频繁。目前,企业多以手工单据或电子文档的形式传递生产制造信息,导致制造车间与库房、企业管理层等部门之间共享信息困难,这种采用人工台账管理车间制造资源的方式导致车间制造资源信息不透明,对人员的依赖程度高,如果信息传递得不及时,可能导致企业决策层一系列计划的失效。同时在车间生产过程中存在大量的制造资源,种类繁多,并且有部分资源是关键制造资源,信息的闭塞加剧了产品生产过程的不可控性,导致无法高效利用制造资源,削弱了制造资源的使用价值。

（3）储运部原材料库存的积压

原材料库存的积压是制造企业所面临的又一重要问题。一般而言,原材料库存的积压产生的主要原因有三种,即物料计划取消或变更,在无法退货的情况下导致的库存积压;采购计划变动形成的库存积压;对某些原材料（如钢材、标准件等）设置的安全库存过高导致的库存积压。这些库存积压导致大量的呆滞物料,增加了企业的库存成本。这一部分呆滞物料的处理成为企业的棘手问题。以折扣方式退货给供应商、维持原状或以坏账来处理,都会造成企业利益的损失。

2.2　数字制造资源分类模型

在数字制造环境下,数字制造企业的制造资源种类多、数量大,并且存在物理范围上的分散性及功能特征的异构性,对数字制造资源的管理、组织、匹配和计划,以及制造资源本身的功能性等,对产品的设计、规划、生产和控制都有重要的影响。通过建立合理的资源分类,分析最优化的制造资源的共享方法,有利于提高制造资源的检索率和实现制造资源的优化管理,从而提高企业对数字制造资源的共享效率。

在数字制造环境下,对制造资源进行分类的目的就是将具有某些共同特征、功能和价值的制造资源划分在一起。对制造资源进行分类是描述制造资源的前提,通过统一的分类方法,使得制造资源的描述更具通用性和一致性。

制造资源有广义和狭义之分,两者在使用的范围上存在差异性。狭义的制造资源具体到完成某零件加工所需要的物理元素,如加工设备、原材料等,是 CAPP、CIMS 等系统管理中底层的制造资源。广义的制造资源是网络化环境下的所有资源,包括资源的场所、物料、设备、工装、人员、资金、技术数据、信息等各种软硬件资源。

在网络化环境下,按使用的范围,制造资源主要可分为六大类,如图 2-2 所示。在这六大类资源中,技术资源是核心,包含协同设计与制造、网络管理与营销技术等,而技术资源的设施辅助以相应的物资资源和人力资源。其中,物资资源包含零件加工所需要的物资元素以及与加工过程相关的软硬件资源;人力资源是管理和使用这些物资资源的人员,分为生产层、中间层和管理层三个层次。在以物资资源为中心的资源活动中,伴随着大量的信息资源,如技术信息、设计信息、生产信息、统计信息等,这些信息资源的流通以一定的财务资源,如企业资金、销售收入、股票收入等作为支撑。辅助资源不直接参与企业的生产制造活动,但仍在企业的生产活动中不可或缺,如公共环保设施、后勤保障体系等。

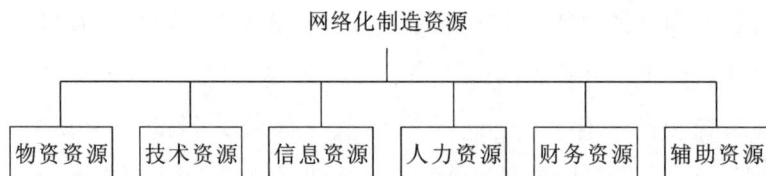

网络化制造资源

| 物资资源 | 技术资源 | 信息资源 | 人力资源 | 财务资源 | 辅助资源 |

图 2-2   基于使用范围的制造资源划分

按照企业制造环境的物理结构,可将制造资源划分成五个层次,其结构自上而下包括工厂层、车间层、单元层、工作站层和设备层,如图 2-3 所示。各层次的制造资源具有不同的资源属性,具有不同的功能。工厂层主要对企业进行生产决策和管理。最底层为设备层,它的制造资源用于完成加工任务,每一台设备都有一个控制器。多台设备组成工作站,控制各设备完成车、铣、刨、磨、检测及物料传送等工作。单元层实现对工作站层的管理和协调,而车间层则实现对多单元层的调度。

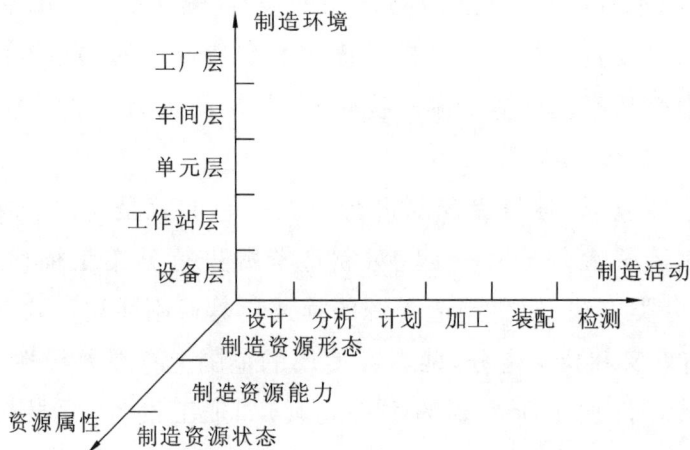

图 2-3   按企业制造环境的物理结构划分的制造资源

制造资源是为客户产品订单提供设计、仿真、工艺、检测和生产等服务的。本书从制造资源提供者的角度，按照制造资源的用途、使用方式，结合 2.4 节中对数字制造环境云层的划分，将数字制造资源（Digital Manufacturing Resources，DMR）划分为图纸资源（Drawing Resources，DR）、知识资源（Knowledge Resources，KR）、设备资源（Equipment Resources，ER）、物料资源（Material Resources，MR）、软件资源（Software Resources，SR）、人才资源（Talent Resources，TR）、其他资源（Other Resources，OR）等七大类，如图 2-4 所示。分类的制造资源间不是孤立的，处在不同层次的制造资源，可能是相同或相似的制造资源，如图 2-4 中的 A-a 及 B-B；也可能是有联系的制造资源，如某企业利用某一软件资源和人才资源分析某一设备加工某种物料的过程，如图 2-4 中的关联制造资源 1-2-3-4。

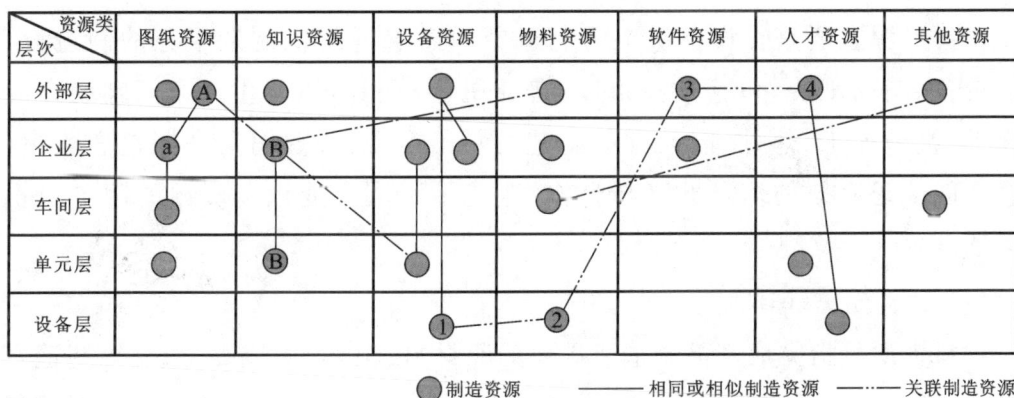

图 2-4 基于资源类和环境层次的制造资源分类

为了进一步理解各大类制造资源所包含的具体制造资源，可将制造资源进一步细分，分类层次如图 2-5 所示，其具体描述如下：

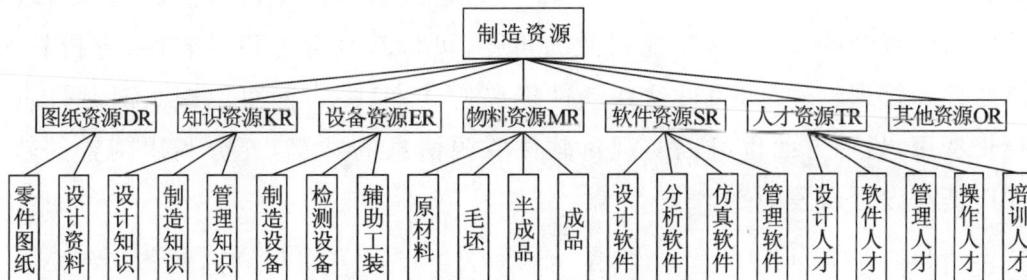

图 2-5 制造资源概念层次分类图

（1）图纸资源（DR）

在制造企业中,零件信息都是以图纸形式呈现的,设计人员通过查询相应的零件图纸和设计资料等完成设计过程。因此,图纸资料的共享是制造企业制造资源共享的重要内容。

（2）知识资源（KR）

知识资源是企业的核心制造资源,也是使企业保持竞争优势的根本性制造资源,既包括产品设计及制造过程中的具体的原理、方法、实施经验等,也包括企业解决关键难题的技术积累和问题知识库等。通过对知识资源的共享,提高对知识资源的重复利用水平,可协助研发和制造人员进行产品的研发和制造,缩短产品的研发和制造时间。

（3）设备资源（ER）

设备资源主要是在设备层上为制造资源需求者提供制造服务的制造设备、检测设备、辅助工装,包括数控机床、普通机床、夹具,以及生产车间辅助完成产品铆焊、机械加工、热处理、装配等工艺的加工资源。在建材装备制造企业中,由于企业间缺乏有效的信息共享与合作,造成了不同企业设备资源的闲置与不足的矛盾。

（4）物料资源（MR）

物料资源是指完成产品制造所需要的原材料、毛坯、半成品、成品等制造资源的集合,可按一定的资源属性和标准进一步细分。如金属材料、非金属材料及复合材料等。物料资源的共享能够降低物料的库存量,减少呆料、滞料,提高物料的利用水平。

（5）软件资源（SR）

软件资源是建材装备产品的全生命周期过程中与设计、分析、制造和管理等相关的软件资源的集合。从功能属性的角度,可将其划分为设计软件、分析软件、仿真软件和管理软件等。通过这些软件资源的共享,一方面可以减少对软件资源的投资费用,另一方面也可以实现对软件资源信息的共享,充分利用闲置的软件资源以提高设计研发效率。

（6）人才资源（TR）

人才资源是指在产品生产的各个阶段进行各专业技术和理论研究的人员和专家。根据产品的全生命周期,可将人才资源细分为设计人才、软件人才、管理人才、操作人才、培训人才等。在人才资源共享的基础上，能及时获知各类人才的情况，满足企业对特殊领域人才的专门需求。

（7）其他资源（OR）

其他资源是指不直接参与制造活动的制造资源的总称。如辅助安全设施、后勤保障、日志信息等与其他六类制造资源不相关的制造资源。

2.3 基于语义 Web 的数字制造资源本体

2.3.1 本体论及其描述方法

"本体"一说源于哲学领域对世界本质的描述，已广泛应用于知识管理、人工智能、信息检索等领域。Gruber 最早将本体描述为"给出构成相关领域词汇的基本术语和关系，以及利用这些术语和关系构成的规定这些词汇外延的规则的定义"。这体现了共享概念模型的表示方法以及共享概念模型之间的关联，是一种形式化的规范说明，可划分成概念化、明确、形式化、共享四个层面。数字制造环境下的制造资源不仅包含制造资源本身，还包含各制造资源之间的联系，本体适合于对数字制造资源进行形式化描述，以提高数字制造资源的共享能力。

在 2.2 节中，从概念化的角度对制造资源进行了划分。通过对制造资源的抽象，得到了七大类制造资源，这些制造资源与具体所处的环境层次无关，而是一种概念化的描述。为了进一步使制造资源明确，在对制造资源进行细分的基础上，还需要确定制造资源间的约束关系，这些约束包含两个方面，即自身的能力、属性的约束以及与其他制造资源间的约束，图 2-4 中的双点画线则抽象地体现了这一约束。数字制造资源的共享体现在对网上制造资源的利用，因此，一种形式化的、计算机可以识别的数字制造资源本体是数字制造资源共享的前提。

利用本体进行建模的过程中，其形式化描述方法大致经历了从可扩展标记语言（Extensible Markup Language，XML）、资源描述框架（Resource Description Framework，RDF）、本体推理层（Ontology Inference Layer，OIL）、DAML＋OIL 到 Web 本体语言（Web Ontology Language，OWL）的过程。作为基于 DAML＋OIL 的语义描述语言，OWL 提供了拓展的语义网标记能力，更具动态性，能帮助计算机在理解信息的基础上处理信息,其性能优于 XML 和 RDF 等。因此,本书将数字制造资源本体的描述定义为 Web 数字制造资源本体,即一种基于 Web 服务、开放的、在数字制造资源共享过程中不断更新的、便于跟踪和计算的制造资源本体。

OWL 有三种描述的子语言,即 OWL-Lite、OWL-DL 和 OWL-Full,三者主要存在表达能力和复杂程度的区别。OWL-Full 在语义和语法上具有最强的表达能力,但目前缺乏有效的软件支持;OWL-Lite 最为简单,适用于简单的类层次和约束相对简单的情况;OWL-DL 利用描述逻辑实现自动推理功能,能保证计算的完整和有效,表达能力强。

一个完整的 OWL 描述由个体(Individuals)、关联(Properties) 和类(Classes)构成,组成一个实体(Entities)。与面向对象的思想一致,将 Class 进行实例化便形成 Individual,对 Web 数字制造资源本体而言,Individual 是 Web 数字制造资源的具体对象。Properties 包括 Object Properties 和 Data Properties 两种关系,分别描述了个体与个体之间的关联、个体与基本数据类型之间的关联。

2.3.2　基于 OWL 本体的数字制造资源建模

(1) 数字制造资源 OWL 本体的构建规则

由于研究领域和应用对象的不同,本体的构建存在不同的方法,如 SENSUS 法、KACTUS 法、骨架法、TOVE 法、IDEF5 法、MATHONTOLOGY 法。无论是哪一种方法,都必须满足 Gruber 在 1995 年提出的 5 条本体建模规则:

① 明确性和客观性:在构建本体时,必须要针对特定的领域和研究对象,给出明确、客观的语义定义。

② 完整性:本体能够完整地描述特定术语的含义,如通过螺栓本体,就可以获知与螺栓相关的全部信息,包括螺栓的类型、标准、尺寸、强度以及与其他资源的联系等。

③ 一致性:在对本体进行推理后,推理的结果不违背本体本身的术语定义和描述。

④ 可扩展性:在对已有的本体进行修改时,能在不改变原有本体结构的基础上单独扩展和缩减本体结构。如本体需要增加或减少属性或关联时,不需要修改已有的属性定义和关联关系。

⑤ 最少约束:在本体建模时,尽可能少地列出限定的约束条件,以最少的本体约束实现本体知识的共享。

(2) 数字制造资源的 OWL 本体建模步骤

"本体是一种概念化的明确的规范说明",虽然本体构建的方法很多,但目前仍然没有完全统一、成熟的本体建模方法。为了满足数字制造环境下企业制造资源的共享需求,本书中将建模过程主要划分成概念化的本体非形式化阶段和规范化的本体形式化阶段。结合文献[4]中本体建模的"七步法",本书提出了 Web 数字制造资源本体模型的构建过程。其具体构建步骤如图 2-6 所示,共分为九步,详细建模步骤描述如下:

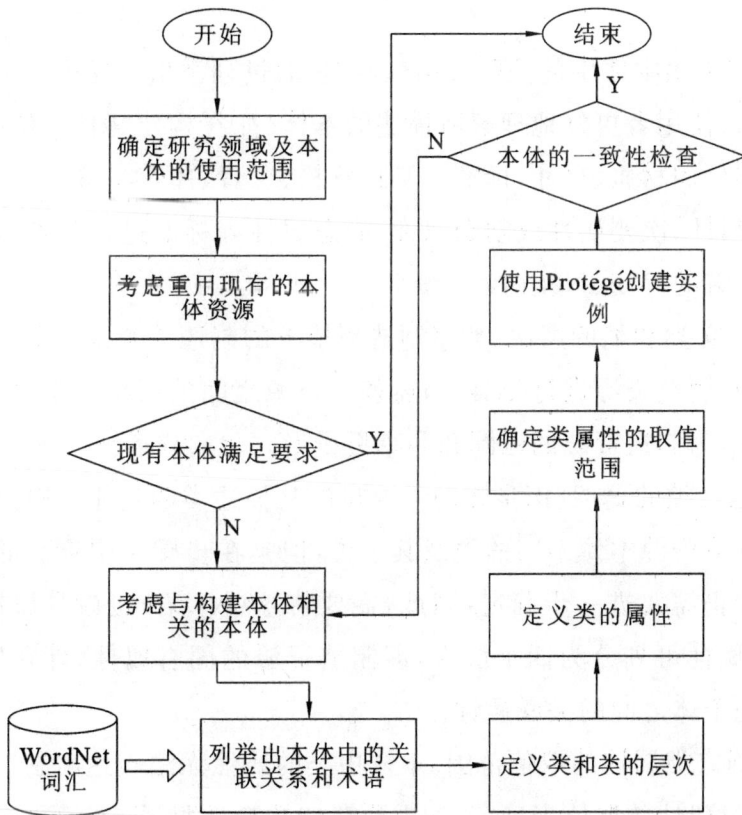

图 2-6　制造资源本体模型的构建步骤

步骤 1:确定 Web 数字制造资源本体的研究领域和使用范围。在构建 Web 数字制造资源本体时,需要明确本体的使用对象和用途,确定其是公用本体资源还是私有本体资源。如对于某一螺栓本体,制造资源使用者在决定从何处购买时,这一本体必须包含螺栓的价格；资源使用者在对螺栓进行检索时，螺栓本体需包含与之类似的本体资源信息；而对于螺栓本体的维护者而言，螺栓本体需要提供本体术语之间的关系表。

步骤2：考虑本体资源的可重用性。在构建本体时，首先考虑能否对研究领域已有的本体进行精炼和扩展，以满足本体的构建要求。本体的重用能加快本体构建的速度，同时也便于本体跨系统的引用和交互。

步骤3：考虑与构建本体相关的本体。在数字制造环境下，任何一种制造资源都不是孤立的，而是以一种组合的方式共同完成某数字制造任务，如图2-4所示的关联制造资源1-2-3-4。因此，在构建本体时，要充分考虑到可能存在关联的本体。

步骤4：列举出本体中的关联关系和术语。通过列举出与描述本体有关的一系列术语，能够让使用者更好地理解所描述的本体。如在构建螺栓本体时，相关的术语必须包含螺栓的材质、尺寸、标准、厂商、价格、位置、库存量等信息。同时按照关键属性、一般属性、次要属性或动态属性、静态属性等标准进行分类。在构建时，需要考虑融合已有的WordNet词汇。

步骤5：定义类和类的层次。数字制造环境下的制造资源是一个庞大的信息资源集合。通过对制造资源进行分类，描述各类资源之间的层次关系，使得制造资源的结构有序化，为制造资源的匹配和共享提供形式化的描述。

步骤6：定义类的属性。该步骤的主要目的是描述类的具体结构。虽然在步骤4中已定义了制造资源本体不同的类及其子类，但是在步骤4中定义的术语具体归属到哪一类中仍需要进一步确定，因此，需要将这些术语，也就是属性，与类建立联系。这里的属性可划分为四个层次，即制造资源的固有属性、外在属性、子类属性以及与其他个体之间的关联属性。

步骤7：确定类属性的取值范围。本体中类的属性无法表达出制造资源的具体能力，只能通过属性的取值来确定。如需要获知螺栓的材质，不能通过螺栓本体的材质属性来直接表征，而是由螺栓本体材质属性的取值来确定，如Q235B。类属性的取值范围包括该属性值的类型、允许的取值范围以及数量等。

步骤8：使用Protégé建模工具创建本体实例。构建本体的目的是为了描述具体的制造资源，便于制造资源的发现、匹配和共享，因此，需要对本体的类进行实例化，建立针对某一类的Web数字制造资源本体实例。在利用Protégé创建本体实例时,结合已有的本体类和属性描述,进一步明确所创建实例的本体类以及类的属性值。

步骤9:本体的一致性检查。构建的Web数字制造资源本体必须满足实际的使用要求,在使用及推理的过程中,仍不违背术语的初始定义和约束关系。如果违背了一致性原则,则返回步骤3,重新对构建本体的关系和术语进行设计。

(3) 制造资源本体的多层次分类体系

由于制造资源的种类繁多,本书提出了制造资源的六个层次的分类体系,即概念属性、资源属性、资源标准、功能属性、原理属性、结构属性。

第一层:概念属性。概念属性层次的分类主要参考图2-5所示的制造资源概念层次分类图。

第二层:资源属性。制造资源的资源属性层次分类体系主要是根据制造资源的外观、材质、用途、来源等来划分制造资源的类型。

第三层:资源标准。按照制造资源的相关标准对制造资源进行归类,如国际标准、国家标准、行业标准、企业标准等。

第四层:功能属性。对功能相同或相似的制造资源进行归类,如用于连接的连接件和用于传动的传动件等。

第五层:原理属性。原理属性主要是指对于功能相同或相似的制造资源,根据原理的差异性进行分类,如连接件可分为销、键、联轴器、螺栓等。

第六层:结构属性。按照不同的结构形式,对原理上一致的制造资源进行不同类型的划分,如销又可分为圆柱销、圆锥销、开口销等。

在上述划分为六个层次的制造资源本体中,可能存在某些制造资源的交叉和重叠,包括本层次内制造资源的交叉和重叠及不同层次之间制造资源的交叉和重叠,因此在划分层次时需要考虑不同本体层次之间存在的关联性和匹配度。

基于以上的制造资源本体多层次体系,本书对建材装备制造企业的原材料进行了本体的多层次划分,如图2-7所示。对于具体的原材料,通过层次划分后可得到具体的原材料制造资源实例,并且不同的原材料具有不同的属性。

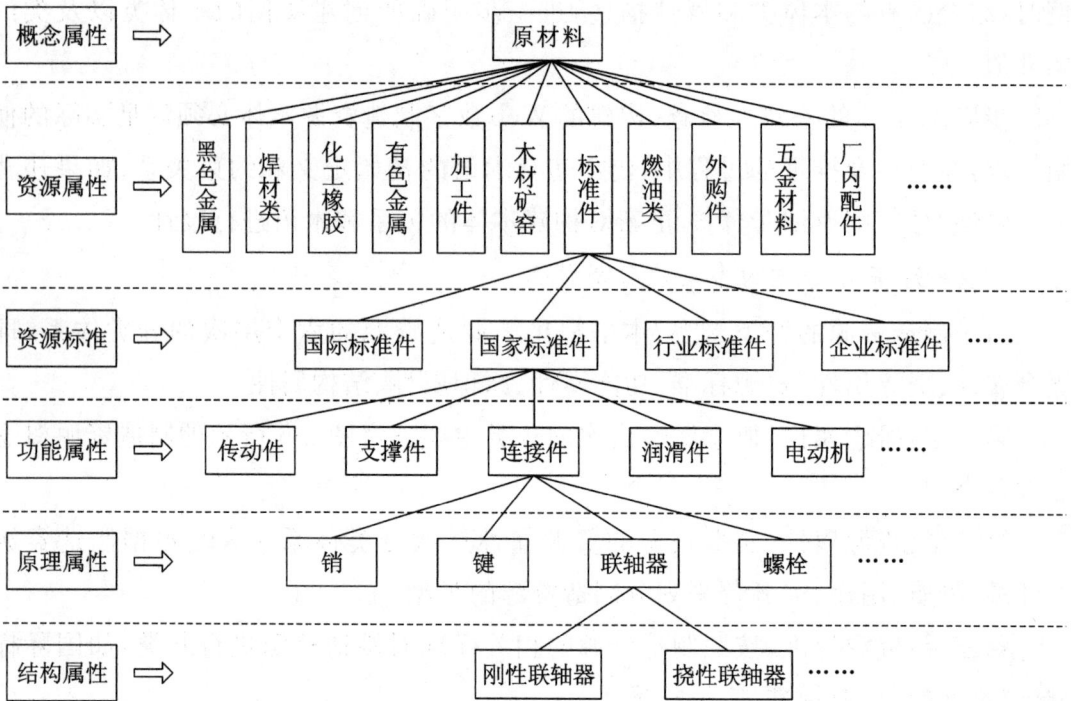

图 2-7 原材料本体层次模型

2.4 数字制造资源共享模型

为了便于数字制造资源共享模型的建立,有必要对数字制造企业的相关制造资源、活动等进行描述,本书提出了与之相关的 6 个定义。

定义 2-1 数字制造资源集(Digital Manufacturing Resources Set,DMRS)

数字制造资源集是指在企业生产的各个阶段,其内部所拥有的制造资源及与之相关的其他企业制造资源的总和,用于描述与制造企业相关的制造资源。

假定数字制造资源集 DMRS 中有 n 种资源,资源个体用 R_i 表示,则数字制造资源集可表述为:

$$DMRS = \{R_i \mid i = 1, 2, \cdots, n\} \tag{2-1}$$

定义 2-2 环境云层(Cloud Condition,CC)

环境云层是指在数字制造环境下企业制造环境的不同层次。制造企业的制造环境大致可以划分为设备云层、车间云层、工厂云层、企业云层、外部云层等五云层递阶系统,其中前四层为企业内部制造环境,第五层为外部制造环境。

定义某一环境云层为 cc_j,其中 $j=1,2,3,4,5$,依次表述第一层至第五层,则环境云层可表述为:

$$CC = \{cc_j \mid j = 1,2,3,4,5\} \tag{2-2}$$

定义 2-3 资源活动(Resource Activity,RA)

资源活动是指用以支撑企业完成产品全生命周期过程的制造资源的不同活动。在数字制造环境下,制造企业以项目需求作为驱动,完成投标、设计、分析、计划、采购、加工、入库、质检、装配、发运、售后等一系列制造活动。

定义某一资源活动为 ra_m,假定有 p 种活动,其中 $m=1,2,\cdots,p$,则资源活动可表述为:

$$RA = \{ra_m \mid m = 1,2,\cdots,p\} \tag{2-3}$$

定义 2-4 资源漂移(Resource Drifting,RD)

资源漂移用于描述某时段内加入和退出数字制造环境的制造资源,是与时间相关的制造资源集合。

定义某时段 $[T_1,T_2]$ 内制造资源漂移集合为 $RD(T_1,T_2)$,则资源漂移可表述为:

$$RD(T_1,T_2) = \{R_k rd_k \mid k \in n\}$$
$$rd_k = \begin{cases} 1, R_k \text{ 加入} \\ -1, R_k \text{ 退出} \end{cases} \tag{2-4}$$

定义 2-5 活动资源集(Activity Resource Set,ARS)

活动资源集用于描述某一企业活动所需的制造资源集合。在数字制造环境下,由于需求发布时刻 T_1 与需求确认时刻 T_2 之间存在异步性,即消费方发布需求后,需要经过供需双方的协商才会达成最终协议。由于服务的并发性,在 $[T_1,T_2]$ 时段内,会有相应的制造资源加入或退出数字制造资源集。

因此,对于某一企业资源活动 ra_m,其可用的活动资源集为:

$$ARS(ra_m) = DMRS - RD(T_1,T_2) \tag{2-5}$$

定义 2-6 可替换资源集(Replaceable Resource Set,RRS)

可替换资源集是针对某一制造资源的特定制造能力,可实现在制造能力上等价替换的制造资源的集合。对于某制造能力,需求资源和可替换资源是一种充要关系,即对于该制造能力,需求资源和可替换资源之间可实现互换,图 2-8 表明了

图 2-8　需求资源与可替换资源

二者之间的关系。利用可替换资源集 RRS 可以在某制造资源紧张或冲突时，快速匹配出相应可替换的制造资源，以满足需求资源的制造能力。RRS 可用式（2-6）表示。

$$RRS = \{rr_i, Capacity, RRS_i\} \quad (2\text{-}6)$$

其中，rr_i 为需求的制造资源，$Capacity$ 为 rr_i 对应的制造资源能力，RRS_i 为满足 rr_i 的制造能力 $Capacity$ 的制造资源的集合。

综合以上定义，数字制造环境下的制造企业制造资源结构可表述为图 2-9 所示，图中描述了不同资源活动 RA、不同环境云层 CC 下数字制造资源集 $DMRS$ 的描述、封装、注册及需求的发布和确认，同时数字制造资源云不断加入和退出数字制造环境，制造企业在数字制造环境下，利用企业内部私有制造资源云及外部环境的公用制造资源云协同完成不同的资源活动。

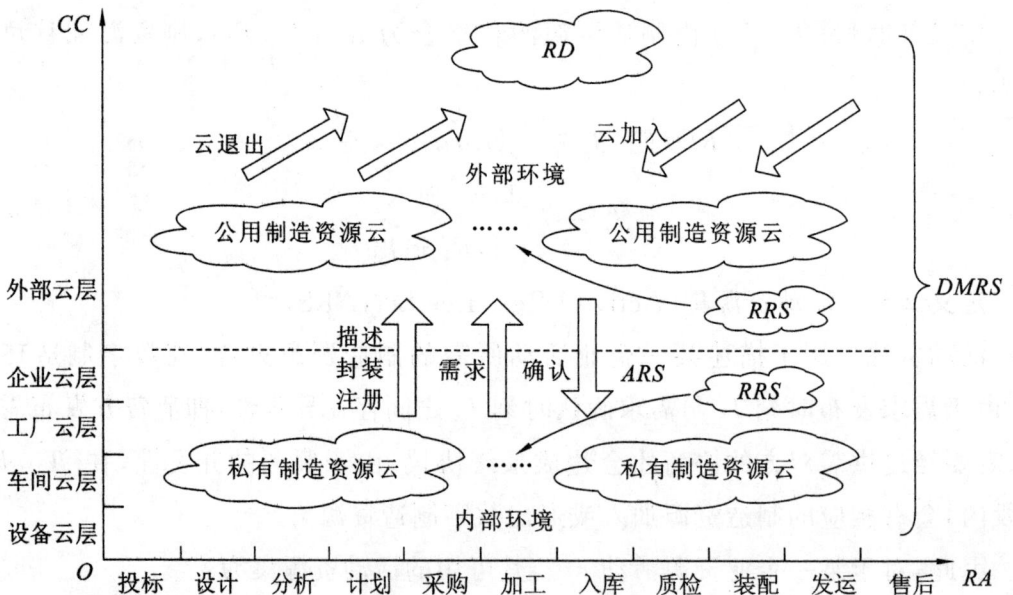

图 2-9　数字制造资源结构图

2.5　数字制造资源共享模型的体系架构

Web 服务的数据封装完整、耦合程度低,其标准化的协议为异构信息的共享和信息的集成提供了有效的解决方法。Web 服务作为一个标准化的接口,服务使用者无须了解服务的具体结构,只需要将功能需求与 Web 服务的内容相匹配即可,这为数字制造环境下的制造资源共享提供了有效的途径。

根据企业制造资源管理的内容,为强调基于客户订单的数字制造资源的共享过程,本书提出了基于 Web 服务的企业制造资源共享系统总体架构,如图 2-10 所示。该体系架构主要分为六个层次,即系统环境层、系统数据层、Web 服务层、WSRF 层、功能配置层和系统表示层。具体如下:

(1) 系统环境层

系统的运行必须建立在一定的运行环境基础上,涵盖支撑系统运行的各种软硬件资源,如计算机硬件平台、数据库系统、应用服务器、软件操作系统、用户浏览器等。系统环境层必须为系统的运行提供一个安全可靠的 Web 环境。

(2) 系统数据层

系统数据层主要是对系统的数据进行存储和管理并提供安全的数据访问机制。本系统中的数据可分为两种主要类型,一种是与制造资源相关的数据;另一种是与客户订单相关的数据。这两种数据都是动态的,记录了制造资源与订单任务建立匹配关系后订单执行全过程的信息。

(3) WSRF 层

WSRF 层集成了不同的 WS-Resource 服务,构成了 Web 服务资源框架(Web Services Resource Framework,WSRF)。对于某一 WS-Resource 而言,无状态的 Web 服务与有状态的资源进行了组合,从而实现了通过无状态的 Web 服务来操作有状态的制造资源。WSRF 标准由 WS-ResourceProperties、WS-ResourceLifetime、WS-ServiceGroup、WS-BaseFaults、WS-Notifications 等五部分的规范组成。

(4) Web 服务层

Web 服务层提供了不同数字制造资源服务的集合,有效地屏蔽了制造企业异构、复杂的数字制造资源,如标准零件服务、设计资源服务、设备资源服务、软件资源服务、人才培训服务等,这些服务按照 Web 服务规范(主要包括 WS-Addressing、WS

-SecurityPolicy、WS-Security、WS-Policy、WS-Trust、WS-SecureConversation 和 WS-Referral 等）进行描述。服务使用者通过调用相应的服务，就可以满足对制造资源的功能需求，并对服务的执行过程进行监控。

（5）功能配置层

功能配置层作为系统的核心，重点关注基于客户订单的数字制造资源的共享过程，为企业数字制造资源的共享过程提供支持。企业制造资源共享系统围绕客户订单完成一系列制造资源的描述、发布、匹配、选择和监控。因此，制造资源共享系统必须具备以下基本功能：

① 订单任务管理：管理制造企业的客户订单，合理组织订单任务链，为数字制造资源服务的匹配提供选择的依据。

② 数字制造资源管理：将分散的制造资源进行集中管理，方便用户的查询和使用。数字制造资源服务提供者能共享相关的制造资源信息，如设备类型、主要参数、加工范围、加工过程等信息，并能实现制造资源的分类管理、发布和编辑。

③ 数字制造资源服务检索：提供关键词或基于语义的数字制造资源检索功能，用户可以通过多种条件查询所需要的数字制造资源。

④ 数字制造资源服务选择：结合订单任务的制造资源需求，对检索的数字制造资源服务进行优化选择，以优质的数字制造资源完成企业订单任务的交付。

⑤ 数字制造资源执行过程监控：由于数字制造资源的执行在企业外进行，因此，需要对企业外部的制造资源执行过程进行有效的监控，以满足对客户订单总体进度的控制。

⑥ Web 服务管理：通过 Web 服务的注册，将物理制造资源表述为逻辑制造资源，便于计算机的识别和调用，并利用新一代 Internet 技术标准，即通用描述、发现与集成服务（Universal Description，Discovery and Integration，UDDI）来解决 Web 服务的发布和发现问题，制订数字制造资源的组织与管理方案。

⑦ 系统管理：对制造资源共享系统中的基础信息进行维护。

（6）系统表示层

系统表示层是企业用户与制造资源共享系统进行信息交互的平台。系统采用 B/S 模式，在 Web 客户端的应用程序中，用户通过表示层实现数据信息的录入、查询和修改。可通过将不同的角色权限分配给用户，实现不同级别的系统访问需求。

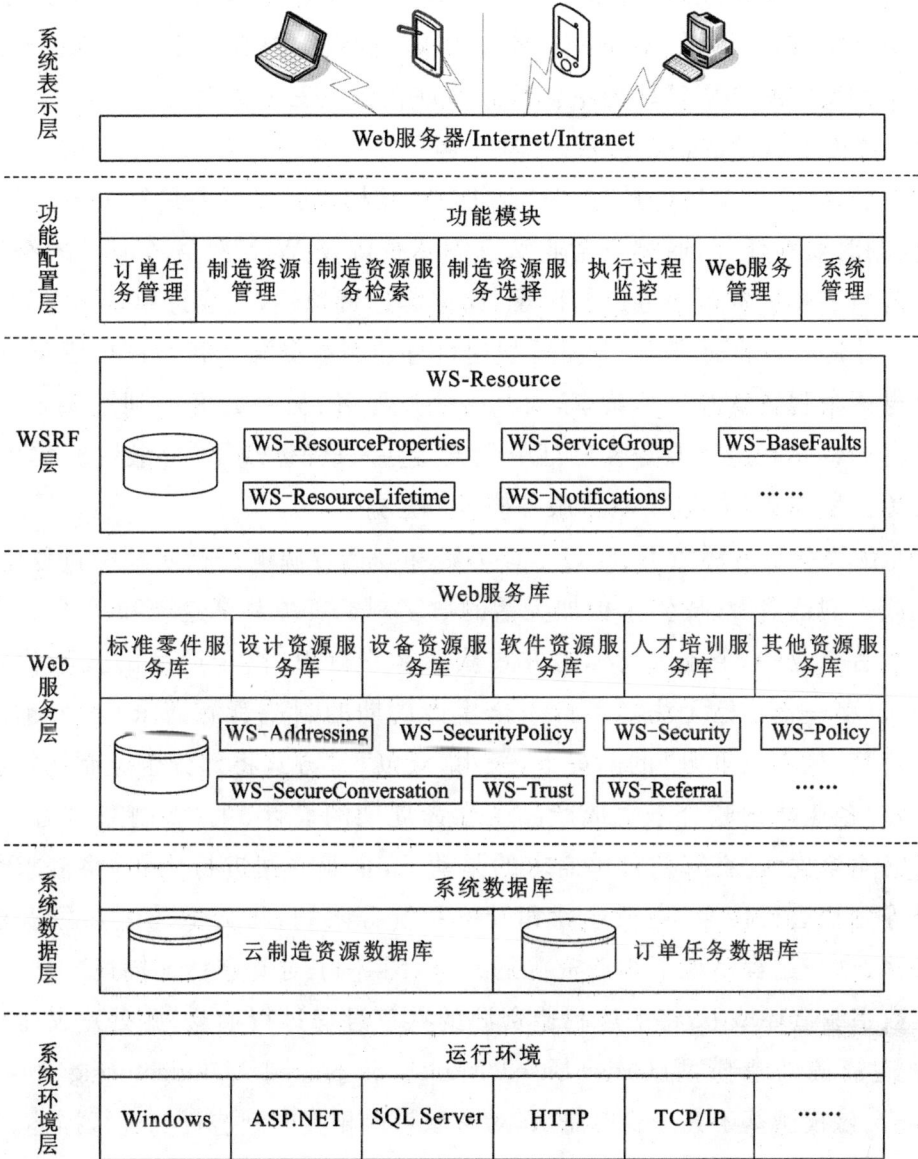

图 2-10　基于 Web 服务的制造资源共享系统总体架构

2.5.1　基于订单的制造资源共享模型

制造企业以客户订单为驱动进行生产,在订单执行过程中,制造资源的共享程度决定了企业的订单收益和交付质量。因此,数字制造环境下的订单执行过程体现为与订单相关的一系列制造资源的匹配和共享。通过对与订单相关的数字制造资源进行共享和匹配,制订基于订单的数字制造资源共享的综合方案,在 Web 网络环境下实现跨组织的数字制造资源协同与共享。根据以上认识,基于客户订单的数字制造资源共享模型的主要特点体现在以下三个方面:

(1) 体现了以制造企业为核心,基于客户订单的制造资源共享过程。制造企业获取订单后,结合订单进度计划和产品 BOM 结构对订单任务进行分解,形成订单任务链,同时发布任务,通过与企业私有制造资源及 Web 网络环境下的经过描述和封装的数字制造资源服务进行匹配,组建制造资源链,完成订单的服务过程。

(2) 对制造企业而言,一方面可利用自身的制造资源为客户订单服务,同时也可将自身富余制造资源进行共享,为其他企业服务;另一方面可利用 Web 网络环境下丰富的数字制造资源为客户订单服务。这一过程体现了"分散资源集中使用,集中资源分散服务"的数字制造服务模式和思想。

(3) 在数字制造环境下,对订单任务链和制造资源链进行匹配的过程中,拥有广泛的数字制造资源,提供了更加灵活的数字制造资源共享途径和手段。

在制造企业中,企业以投标的方式获取客户订单。由于产品的大型化及个性化等要求,单一企业已无法满足订单全生命周期的制造资源需求,越来越多的企业在维持其"核心竞争力"的前提下,采用"众包"等方式将部分企业制造资源需求外协,通过企业间的联合来完成产品全生命周期的设计、生产、制造和售后,以保持企业的竞争优势。在客户订单需求的驱动下,企业之间进行协作,将需求信息通过网络等途径进行传递,克服地域和异构系统等限制,将分散的制造资源进行转化和转移,这一过程体现了制造资源的共享,图 2-11 对此进行了描述。

在数字制造环境下,将上述制造资源的共享过程进行抽象,此处定义了面向订单的制造资源共享模型(Order-Based Model for Shared Manufacturing Resources, OMSMR)。该模型基于客户订单需求,对与该订单相关的制造资源进行描述。针对某一订单任务需求,该模型可用七元组表示:

$$OMSMR = \{T, TO, RR, DA, DS, RS, MR\} \tag{2-7}$$

其中,T、TO、RR、DA、DS、RS、MR 分别为订单任务需求、任务主体、需求资源集、需求可用资源决策集、需求共享资源决策集、资源状态集、迁移关系集。

定义 2-7 任务主体(Task Owner,TO)

任务主体是指完成某一需求任务的主要执行方,它可以是零部件制造企业、供应商,也可以是企业内部的职能部门。针对某一任务需求 t_i,任务主体可用集合表示,即 $TO(t_i) = \{to_1, to_2, \cdots, to_m\}$。

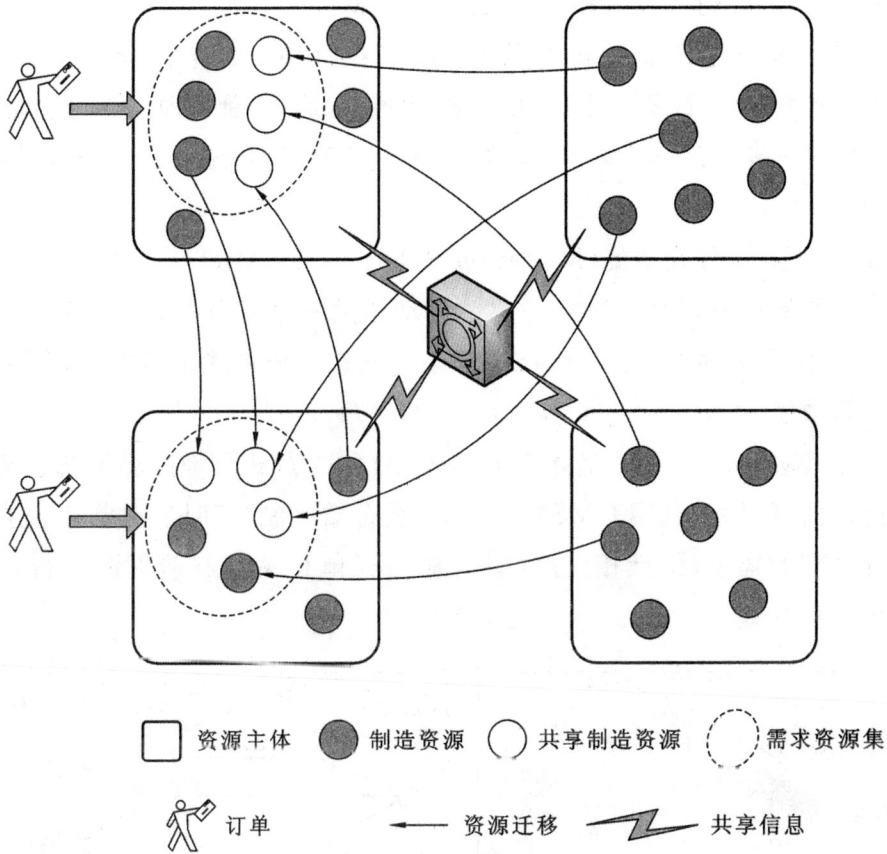

图例：

■ 资源主体　　● 制造资源　　○ 共享制造资源　　○ 需求资源集

🚶 订单　　　　—— 资源迁移　　　⚡ 共享信息

图 2-11　面向订单的制造资源共享模型

定义 2-8　需求资源集（Resource Requirements，RR）

需求资源集是对任务需求而言的，它表明任务主体 TO 要完成任务需求 t_i 需要提供的资源集合。假定任务需求 t_i 需要任务主体 TO 提供 n 种资源，则 RR_i 可表述为 $RR_i = \{r_1, r_2, \cdots, r_n\}$。

为了表征任务主体完成某任务需求所提供的 TAR（Task Available Resource，即需求可用资源）和其他任务主体提供的 TSR（Task Shared Resource，即需求共享资源），可引入 DA（Decision Set for Task Available Resource，即需求可用资源决策集）和 DS（Decision Set for Task Shared Resource，即需求共享资源决策集），其中 $DA = [da_j]_{1 \times n}(da_j \geqslant 0, da_j \in \mathbf{R}^+)$，$DS = [ds_j]_{1 \times n}(ds_j \geqslant 0, ds_j \in \mathbf{R}^+)$。因此，对任务需求 t_i，TAR_i 及 TSR_i 可分别表示如下：

$$TAR_i = RR_i \odot DA_i \tag{2-8}$$

$$TSR_i = RR_i \odot DS_i \tag{2-9}$$

定义 2-9 资源状态集(Resource Status,RS)

资源状态是描述资源的进行状态,如正在准备、使用中、暂停、完成等。在OMSMR 模型中,制造资源由 TAR 和 TSR 构成,因此,每种资源都存在正在准备、使用中、暂停、完成等状态。RS 为一元胞数组集合,定义为: $RS = \left[\{s\_tar_k, s\_tsr_k\}\right]_{1 \times n}$,其中 $s\_tar_k, s\_tsr_k \in \{1, 2, 3, 4\}$。

定义 2-10 迁移关系集(Migration Relationship,MR)

迁移涉及制造资源从一个任务主体移动到另一个任务主体。迁移关系集是提供 TSR 的任务主体的集合。由于 TSR 中某一制造资源可能由多个 TO 提供,因此,MR 为元胞数组,如 $MR = [TO_1, TO_1, \{TO_2, TO_3\}]$。

为了使 OMSMR 模型的描述更加具体,图 2-12 形式化地描述了基于某一订单的制造资源共享过程。利用 OMSMR 模型,结合数字制造环境,对制造企业的制造资源进行合理的描述,设计相应的算法,对与订单相关的制造资源进行合理的共享和优化。

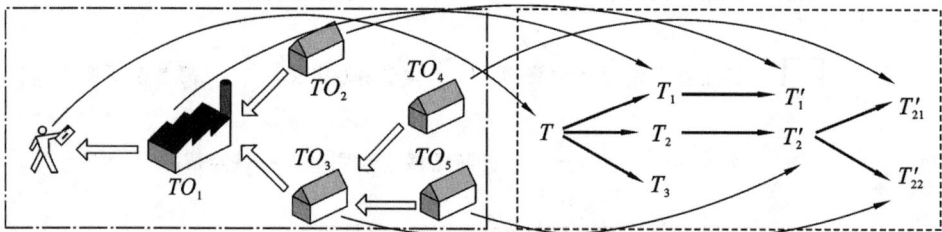

$OMSMR(T)=\{T,TO_1,[r_1,r_2,r_3,r_4,r_5,r_6],[2,0,5,5,2,2],[2,3,0,4,4,8],$
$[\{1,2\},\{4,4\},\{2,2\},\{3,2\},\{3,2\},\{4,2\}],[TO_2,TO_2,\varnothing,TO_4,TO_5,TO_4,\{TO_4,TO_5\}]\}$

$OMSMR(T_1)=\{T_1,TO_1,[r_1,r_2],[2,0],[2,3],[\{1,1\},\{1,1\}],[TO_2,TO_2]\}$

$OMSMR(T_1')=\{T_1',TO_2,[r_1,r_2],[2,3],[0,0],[\{1,2\},\{1,1\}],\varnothing\}$

$OMSMR(T_2)=\{T_2,TO_1,[r_4,r_5,r_6],[1,2,2],[4,4,8],[\{2,2\},\{2,2\},\{2,2\}],[TO_4,TO_4,\{TO_4,TO_5\}]\}$

$OMSMR(T_2')=\{T_2',TO_3,[r_4,r_5,r_6],[0,3,0],[4,1,8],[\{1,1\},\{1,1\},\{1,1\}],[TO_5,TO_4,\{TO_4,TO_5\}]\}$

$OMSMR(T_{21}')=\{T_{21}',TO_4,[r_5,r_6],[1,2],[0,0],[\{2,2\},\{2,2\}],\varnothing\}$

$OMSMR(T_{22}')=\{T_{22}',TO_5,[r_4,r_6],[4,6],[0,0],[\{1,1\},\{1,1\}],\varnothing\}$

$OMSMR(T_3)=\{T_3,TO_1,[r_3,r_4],[5,4],[0,0],[\{4,4\},\{4,4\}],\varnothing\}$

图 2-12 OMSMR 模型描述实例

2.5.2　面向订单制造资源共享的数字制造服务资源库

数字制造的一个典型特征就是制造资源以服务的形式进行共享。数字制造环境下的制造资源通过虚拟化形成制造云服务，而网络中大量的数字制造服务进一步构成制造资源服务云池，用户在制造资源服务云池中按订单的需求随时获取相应的制造云服务，完成订单全生命周期的各种制造活动。

在制造企业中，大量的制造资源以不同的描述形式，存在于不同的企业、组织或异构的系统中。由于缺乏有效统一的描述方法，制造资源在不同企业、组织或信息系统中存在共享资源信息的壁垒。虽然在制造企业中，以核心制造企业为中心的信息资源集成共享系统明显提高了局部制造资源的共享程度，但是仍无法满足企业范围外异构制造资源的共享要求。因此，建立面向订单制造资源共享的数字制造服务资源库是实现制造企业异构制造资源共享的有效途径。

为了描述面向订单制造资源共享的云服务资源库，对订单制造资源作如下定义：

定义 2-11　订单制造资源(Order Manufacturing Resource, OMR)

订单制造资源是指完成订单全生命周期所需要的相关制造资源的集合。这里的订单是指制造企业中客户的初始需求，这一需求会随着生产活动的进行向下分解和向外传递，制造资源不断累积，形成资源库。

资源库(Resources Library, RL)，也可称为资源信息库(Resources Information Library, RIL)，是指通过一定的运作机制进行描述、组织和存储的企业资源信息的集合。数字制造云服务资源库是制造资源共享的核心，封装了不同的制造资源服务，这些服务以特定的形式进行描述，承载的信息以静态或动态的方式在数字制造环境下的各任务主体(Task Owner, TO)之间共享和传递。

构建面向订单制造资源共享的数字制造云服务资源库时，在制造资源云服务的描述及资源库的运作机制上，应满足以下一些基本原则：

（1）无二异性。数字制造资源服务表达的信息需要体现制造资源的唯一性，描述可采用 URL（即统一资源定位符）的形式，并且提供针对制造资源云服务的服务提供者、资源服务类、价格、质量等方面的信息，可读性强，便于计算机的处理。

（2）易检索性。由于制造资源众多，需要合理设计制造资源服务的表达形式，避免出现"信息爆炸"。同时针对某一订单的资源需求，能快速检索出相关的制造云服务,保证检索结果的查全率和查准率。

（3）数字制造服务描述的静态性和动态性。数字制造资源服务的表达不仅要体现其固有属性,即静态属性,同时由于制造过程及环境的可变性,制造资源云服务也应体现这种变化,即动态属性。

（4）多服务视图表达。订单的履行是一个不断反复、协作推进的过程,不同的订单对资源服务的需求是不同的,不同的人员对相关资源信息的关注点也是不同的或存在权限的,因此,要求云服务资源库具有可拓展的多服务视图表达机制。

（5）满足订单的数字制造服务追踪需求。订单由不同主体提供的多样化制造资源服务完成,订单的执行情况也分布在异构的制造系统中,制造资源服务应能描述与订单相关的信息,实现订单在多主体制造资源服务中的追踪。

为了满足制造资源共享的基本需求,将面向订单的制造服务资源库划分为四部分,即订单信息库（Order Information Library,OIL）、订单元信息库（Meta Information Library for Order,OMIL）、云服务库（Cloud Service Library,CSL）和云服务元信息库（Meta Information Library for Cloud Service,CSMIL）。其中,OIL存储了各订单的关键信息,包括产品BOM结构、过程文档数据等;OMIL存储了描述各订单之间关系的信息;CSL存储了描述制造资源对象属性的信息;CSMIL则存储了描述CSL中各对象属性之间关系的信息,如图2-13所示。

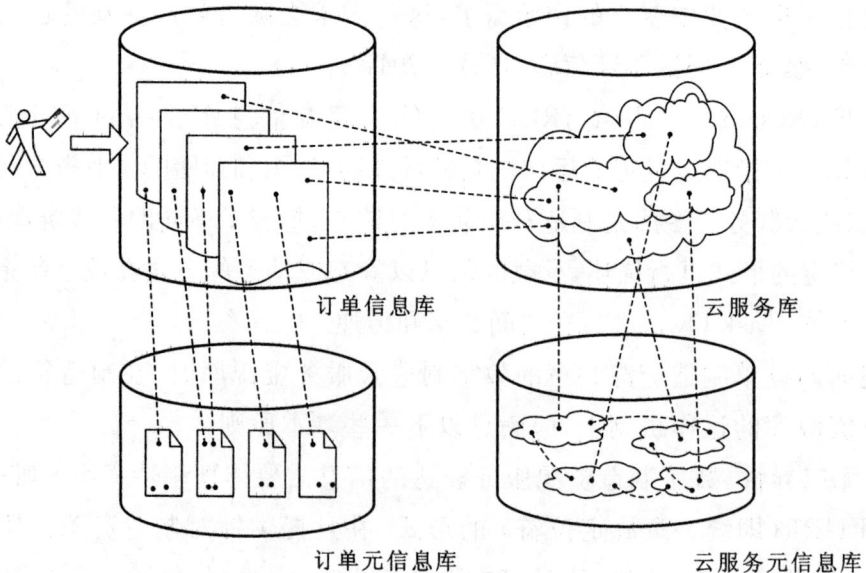

图 2-13　制造云服务资源库

在描述数字制造云服务资源库时,存在五种映射关系,如图 2-14 所示。这些映射关系之间通过统一标识符(United Identifier,UID)建立联系,通过订单制造资源 OMR 需求的驱动实现制造资源的共享过程。

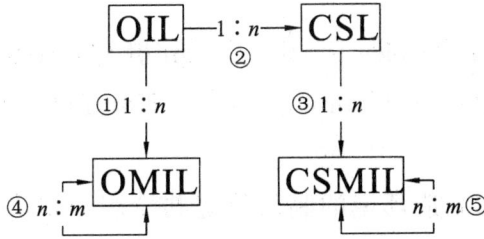

图 2-14　数字制造云服务资源库模型

图 2-15 构建了面向订单的数字制造云服务资源库的应用过程模型,整个过程以客户订单需求为驱动,以核心制造企业为中心。在企业活动的各个阶段,核心制造企业将订单需求资源以一定的权限发布给与之关联的外部企业,外部企业提供相关的订单制造资源 OMR,这些订单制造资源以"服务"的方式呈现给核心制造企业,通过"锁"(任务需求)与"钥匙"(制造云服务)的匹配,组建基于某一订单的制造云服务资源库,利用统一的资源库,实现与订单相关的制造资源和信息的共享。

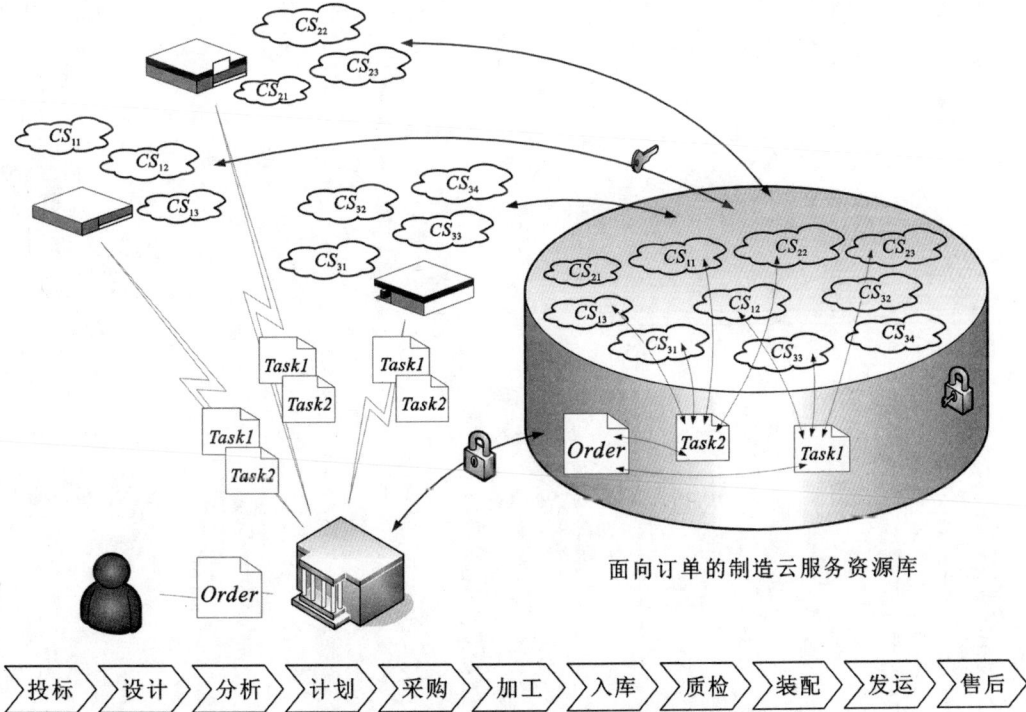

图 2-15　面向订单的数字制造云服务资源库应用过程模型

参 考 文 献

［1］王正成. 网络化制造资源集成平台若干关键技术研究与应用［D］. 杭州：浙江大学，2009.

［2］Gruber T. Towards Principles for the Design of Ontologies Used for Knowledge Sharing［J］. International Journal of Human-Computer Studies，1995，43(5-6)：907-928.

［3］袁庆霓. 基于网络化制造环境的制造资源共享服务语义关键技术研究［D］. 成都：西南交通大学，2010.

［4］Noy N F，McGuinness D L. Ontology Development 101：A Guide to Creating Your First Ontology［Z］. 2001.

［5］杜百岗. 云制造环境下的建材装备企业制造资源共享与优化研究［D］. 武汉：武汉理工大学，2012.

［6］丁毓峰，吴波. 网络制造资源管理系统建模和开发［M］. 北京：化学工业出版社，2007.

3 数字制造资源配置方法

3.1 数字制造资源配置概述

数字制造企业在其产品项目规划、执行、交付和维护的过程中需要进行大量的制造活动,这些制造活动需要调度不同类型的数字制造资源。为了达到一定的生态经济指标,制造企业利用智能优化技术对数字制造环境下的制造资源进行优选、分配、组合等配置活动。数字制造企业的不同制造活动,需要提供不同的人力、物力等制造资源,同时不同的制造活动在制造时序上既可能并行进行也可能串行进行。对于有制造工序先后约束的制造活动,需要等上一个制造活动执行完毕后才能进行;对于没有制造工序先后约束的制造活动,则可以根据实际制造资源和制造时间进行安排。制造活动具有不同的加工持续时间,对数字制造资源的需求类型和数量也存在差异,而这些数字制造资源是制造活动进行所必需的。一方面由于数字制造企业部分需求制造资源有限,在一定的制造活动持续期限内无法提供充足的制造资源;另一方面由于数字制造企业部分需求制造资源充分,在制造活动进行时需要择优选择制造资源。因此,对数字制造企业而言,如何利用智能化、信息化的手段以最优的方式为项目的各个制造活动安排合适的执行时间及数字制造资源使项目制造活动顺利完成,便是数字制造企业制造资源配置的基本问题。数字制造资源配置是制造企业在市场竞争中合理优选制造资源、布置生产要素的关键点,也是制造企业在制造资源充足或短缺等条件下合理平衡产品成本、质量、效益的重要措施。

数字制造资源的配置问题可从以下四个方面进行表述[1]:

（1）项目制造活动

项目的所有活动集合为 $A = \{a_1, a_2, \cdots, a_j, \cdots, a_J\}$，$J$ 表示项目所包含的活动总数，第 1 个和第 J 个为虚活动，表示项目的开始和结束，不占用任何资源与时间。活动执行时间（即活动工期）表示为 d_j，开始时间表示为 ST_j，结束时间表示为 FT_j。

（2）制造活动约束关系

项目制造活动之间存在时序逻辑关系，P_j 表示制造活动 a_j 紧前活动集合，F_j 则表示制造活动 a_j 紧后活动集合。制造活动必须在其紧前活动完成后才能进行，而紧后活动必须在当前制造活动完成后才能进行。

（3）制造能力约束关系

数字制造企业中制造单元集合为 $U = \{u_1, u_2, \cdots, u_k, \cdots, u_K\}$，$K$ 为制造单元的总数；制造工序集合为 $P = \{p_1, p_2, \cdots, p_l, \cdots, p_L\}$，$L$ 为制造工序的总数。对于制造工序 p_l，任何制造单元 u_k 对制造工序 p_l 存在对应的制造能力 Q_{kl}，制造单元对制造工序的加工不超出其制造能力。

（4）制造资源约束关系

由于制造活动对制造资源存在不同的需求，在网络环境下，数字制造企业通过多样化的制造资源获取方式来满足制造资源的需求。制造资源的丰富和短缺在制造活动中并存，对于丰富的制造资源需要选择价格、质量、工期等综合权衡下最优的，而对于短缺的制造资源需要将资源分配给紧要的制造活动。

根据上述的描述分析可知，数字制造资源配置问题的实质是一类组合优化问题（Combinatorial Optimization Problem），通过建立数学模型，利用数学方法在模型离散解空间中寻求最优组合、分配、次序等[2]。该模型的一般形式可描述为：

$$f(x) = \min F(X)$$

$$s.t. \begin{cases} G(X) \geqslant 0 \\ X = \{x_1, x_2, \cdots, x_n\}, X \subset D \end{cases}$$

其中，$F(X)$ 为目标函数，$G(X)$ 为约束条件，D 为离散解空间集合，X 为解空间的子集，$x_1, x_2, \cdots, x_n$ 为子集的组合元素。

在求解该模型问题时，根据离散解空间集合 D 的规模，主要分为确定性和启发性两种算法。对于数字制造资源组合优化问题而言，其主要目标是在数学模型的基础上结合某种优化算法对资源进行合理组合、排序，以满足某种既定的优化目标。针对组合优化问题,常用分支定界、线性规划、层次分析法、遗传算法、神经网络、粒子群算法等方法进行求解。对制造资源的组合优化问题,在制造资源数量和规模较小时,可采用整数线性规划等一些确定性算法进行求解;在制造资源环境层次扩展的情况下,制造资源组合解空间呈现"组合爆炸"的趋势,采用确定性算法求解效率低下,甚至无法求解,此时一些启发式算法常用于求解制造资源组合优化问题。

3.2   基于聚类遗传的订单任务链数字制造资源配置方法

3.2.1   面向需求的数字制造资源聚类

3.2.1.1   数字制造资源聚类分析

聚类分析(Cluster Analysis)是指采用相应的数学方法对给定对象集合进行研究和处理,以区别不同对象间的相似性。作为一种多元统计方法,聚类分析将待分类的对象集合按某种规则划分成不同的子集,相似程度高的对象归为同一子集,相似程度低的对象归为不同的子集。传统聚类分析一般采用硬性划分方式对集合进行分类,即某一对象所归属的子集是唯一的,但由于划分对象在状态、属性等方面数学描述的模糊性,使得类别的划分没有明确的非此即彼的界限约束,需要对集合进行模糊划分。在给定子集数目的前提下,同一对象可隶属于不同集合。美国加利福尼亚大学控制论专家 Zadeh 于 1965 年提出模糊集理论(Fuzzy Set Theory)[3],用于分析和处理聚类问题,形成了模糊聚类的分析方法。

从实现方法上,聚类分析方法可分为系谱聚类法[3]、基于等价关系的聚类方法[4]、基于图论的聚类方法[5],以及基于目标函数的模糊聚类分析方法[6,7]等四类。基于目标函数的模糊聚类分析方法可利用非线性规划等数学理论采用计算机进行求解,有效避免了相似关系、等价关系、图论等聚类算法求解问题时规模小、实时性低等缺点。

在数字制造环境下,制造资源的数量呈现大规模化的发展趋势,传统的数据处理方法只能进行一些简单的查询和处理,不能获得制造资源数据间的相互关系和内在联系。制造资源需求方基于一定的目标对制造资源进行匹配和选择时,由于能获取的相应制造资源太少或太多,导致资源匹配和选择时的未知性和盲目性。因此,有必要对制造资源进行聚类分析,以满足需求方对制造资源的匹配和优化选择等要求。

数字制造资源聚类分析是指在数字制造环境下,采用数学的方法将制造资源按照一定的规则和指标要求进行分类,以形成不同聚类中心的制造资源子集。其数学模型可表述为:

对于由 n 个制造资源组成的数字制造资源集 $CMRS = \{R_i \mid i = 1, 2, \cdots, n\}$,每一资源个体 R_i 用 s 个聚类特征指标衡量,这 s 个指标组成聚类特征指标向量 $\boldsymbol{P}(R_i)$,设定 $\boldsymbol{P}(R_i) = (r_{i1}, r_{i2}, \cdots, r_{it}, \cdots, r_{is})$,其中 r_{it} 为资源 R_i 的第 t 个聚类特征,$t = 1, 2, \cdots, s$。若将制造资源划分为 c 个模糊子集,即 $\widetilde{R}_1, \widetilde{R}_2, \cdots, \widetilde{R}_d, \cdots, \widetilde{R}_c$,其中 $d = 1, 2, \cdots, c$,对某一模糊子集 $\widetilde{R}_d$,用典型聚类 $p_d = (r_{d1}, r_{d2}, \cdots, r_{ds})$ 原型描述其特征,则对于资源 R_i,其对某一模糊子集 $\widetilde{R}_d$ 的隶属度函数 E_i 满足以下条件:

$$E_i = \left\{ u_{di} \,\Big|\, \sum_{d=1}^{c} u_{di} = 1, u_{di} \in [0,1] \right\} \tag{3-1}$$

在聚类完成后,将形成数字制造资源集 $CMRS$ 的模糊 c 划分:

$$CMRS = \widetilde{R}_1 \bigcup \widetilde{R}_2 \bigcup \cdots \bigcup \widetilde{R}_d \bigcup \cdots \bigcup \widetilde{R}_c$$

$$CMRS \neq \widetilde{R}_d \tag{3-2}$$

$$\widetilde{R}_d \subset CMRS, \widetilde{R}_d \neq \varnothing$$

3.2.1.2　基于模糊 c 均值法的制造资源聚类分析

模糊 c 均值法(Fuzzy c-Means,FCM)作为一种基于目标函数的模糊聚类方法,其求解约束条件为资源 R_i 对模糊子集 $\widetilde{R}_q$ 聚类中心的最小加权平方和最小。FCM 法在设计求解上简单,易于实现,并具有完善的理论基础,应用较为广泛,本书选用该方法对数字制造资源集 $CMRS$ 进行聚类分析。

以下选取了 4 个制造资源聚类特征指标,结合上一节中对制造资源聚类的表述,FCM 法的目标函数可表述为:

$$\min\{J_4(\boldsymbol{U}, \boldsymbol{P})\} = \min\left\{ \sum_{i=1}^{n} \sum_{d=1}^{c} (u_{di})^4 (d_{id})^2 \right\} \tag{3-3}$$

式(3-3)中,$\boldsymbol{U}$ 为模糊聚类划分矩阵,其描述了资源个体 R_i 对模糊聚类子集 $\widetilde{R}_d$ 的隶属度大小,满足 $\boldsymbol{U} = [u_{di}]_{c \times n}$;$\boldsymbol{P}$ 为模糊子集的聚类原型矩阵,其描述了模糊聚类子集 $\widetilde{R}_d$

的聚类原型 p_d，满足 $\boldsymbol{P} = [p_{dt}]_{c \times s}$；$d_{id}$ 表示资源 R_i 与第 d 类聚类原型之间的距离，定义为欧氏距离，相应的公式为：

$$(d_{id})^2 = \| \boldsymbol{P}(R_i) - p_d \| = \sqrt{\sum_{v=1}^{s} (r_{iv} - r_{dv})^2} \quad (3\text{-}4)$$

根据拉格朗日乘数法求解式(3-4)，可求得取 $\min\{J_4(\boldsymbol{U}, \boldsymbol{P})\}$ 时应满足的条件为：

$$\begin{cases} u_{di} = \Big[\sum\limits_{v=1}^{c} (d_{id}/d_{vd})^{\frac{2}{3}} \Big]^{-1} & I_v = \varnothing \\ u_{di} = 1 & I_v \neq \varnothing, d \in I_v \\ u_{di} = 0 & I_v \neq \varnothing, d \notin I_v \end{cases} \quad (3\text{-}5)$$

其中，$I_v = \{v \mid 1 \leqslant v \leqslant c, d_{iv} = 0\}$ 表示资源个体 R_i 与任一模糊子集 $\widetilde{R}_v$ 的典型聚类原型 p_d 都不相同的模糊子集 v 的集合，在此条件下模糊聚类原型 p_d 满足：

$$p_d = \frac{\sum\limits_{i=1}^{n} [(u_{id})^4 \boldsymbol{P}(R_i)]}{\sum\limits_{i=1}^{n} (u_{id})^4} \quad (3\text{-}6)$$

该算法求解步骤如下：

步骤1：初始化，给定聚类数 $c(2 \leqslant c \leqslant n)$、算法终止准则的阈值 ε、聚类原型模式 $\boldsymbol{P}^{(0)}$、迭代计数器，令 $gen = 0$；

步骤2：根据式(3-5)计算聚类划分矩阵 $\boldsymbol{U}^{(gen)}$；

步骤3：利用步骤2的结果，根据式(3-6)计算 $gen+1$ 的聚类原型矩阵 $\boldsymbol{P}^{(b+1)}$；

步骤4：如果 $\| \boldsymbol{P}^{(b+1)} - \boldsymbol{P}^{(b)} \| < \varepsilon$，则迭代结束，算法停止并输出计算结果 $\boldsymbol{U}$ 和 $\boldsymbol{P}$，否则令 $gen = gen + 1$，转向步骤2。

3.2.1.3 聚类分析案例

本书结合对数字制造资源特征指标的描述，利用表3-1所示的数据对数字制造资源聚类进行验证。虽然目标聚类分析方法已经比较成熟，但理论上仍缺乏有效的确定最佳聚类数的方法，文献[8]研究了模糊 c 均值的最优聚类数，但在实施上较复杂。由于本书聚类的主要目的是减小制造资源的规模，因此，可根据实际需要选择聚类数，这里选择聚类数为3和4分别进行聚类分析，其聚类样本信息和聚类结果如表3-1、表3-2及图3-1、图3-2所示。

表 3-1　数字制造资源聚类样本

序号	C	T	R	P	序号	C	T	R	P
1	59	18	0.94	0.46	26	80	4	0.96	0.79
2	89	15	0.66	2.89	27	59	18	0.24	0.78
3	73	12	0.21	2.63	28	71	7	0.75	2.03
4	81	15	0.91	1.47	29	69	5	0.39	1.56
5	69	16	0.38	1.22	30	55	16	0.84	0.23
6	71	12	0.52	0.38	31	62	1	0.37	0.56
7	87	17	0.23	2.78	32	100	1	0.71	0.78
8	98	14	0.91	0.46	33	96	11	0.35	1.32
9	94	11	0.87	0.56	34	90	19	0.88	0.85
10	81	14	0.58	0.97	35	57	13	0.75	2.04
11	99	20	0.56	0.15	36	78	13	0.43	2.85
12	82	13	0.57	0.43	37	53	13	0.40	2.32
13	89	17	0.13	2.19	38	84	19	0.37	1.91
14	95	4	0.21	1.45	39	92	5	0.44	2.26
15	62	16	0.83	1.01	40	96	18	0.38	2.24
16	56	5	0.39	0.71	41	58	1	0.07	1.76
17	92	9	0.32	1.35	42	66	17	0.44	2.32
18	72	16	0.26	0.56	43	89	1	0.61	1.18
19	87	8	0.30	0.97	44	75	9	0.30	1.82
20	97	1	0.43	0.79	45	78	12	0.41	0.74
21	65	5	0.19	2.49	46	94	4	0.10	0.87
22	66	1	0.57	2.09	47	100	16	0.48	0.96
23	78	13	0.66	1.00	48	70	5	0.29	3.04
24	78	6	0.69	1.74	49	68	4	0.02	0.43
25	83	9	0.35	0.86	50	77	13	0.88	1.23

表 3-2　聚类中心数据

聚类数	C 的聚类中心	T 的聚类中心	R 的聚类中心	P 的聚类中心
	59.2938	10.1255	0.4841	1.2836
3	77.3614	11.6012	0.5306	1.3835
	93.9005	10.3307	0.4854	1.2581
	94.5230	9.8085	0.4882	1.1964
4	58.1620	14.4849	0.6107	1.1739
	80.0841	12.6777	0.5530	1.3526
	66.4491	4.6541	0.3427	1.4881

C-T 聚类

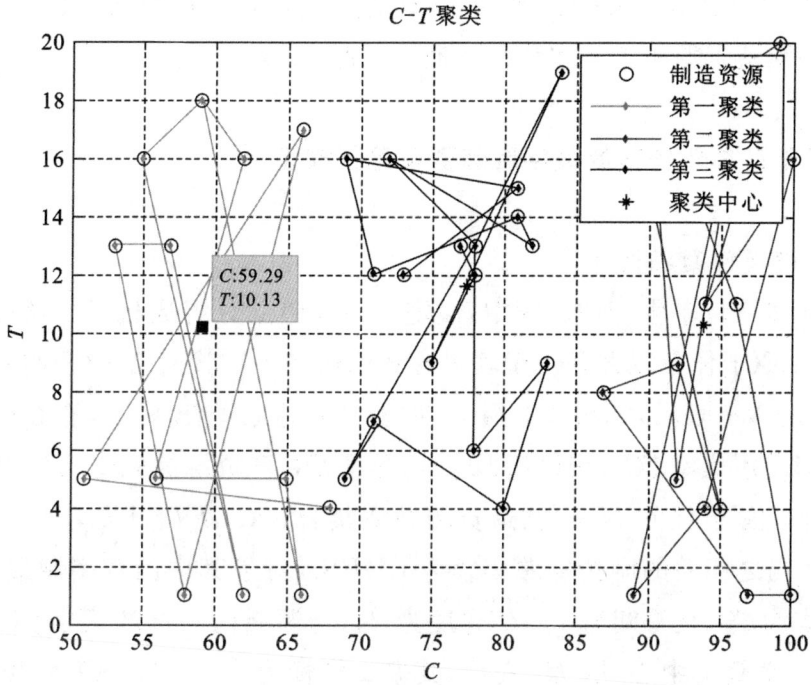

图 3-1   聚类数为 3 的聚类结果

C-T 聚类

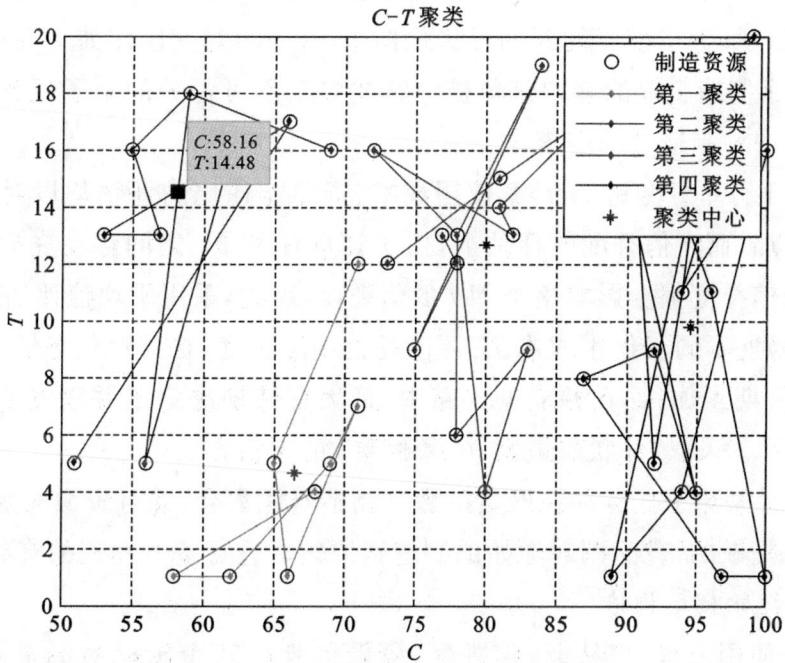

图 3-2   聚类数为 4 的聚类结果

　　通过对数字制造资源的聚类,能够有效降低资源选择时的盲目性,便于从多样化的数字制造资源中选择出优势的制造资源。

3.2.2　基于订单任务链的数字制造资源配置模型

3.2.2.1　模型问题描述

　　在面向客户订单生产的过程中,假定某一订单被分解成相互关联的 n 个原子任务,这 n 个原子任务以并联或串联的方式构成一个链状网络,这里将其定义为订单任务链,用 Net 表示,如图 3-3 所示。对于单个的原子任务 N_i,存在对数字制造资源的期望使用成本 EC_i、交易期 ET_i、信誉度 ER_i 和资源能耗比 EP_i,四者共同构成了对单个的原子任务 N_i 的制造资源期望集合 $\{EC_i, ET_i, ER_i, EP_i\}$。为完成原子任务 N_i,与之相关的制造资源集合为 $CMRS_i$,对于其中的数字制造资源个体,其使用成本为 C_{ij}、交易期为 T_{ij}、信誉度为 R_{ij}、资源能耗比为 P_{ij},同时对 $CMRS_i$ 的聚类形成 m 个聚类中心,用 H_i 表示,其聚类指标为 $\{CC_i, CT_i, CR_i, CP_i\}$。问题的优化目标描述为,在保证满足单个的原子任务 N_i 的数字制造资源期望值 $\{EC_i, ET_i, ER_i, EP_i\}$ 的前提下,使得 Net 的综合数字制造资源使用目标 $\{C_{Net}, T_{Net}, R_{Net}, P_{Net}\}$ 最优。为了便于问题的形式化描述,进一步对问题作如下说明:

　　(1) 数字制造企业的客户订单被分解成多个不可再分的原子任务,每个原子任务只对应一种制造资源需求。

　　(2) 对于订单任务链 Net,其使用成本、资源能耗比的评估均以对个体 N_i 的评估进行累加。而在信誉度的评估上,由于订单任务 N_i 之间存在先后关联,每种制造资源的信誉度都会影响整个 Net 的信誉度,因此,采用平均值评估法对 Net 进行评估。交易期不同于使用成本、资源能耗比和信誉度,在订单任务链 Net 的串联分支中,交易期累加;而在并联的支路中,最大交易期决定了并联支路的交易期。因此,对于 T_{Net} 采取"并联取最大,串联相乘"的评估方法。

　　(3) 假设某原子任务存在既定的数字制造资源集合,并且资源充足,不存在某种制造资源短缺的情况,则对原始的制造资源集合进行基于期望的聚类和初选。

3.2.2.2　数学模型构建

　　本书以使用成本、交易期、信誉度、资源能耗比四个指标对制造资源进行聚类,它们构成 CTRP 多目标体系,为了明确描述多目标参数,下面给出了各主要参数的含义:

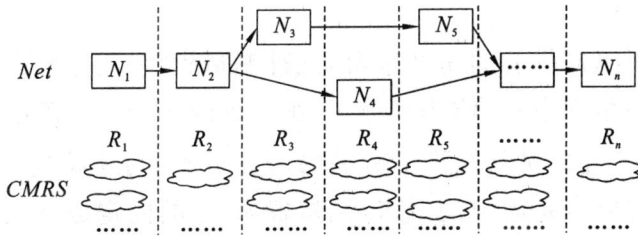

图 3-3 基于订单任务链的制造资源组合优化模型

I：制造单元数量；

J：制造资源提供者数量；

K：制造资源数量；

i：制造单元序号，$i = 1, 2, \cdots, I$；

j：制造资源提供者，$j = 1, 2, \cdots, J$；

k：需求资源序号，$k = 1, 2, \cdots, K$；

m_i：第 i 个制造单元；

s_j：第 j 个制造资源提供者；

r_{jk}：制造资源提供者 s_j 提供的第 k 种资源；

p_{jk}：制造资源 r_{jk} 的单位价格；

Q_{jk}：制造资源 r_{jk} 的单次最大运输量；

TC_{ij}：制造单元 m_i 与制造资源提供者 s_j 之间的运输距离；

N_{jk}：制造资源提供者 s_j 对第 k 种资源的最大库存量；

t_{jk}：制造资源提供者 s_j 对第 k 种资源的采购提前期；

E_{jk}：超出资源提供者 s_j 所提供资源 r_{jk} 最大库存量 N_{jk} 后的单位数量资源延时；

q_{jk}：制造资源 r_{jk} 的需求量；

n_{ijk}：制造单元 m_i 与制造资源提供者 s_j 对第 k 种资源的交易次数；

TQ_{jkl}：在第 l 次交易过程中制造资源的总数量，$l = 1, 2, \cdots, n_{ijk}$；

SQ_{jkl}：制造单元 m_i 使用制造资源 r_{jk} 的过程中质量满意的次数，$l = 1, 2, \cdots, n_{ijk}$；

LQ_{ijk}：制造单元 m_i 使用制造资源 r_{jk} 的过程中准时交货的次数；

NQ_{ijk}：制造单元 m_i 使用制造资源 r_{jk} 过程中的无索赔交易次数；

p_k：第 k 种制造资源的平均价格。

下面结合参数描述分别给出各目标的具体描述：

（1）使用成本 C

从数字制造资源提供者的角度来看，某种制造资源的成本是固定的，因此，从制造资源使用者的角度来看，使用成本 C 划分成两部分，一部分是与制造资源有关的固定成本，另一部分是与距离 s 有关的可变成本。对于确定的企业来讲，其使用某种制造资源的成本是固定的。假定制造资源 r_{jk} 的固定成本为 p_{jk}，需用数量为 q_{jk}，可变成本与运输距离和运输次数有关，则制造资源 r_{jk} 的使用成本可用式（3-7）表示。

$$C(m_i, r_{jk}) = p_{jk}q_{jk} + ceil(\frac{q_{jk}}{Q_{jk}})TC_{ij} \tag{3-7}$$

（2）交易期 T

交易期 T 是指从制造资源的需求方将制造资源需求信息发送给制造资源提供方开始，到需求方能享受制造资源服务这一过程的时间。在制造资源使用过程中，更短的交易期一方面能保证资源提供方制造资源的竞争优势，另一方面也便于需求方及时满足对制造资源的需求，完成项目的交付。假定交易期 $T(m_i, r_{jk})$ 与需用数量 q_{jk} 及资源本身的交易期 t_{jk} 有关，并且与制造资源提供方的最大资源可用数量 N_{jk} 和制造资源不足情况下的单位资源交付延时 E_{jk} 有关，可用式（3-8）表示。

$$T(m_i, r_{jk}) = \begin{cases} t_{jk} & q_{jk} \leqslant N_{jk} \\ t_{jk} + (q_{jk} - N_{jk})E_{jk} & q_{jk} > N_{jk} \end{cases} \tag{3-8}$$

（3）信誉度 R

由于制造资源质量问题以及合同、协议等履行的延误导致的索赔现象在制造企业时有发生，这使得三方（制造资源需求方、提供方、业主）的利益都可能遭受损失。因此，信誉度是制造企业选择制造资源时需要考虑的重要指标。这里的信誉度主要由三部分决定，即质量满意率 $R_1(m_i, r_{jk})$、准时交货率 $R_2(m_i, r_{jk})$ 和需求满足率 $R_3(m_i, r_{jk})$。信誉度可用式（3-9）表示。

$$R(m_i, r_{jk}) = average(R_1(m_i, r_{jk}), R_2(m_i, r_{jk}), R_3(m_i, r_{jk})) \tag{3-9}$$

其中，质量满意率 $R_1(m_i, r_{jk})$、准时交货率 $R_2(m_i, r_{jk})$ 和需求满足率 $R_3(m_i, r_{jk})$ 分别用式（3-10）、式（3-11）、式（3-12）表示。

$$R_1(m_i, r_{jk}) = \frac{\sum_{l=1}^{n_{ijk}} SQ_{jkl}}{\sum_{l=1}^{n_{ijk}} TQ_{jkl}} \tag{3-10}$$

$$R_2(m_i, r_{jk}) = \frac{LQ_{ijk}}{n_{ijk}} \tag{3-11}$$

$$R_3(m_i, r_{jk}) = \frac{NQ_{ijk}}{n_{ijk}} \tag{3-12}$$

（4）资源能耗比 P

资源能耗是指完成制造资源所消耗的资源。在本书中,将资源能耗比定义为企业为完成某种制造资源的资源能耗与该制造环境下同类制造资源的平均资源能耗的比值。资源能耗比可用式(3-13)表示。

$$P(m_i, r_{jk}) = \frac{p_{jk}}{p_k} = \frac{p_{jk}}{\dfrac{1}{J}\sum\limits_{j=1}^{J} p_{jk}} \tag{3-13}$$

上述的制造资源组合优化问题是基于使用成本、交易期、信誉度和资源能耗比的多目标优化问题,以下对订单任务链 Net 的子目标分别进行表述:

使用成本:

$$C_{Net} = \sum_{i-1}^{n} C_i \tag{3-14}$$

交易期:

$$T_{Net} = \sum_{i=1}^{p} \odot T_i + \max\{\oplus T_j \mid j \in [1, q]\} \tag{3-15}$$

信誉度:

$$R_{Net} = \frac{1}{n}\sum_{i=1}^{n} R_i \tag{3-16}$$

资源能耗比:

$$P_{Net} = \sum_{i=1}^{n} P_i \tag{3-17}$$

以上各式中,C_{Net}、T_{Net}、R_{Net}、P_{Net} 分别表示订单任务链 Net 的使用成本、交易期、信誉度和资源能耗比;C_i、T_i、R_i、P_i 分别表示某订单任务 N_i 使用制造资源时对应的使用成本、交易期、信誉度和资源能耗比;$\odot$ 表示 Net 的串联支路,$\oplus$ 表示 Net 的并联支路;p 表示串联支路数,q 表示并联支路数,这些量的取值与具体的 Net 网络结构有关。

数字制造资源组合优化的目标是基于使用成本、交易期、信誉度和资源能耗比的多目标综合最优,如式(3-18)～ 式(3-21)所示;式(3-22)表示选择的制造资源不能低于期望值;聚类中心表示的数字制造资源可能并不是实际存在的数字制造资源,式(3-23)表示选择的数字制造资源必须限制在已有的数字制造资源集合中。

综合以上的分析,完整的数学模型描述如下:

$$f(C) = \min \sum_{i=1}^{n} C_i \tag{3-18}$$

$$f(T) = \min \sum_{i=1}^{n} T_i \tag{3-19}$$

$$f(R) = \min \sum_{i=1}^{n} (1 - R_i) \tag{3-20}$$

$$f(P) = \min \sum_{i=1}^{n} (1 - P_i) \tag{3-21}$$

$$s.t. \ EC_i - C_{ij} \geqslant 0, T_{ij} - ET_i \geqslant 0, R_{ij} - ER_i \geqslant 0, P_{ij} - EP_i \geqslant 0 \tag{3-22}$$

$$r_{ij} \in CMRS_i, i \in [1, n] \tag{3-23}$$

3.2.3 基于聚类遗传算法的数字制造资源求解方法

采用遗传算法求解数字制造资源组合优化问题,需要解决染色体编码、初始种群的生成、解码与适应度评估、遗传算子及算法终止条件等问题,本节给出了对以上问题的解决方法。

(1) 染色体编码与初始种群生成

在染色体编码方式上,常用的有二进制编码、实数编码、排列编码以及混合编码等。传统的二进制编码、实数编码、排列编码适用于有限集合内群体的编码,由于订单任务链长度的可变性以及订单任务所对应数字制造资源的多样性,为便于编码的扩展,可采用多个参数级联的编码方式。在本书求解的问题中,编码参数的个数与订单任务链的长度有关,每个参数的基因位数与数字制造资源的评价指标有关,编码方式如图 3-4 所示。

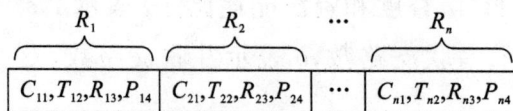

图 3-4 染色体编码

对于数字制造资源 R_i，在聚类后每个基因位都有对应的取值范围，根据取值范围分别对染色体进行编码。在初始化种群时，可结合数字制造资源的历史信息随机生成初始种群。

（2）解码与适应度评估

根据染色体的编码规则可直接进行解码，得到各染色体基因位对应的取值范围，进而确定具体的数字制造资源个体。本书提出了 CTRP 多目标体系，所求解的问题是一个多目标优化问题，常用的方法有：目标加权法、约束法和目标规划法。在考虑可行性及体现决策者对数字制造资源选择经验的前提下，本书拟采用目标加权法对多目标进行处理，以求得 Pareto 最优解。由于 CTRP 多目标体系存在不同的量纲，因此可通过归一化进行无量纲处理。

使用成本 f_{ci}：

$$f_{ci} = f(C_i) / \sum_{i=1}^{n} f(C_i) \tag{3-24}$$

交易期 f_{ti}：

$$f_{ti} = f(T_i) / \sum_{i=1}^{n} f(T_i) \tag{3-25}$$

信誉度 f_{ri}：

$$f_{ri} = f(1 - R_i) / \sum_{i=1}^{n} f(1 - R_i) \tag{3-26}$$

资源能耗比 f_{pi}：

$$f_{pi} = f(P_i) / \sum_{i=1}^{n} f(P_i) \tag{3-27}$$

利用加权的方法可将目标归一化为：

$$f_{Net} = w_1 f_{ci} + w_2 f_{ti} + w_3 f_{ri} + w_4 f_{pi} \tag{3-28}$$

其中，$w_1 + w_2 + w_3 + w_4 = 1, w_1 > 0, w_2 > 0, w_3 > 0, w_4 > 0$。由于本书求解的是最小化问题，因此，适应度评估函数可设计为：

$$FitValue = -f_{Net} \tag{3-29}$$

（3）遗传算子及算法终止条件

在遗传操作中，既要求算法的收敛性，保证群体中的每个个体尽可能接近最优，又要求算法的分散性，使得有足够多的近似最优个体在目标空间内均匀分布。这一目标要求对遗传算子进行合理选择和设计，与遗传算法相关的算子包括选择算子、交叉算子、变异算子。

选择算子是指根据一定的评价指标,从群体中选择适当的个体作为进化的下一代个体,一般情况下以适应度作为评价指标。本书的选择基于外来种群的精英保留策略和随机联赛选择。外来种群的精英保留策略不仅保留了最优个体,同时也保留了适应值较优,但个体差异性较大的染色体,并直接从该群体中选择一定数量的最优个体作为下一代群体。随机联赛选择适用于具有负适应值的个体,根据联赛规模 $LeagueSize$,每次选择 $LeagueSize$ 个染色体进行适应度比较,将适应度最优的个体遗传到下一代,直到满足种群的规模。

交叉是将父代中的部分基因片段进行重组,生成新的子代的过程。在交叉操作时,随机选择两个个体,以一定的概率 P_c 进行交叉。由于采用的是多参数级联编码方式,且各参数的基因位互不关联,故本书采用多位随机交叉算子,同时对每个参数位单独进行交叉操作。首先根据任务链的长度 n 随机生成 $[1,n]$ 之间的交叉数 $CrossNumber$,然后在 $[1,4n]$ 的范围内生成 $CrossNumber$ 个交叉位置。具体交叉过程如图 3-5 所示,图中假定生成的交叉数为 3,交叉位置为 3、10 和 14,由 $Parent1$ 和 $Parent2$ 生成子代 $Child1$ 和 $Child2$。

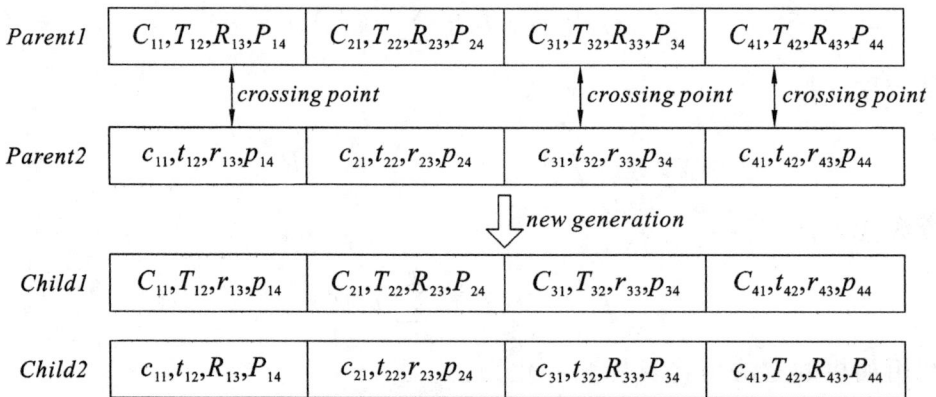

图 3-5　染色体交叉过程

变异是通过改变染色体中某些基因位的值来提高算法的局部搜索能力。本书采用多位随机变异算子,以概率 P_m 进行变异。在某一个体进行变异时,其变异操作与交叉操作存在一定的类似性,首先随机生成变异基因位数 $MutationNumber$,然后在 $[1,4n]$ 范围内生成 $MutationNumber$ 个变异基因位,所不同的是,变异时需要结合聚类中心,变异基因位在聚类中心附近进行变异,如图 3-6 所示。

遗传算法的终止条件主要有两种,即基于代数的终止条件和基于上下代平均适应度变化的终止条件。由于适应度的最大值难以确定,故本书将两种终止条件相结合,首先判断上下代平均适应度的变化,如果变化较小,则输出最优个体;如果变化较大,则在达到迭代次数的条件下输出最优个体。

利用遗传算法对数字制造资源进行组合优化时,首先需要解决的关键问题是将订单任务链理论模型描述为计算机可以识别的逻辑模型。主要操作是将订单任务进行编号,并将订单任务链分解为主参考路径和辅助参考路径,主路径和辅助路径之间用路径关联矩阵表示。

在算法求解前,需要对一系列的变量进行赋值,主要参数变量如表 3-3 所示。

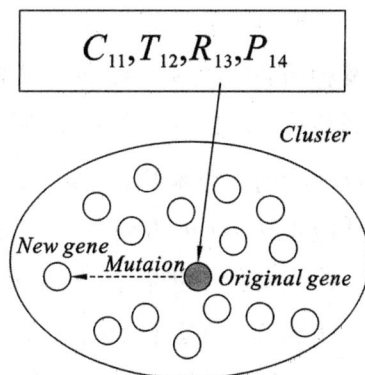

$$C_{11}, T_{12}, R_{13}, P_{14}$$

图 3-6　基因位变异过程

表 3-3　算法主要参数

序号	变量编号	变量名称	变量名
1	A	订单任务数	*TaskNumber*
2	B	主参考路径	*MainRefPath*
3	C	辅助参考路径	*SubRefPath*
4	D	多目标权重分配矩阵	*WeightAllocation*
5	E	任务资源期望矩阵	*TaskResExp*
6	F	任务资源需求矩阵	*TaskResReq*
7	G	制造资源描述矩阵	*ResDescribe*
8	H	制造资源数	*ResNumber*
9	I	订单任务与制造资源关联矩阵	*TaskResRelevance*
10	J	群体规模	*PopSize*
11	K	交叉概率	*Pc*
12	L	变异概率	*Pm*
13	M	联赛规模	*LeagueSize*
14	N	外来种群规模	*ForeignSize*
15	O	精英保留群体数	*EliteNumber*
16	P	最大迭代次数	*MaxGen*
17	Q	平均适应度变化率	*AvgFitChangeRate*

以下是详细的求解步骤：

步骤 1：遗传算法初始化。主要包括表 3-3 中参数的输入、数字制造资源的聚类及种群的初始化。数字制造资源的聚类采用 3.2.1 节中的方法进行，并且对于每种制造资源，其各项指标必须满足 $TaskResExp$。聚类完成后，随机确定当前群体 $CurrentPop$、外来种群 $ForeignPop$，并计算 $CurrentPop$ 的适应度 $CurrentFit$ 和平均适应度 $CurrentAvgFit$，以及 $ForeignPop$ 的适应度 $ForeignFit$，并采用"冒泡法"对外来种群进行基于适应度的降序排序。

步骤 2：判定群体上、下两代平均适应度变化率 $NewOrgChangeRate$。如果 $NewOrgChangeRate < AvgFitChangeRate$，则算法终止，输出最优解，否则转步骤 3。其中 $NewOrgChangeRate = abs[(NewAvgFit - CurrentAvgFit)/NewAvgFit]$。

步骤 3：判定迭代次数 Gen。如果 $Gen > MaxGen$，则算法终止，输出最优解。

步骤 4：更新 $ForeignPop$。找出 $CurrentPop$ 中的最优个体，并替换 $ForeignPop$ 中的最差个体，对 $ForeignPop$ 进行重新排序。

步骤 5：随机联赛选择。从 $CurrentPop$ 中选择 $LeagueSize$ 个个体，将其中最优个体作为过渡群体 $NewTempPop$。为了保证群体的规模，需要进行 $ChNumber$ 次选择，其中 $ChNumber = PopSize - EliteNumber$。

步骤 6：多位随机交叉操作。需要进行 $ChNumber/2$ 次交叉。在 $NewTempPop$ 中随机选择两个个体 $Parent1$ 和 $Parent2$，按随机生成的交叉概率 $PCross$ 确定是否进行交叉。如果 $PCross \leqslant P_c$，则直接将 $Parent1$ 和 $Parent2$ 作为 $NewPop$ 个体；否则，随机生成交叉数 $CrossNumber$ 和交叉位置 $CrossPosition$，进行交叉操作，得到两个子代 $Child1$ 和 $Child2$ 作为 $NewPop$ 个体。完成 $ChNumber/2$ 次交叉后，设置 $NewTempPop = NewPop$，并清空 $NewPop$。

步骤 7：多位随机变异操作。需要进行 $ChNumber$ 次变异。在 $NewTempPop$ 中，按随机生成的变异概率 $PMutation$ 确定是否进行变异。如果 $PMutation \leqslant P_m$，则将该个体作为 $NewPop$ 个体；否则，进行变异，随机生成变异数 $MutationNumber$ 和变异位置 $MutationPosition$。为了保证变异个体的合法性，对每个变异的基因位，将其变异控制在聚类中心附近。完成 $ChNumber$ 次变异后，设置 $NewTempPop = NewPop$，并清空 $NewPop$。

步骤 8：形成下一代群体 $NewPop$。将 $ForeignPop$ 中的前 $EliteNumber$ 个个体及 $NewTempPop$ 中的个体赋给 $NewPop$，形成下一代群体 $NewPop$。

步骤 9：$NewPop$ 适应度评价。计算 $NewPop$ 的适应度 $NewPopFit$ 及平均适

应度 $NewAvgFit$，并赋值 $CurrentPop = NewPop$，$CurrentFit = NewPopFit$。转步骤 2。

3.2.4 应用案例

某建材装备企业是一个以制造建材、冶金、煤炭、发电等行业的主机设备为主的国有控股企业，其产品形式多样，如其生产的某日产万吨级水泥生产线主机设备占据国内外大部分市场份额。本书总结了该企业某项目中部件生产过程的订单任务链，如图 3-7 所示。

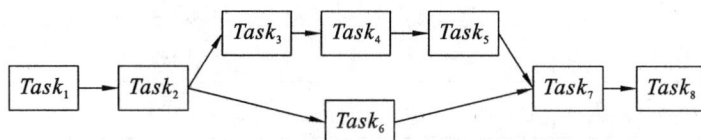

图 3-7　订单任务链结构图

为了简化问题的求解过程，在数据上，本书假定 $Task_1 \sim Task_8$ 均使用表 3-1 中制造资源数，与算法相关的参数如表 3-4 所示。

表 3-4　算法主要参数设置

变量编号	变量名	数据值
A	$TaskNumber$	8
B	$MainRefPath$	$[1,2,3,4,5,7,8]$
C	$SubRefPath$	$[2,6,7]$
D	$WeightAllocation$	$[0.6,0.2,0.1,0.1]$
E	$TaskResExp$	$[60,20,0.7,1.2;85,14,0.45,1.5;80,10,0.56,2;75,5,0.62,2.5;$ $86,24,0.86,1.9;68,8,0.43,1;70,10,0.45,0.9;68,16,0.3,2]$
F	$TaskResReq$	$[30,12,25,26,14,9,13,32]$
G	$ResDescribe$	（见表 3-1）
H	$ResNumber$	8

续表 3-4

变量编号	变量名	数据值
I	$TaskResRelevance$	$[1,2,3,4,5,6,7,8]$
J	$PopSize$	100
K	P_c	0.7
L	P_m	0.01
M	$LeagueSize$	2
N	$ForeignSize$	20
O	$EliteNumber$	4
P	$MaxGen$	50
Q	$AvgFitChangeRate$	0.005

　　本书利用上述数据在 Matlab 中进行了模拟,进化曲线如图 3-8 所示,算法运行多次,大致在第 15 代左右收敛,算法运行结果如表 3-5 所示。

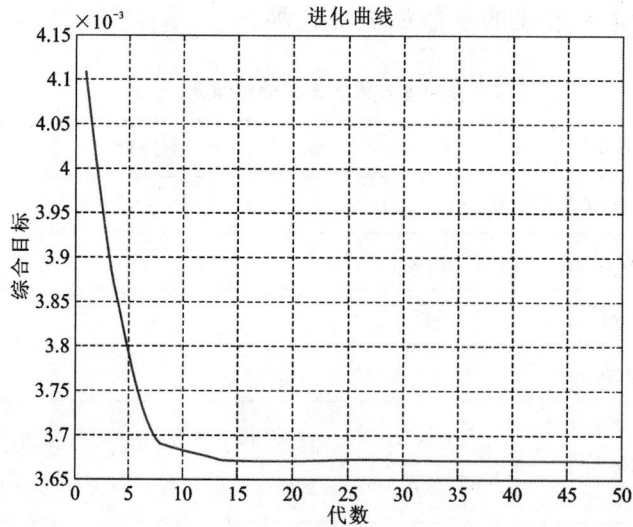

图 3-8　遗传算法进化曲线

　　表 3-5 中共选取了 5 种制造资源组合结果,对基于不同选择目标下选择的制造资源,其算法运行结果存在较大的差异。通过对比可以看出,采用基于遗传算法的制造资源组合优化方法能够较好地在 C、T、R、P 多目标之间进行权衡,选择出更为合理的制造资源组合,实现制造资源的优化选择。

表 3-5   算法运行结果及比较

类型	编号	制造资源信息	C	T	R	P
遗传算法组合优化	15	$(62,16,0.83,1.01)$	10715	923	0.4388	205.16
	23	$(78,13,0.66,1.00)$				
	24	$(78,6,0.69,1.74)$				
	22	$(66,1,0.57,2.09)$				
	41	$(81,15,0.91,1.47)$				
	4	$(56,5,0.39,0.71)$				
	16	$(62,1,0.37,0.56)$				
	31	$(51,5,0.29,1.04)$				
最小使用成本选择	37	$(51,5,0.29,1.04)$	8533	1976	0.6	373.52
最短交易期选择	41	$(58,1,0.07,1.76)$	9338	152	0.93	283.36
最大信誉度选择	26	$(80,4,0.96,0.79)$	12880	608	0.04	127.19
最小资源能耗比选择	11	$(99,20,0.56,0.15)$	15939	3040	0.44	24.15

3.3   面向产品全生命周期的数字制造资源配置方法

3.3.1   面向产品全生命周期的评价指标体系

对数字制造企业而言,其产品的制造过程是由多个制造单元、外协商、供应商等协同完成的,涉及成本、工期、质量等多方面的评估和优选。一个合理的产品数字制造资源配置方案不仅仅体现在制造加工过程中数字制造资源的优选上,还体现在产品交付运营后产品数字制造资源配置的优化上,也就是说数字制造资源的配置需要从产品全生命周期的角度进行考虑。因此,结合产品制造过程的全生命周期,从数字制造资源配置的角度来看,全生命周期的数字制造资源配置可分为三个阶段,即数字制造资源的初选阶段、数字制造资源的生产加工阶段和产品的交付阶段。面向产品全生命周期的评价指标体系也就是结合以上三个阶段考虑的数字制造资源评估指标所组成的体系,其包括三大类指标,即制造资源优选指标、制造资源执行过程指标和产品维护指标[9]。

(1)制造资源优选指标是指在制造任务执行前针对不同的制造任务,匹配、优选制造资源时所考虑的主要指标。它主要包括制造资源的使用成本、工期、质量、环境安全等方面。针对不同的制造资源,其优选指标的侧重点存在一定的差异。例如,在选择钢板时,由于不同厂商在钢板质量上的差异不大,在选择时价格是主要因素;而在选择油漆时,由于油漆具有污染性,从环境安全和作业环境的角度考虑,对油漆质量的选择成为主导因素。

（2）制造资源执行过程指标是指制造任务执行过程中所考虑的制造资源性能指标,主要包括制作难度、制造任务工期、制造任务成本、完工质量、多制造主体间的协同度、信息的共享程度等方面。通过综合考虑这些指标对制造任务制造资源的配置进行评价。

（3）产品维护指标是指在产品交付客户后对制造资源配置过程的评估指标,主要包括产品的使用性能、故障率、使用成本、维修成本以及索赔等方面。

综合以上的指标描述,针对面向产品全生命周期的数字制造资源配置评价的不同考虑阶段,从产品全生命周期的角度对评价指标进行概括和量化,这些评价指标主要分为时间（Time,T）、制造成本（Manufacturing Cost,MC）、质量（Quality,Q）、可靠度（Reliability,R）、协同度（Synergy,SN）、安全性（Safety,SF）、运作成本（Operating Cost,OC）、客户满意度（Satisfaction,ST）等。其评价指标体系如图 3-9 所示,共同构成面向产品全生命周期的指标体系（T,MC,Q,R,SN,SF,OC,ST）。

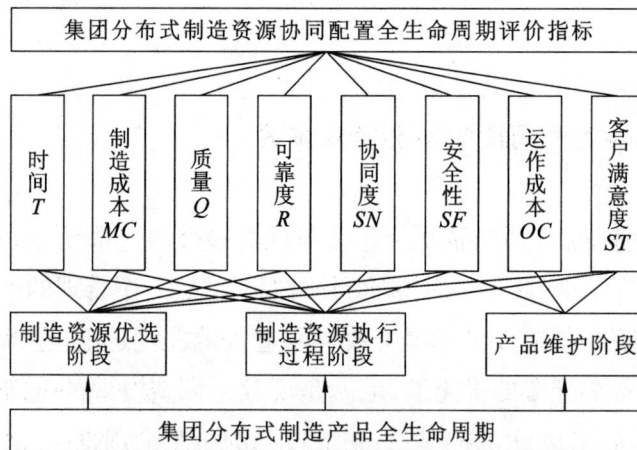

图 3-9　数字制造资源全生命周期评价指标体系

3.3.2　面向产品全生命周期的数字制造资源配置模型

在制造资源协同配置评价指标体系的基础上,本书建立了面向产品全生命周期的分布式制造资源协同配置评价模型,如图 3-10 所示。按照分布式制造任务的时序逻辑关系,从产品全生命周期的角度构建了针对制造资源协同配置的产品全生命周期综合评价过程模型。

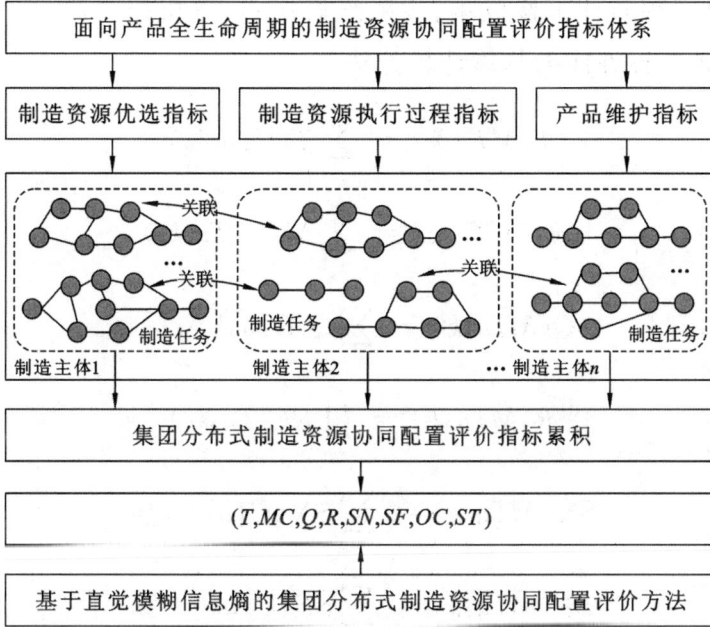

图 3-10　面向产品全生命周期的分布式制造资源协同配置评价模型

由于产品零部件构成的多样性,产品的制造过程不可能只是由单一的制造任务或由单一的制造主体来完成,而是由集团分布式多制造主体来协同完成。因此,面向产品全生命周期的分布式制造资源协同配置评价涉及与产品相关的多制造主体的多个制造任务和多种制造资源评价指标的累积,以及针对累积评价指标性能的评价方法,从而确定面向产品全生命周期的分布式制造资源协同配置性能。

为了实现面向产品全生命周期的分布式制造资源协同配置的性能评估,按照构成产品的不同制造任务资源执行的逻辑关系,可将制造任务执行模式分为三种,即单主体并行模式、单主体串行模式和多主体交叉模式。根据前面的描述,假设某产品的制造任务 $MTask$ 分解为 m 个部件子任务 $CTask$,对于部件子任务 $CTask_i(i \in [1,m])$,其承担的制造主体将其分解成 n 个工序子任务 $PTask_{ij}(j \in [1,n])$。而这些分解的工序子任务又可以由集团不同制造主体来协同完成,假设工序子任务 $PTask_{ij}$ 对应不多于一种的制造资源 r_{ij} 需求,则对评价指标性能的累积可分为三个维度,即产品维度、部件维度和工序维度。为此,下面给出了各个维度下指标体系(T,MC,Q,R,SN,SF,OC,ST) 的累积方法。

（1）产品维度的指标性能：由于产品由不同的部件构成，因此，对产品所有部件指标性能的累积就构成了产品维度的指标性能，其中 OC 要从产品的整体角度来考虑，根据文献[10]可知，在产品的运作阶段，其运作成本与产品的可靠度有直接的关系，主要由预防性维修成本、故障维修成本、停机损失成本三部分构成。以下是产品维度各指标性能的具体计算方法：

$$T(MTask) = \sum_{i=1}^{m} T(CTask_i) \tag{3-30}$$

$$MC(MTask) = \sum_{i=1}^{m} MC(CTask_i) \tag{3-31}$$

$$Q(MTask) = \sum_{i=1}^{m} Q(CTask_i)/m \tag{3-32}$$

$$R(MTask) = \prod_{i=1}^{m} R(CTask_i) \tag{3-33}$$

$$SN(MTask) = \sum_{i=1}^{m} SN(CTask_i)/m \tag{3-34}$$

$$SF(MTask) = \sum_{i=1}^{m} SF(CTask_i)/m \tag{3-35}$$

$$OC(MTask) = c_p L + c_f \sum_{l=1}^{L} N_l + c_d (f_1 \sum_{l=1}^{L} N_l + f_2 L) \tag{3-36}$$

$$ST(MTask) = \sum_{i=1}^{m} ST(CTask_i)/m \tag{3-37}$$

其中，式（3-30）表示产品的时间性能指标累积；式（3-31）表示产品的制造成本性能指标累积；式（3-32）表示产品的质量性能指标累积；式（3-33）表示产品的可靠度性能指标累积；式（3-34）表示产品的协同度性能指标累积；式（3-35）表示产品的安全性能指标累积；式（3-36）表示产品的运作成本性能指标累积，c_p 表示每次预防性维修的平均成本，c_f 表示每次故障维修的平均成本，c_d 表示单位时间的停机损失成本，L 表示预防性维修的次数，N_l 表示在一个预防性维修周期内产品发生故障的次数，f_1 表示每次发生故障的平均停机时间，f_2 表示每次发生故障的平均维修时间；式（3-37）表示产品的客户满意度性能指标累积。

为描述式（3-36）中的 N_l，可进一步用式（3-38）、式（3-39）计算，其中 $R^l(MTask)$ 表示在第 l 个预防性维修阶段的可靠度，关于可靠度的变化规律，可参考文献[11]。

$$N_l = \int_{(l-1)T}^{lT} \lambda^l \mathrm{d}t \tag{3-38}$$

$$R^l(MTask) = \exp\left(-\int_{(l-1)T}^{lT} \lambda^l \mathrm{d}t\right), l = 1, 2, \cdots, L \tag{3-39}$$

$$R^1(MTask) = R(MTask) \tag{3-40}$$

其中,式(3-38)表示 N_l 与故障率 λ^l 在一个预防性维修区间内的函数关系;式(3-39)表示产品在预防性维修区间 l 上的产品可靠度 $R^l(MTask)$ 与故障率 λ^l 的函数关系;式(3-40)表示初始的产品可靠度,与产品维度的可靠度性能指标累积相同。

(2)部件维度的指标性能:部件由不同的工序构成,因此,对完成部件制造的所有工序指标性能的累积就构成了部件维度的指标性能。以下是具体的计算方法:

$$T(CTask_i) = \sum_{j=1}^{n} T(PTask_{ij}) \tag{3-41}$$

$$MC(CTask_i) = \sum_{i=1}^{m} MC(PTask_{ij}) \tag{3-42}$$

$$Q(CTask_i) = \frac{1}{n}\left[\sum_{k=1}^{n_1} Q(\odot PTask_{ik}) + \sum_{p=1}^{n_2} \min Q(\oplus PTask_{ip})\right] \tag{3-43}$$

$$R(CTask_i) = \prod_{k=1}^{n_1} R(\odot PTask_{ij}) \prod_{p=1}^{n_2} \min R(\oplus PTask_{ip}) \tag{3-44}$$

$$SN(CTask_i) = \sum_{j=1}^{n} SN(PTask_{ij})/n \tag{3-45}$$

$$SF(CTask_i) = \sum_{j=1}^{n} SF(PTask_{ij})/n \tag{3-46}$$

$$ST(CTask_i) = \sum_{j=1}^{n} ST(PTask_{ij})/n \tag{3-47}$$

其中,式(3-41)、式(3-42)、式(3-45)、式(3-46)、式(3-47)分别表示部件子任务 $CTask_i$ 的时间、制造成本、协同度、安全性、客户满意度性能指标的累积。式(3-43)、式(3-44)分别表示质量和可靠度性能指标的累积。其中,$\odot$ 表示制造任务 $CTask_i$ 的串联支路,$\oplus$ 表示制造任务 $CTask_i$ 的并联支路;n_1 表示串行支路上总的工序任务数,n_2 表示并行支路上总的工序任务数,满足 $n_1 + n_2 = n$,具体的取值与制造任务 $CTask_i$ 的工序子任务结构有关。

(3)工序维度的指标性能:根据上述的假设,工序子任务 $PTask_{ij}$ 对应不多于

一种的制造资源 r_{ij} 需求,因此,对工序子任务 $PTask_{ij}$ 指标性能的累积包括制造过程指标性能和制造资源指标性能。以下是具体的计算方法:

$$T(PTask_{ij}) = T_1(r_{ij}) + T_2(r_{ij}) \tag{3-48}$$

$$MC(PTask_{ij}) = MC_1(r_{ij}) + MC_2(r_{ij}) \tag{3-49}$$

$$Q(PTask_{ij}) = \frac{Q_1(r_{ij}) + Q_2(r_{ij})}{2} \tag{3-50}$$

$$R(PTask_{ij}) = R_1(r_{ij})R_2(r_{ij}) \tag{3-51}$$

$$SN(PTask_{ij}) = \frac{SN_1(r_{ij}) + SN_2(r_{ij})}{2} \tag{3-52}$$

$$SF(PTask_{ij}) = \frac{SF_1(r_{ij}) + SF_2(r_{ij})}{2} \tag{3-53}$$

$$ST(PTask_{ij}) = \frac{ST_1(r_{ij}) + ST_2(r_{ij})}{2} \tag{3-54}$$

其中,式(3-48)～式(3-54)分别表示工序子任务 $PTask_{ij}$ 的时间、制造成本、质量、可靠度、协同度、安全性、客户满意度性能指标累积。各公式右边的前后两项分别表示制造过程和制造资源性能指标,例如在式(3-48)中,$T_1(r_{ij})$ 表示制造过程的时间性能指标,$T_2(r_{ij})$ 表示制造资源的时间性能指标。

3.3.3　基于 TFN-TOPSIS 的数字制造资源配置求解

面向产品全生命周期的数字制造资源配置问题属于多属性决策(Multiple Criteria Decision Making,MCDM)的范畴。目前,针对 MCDM 问题,常用的综合评价方法主要有消去与选择转换法(Elimination Et Choice Translation Reality, ELECTRE)[12]、数据包络分析法(Data Envelopment Analysis,DEA)[13]、层次分析法(Analytic Hierarchy Process,AHP)[14]、逼近理想点法(Technique for Order Performance by Similarity to Ideal Solution,TOPSIS)[15] 等。其中,AHP 方法通过构建多层次的决策模型,比较各评估属性,建立判断矩阵以获得各方案的综合评估值。DEA 方法是一种处理具有多个输入和输出的多属性决策方法,通过比较决策单元的相对有效性来对其进行排序,进而确定有效的决策单元。TOPSIS 方法通过引入最佳评估方案 PIS(Positive-ideal Solution)与最差评估方案(Negative-ideal Solution,NIS),计算每个评估值与 PIS 和 NIS 的距离来获得综合评估的排序。ELECTRE 方法需要设定的主观参数较多,使得分析结果的鲁棒性降低;DEA 方法通过输入输出权重的变化来实现决策单元的修正,但无法对所有的决策单元进行排序;AHP 方法是一种简单的多属性决策方法,但是定量数据少,大部分是定性的分析,指标过多时计算量大;TOPSIS 方法适用于多指标的量化对比,结果比较客观。

在 TOPSIS 方法中,对于权重的选取是一项重要内容,为了衡量各指标集合对 TOPSIS 累积过程性能的影响,将三角模糊数(Triangular Fuzzy Number,TFN)与 TOPSIS 进行集成,通过三角模糊数来衡量直觉模糊集的 TOPSIS 累积过程,从而确定最佳评估方案与最差评估方案。另外,根据本书提出的面向产品全生命周期的分布式制造资源多层次评估体系,需要通过工序、部件、产品三个维度的制造资源性能评估的累积实现全生命周期的评估。因此,本书提出了基于三角模糊数的多层逼近理想点法(TFN-TOPSIS)。下面首先给出基于三角模糊数的权重确定方法。

(1) 基于三角模糊数的指标成对比较权重确定方法

步骤 1:构建三角模糊评估矩阵。根据建立的面向产品全生命周期的指标体系,结合产品确定指标成对比较的三角模糊数,构建如表 3-6 所示的矩阵。

表 3-6　指标成对比较三角模糊矩阵

	T	MC	Q	R	SN	SF	OC	ST
T	l_T^T, m_T^T, u_T^T	$l_T^{MC}, m_T^{MC}, u_T^{MC}$	l_T^Q, m_T^Q, u_T^Q	l_T^R, m_T^R, u_T^R	$l_T^{SN}, m_T^{SN}, u_T^{SN}$	$l_T^{SF}, m_T^{SF}, u_T^{SF}$	$l_T^{OC}, m_T^{OC}, u_T^{OC}$	$l_T^{ST}, m_T^{ST}, u_T^{ST}$
MC	$l_{MC}^T, m_{MC}^T, u_{MC}^T$	$l_{MC}^{MC}, m_{MC}^{MC}, u_{MC}^{MC}$	$l_{MC}^Q, m_{MC}^Q, u_{MC}^Q$	$l_{MC}^R, m_{MC}^R, u_{MC}^R$	$l_{MC}^{SN}, m_{MC}^{SN}, u_{MC}^{SN}$	$l_{MC}^{SF}, m_{MC}^{SF}, u_{MC}^{SF}$	$l_{MC}^{OC}, m_{MC}^{OC}, u_{MC}^{OC}$	$l_{MC}^{ST}, m_{MC}^{ST}, u_{MC}^{ST}$
Q	l_Q^T, m_Q^T, u_Q^T	$l_Q^{MC}, m_Q^{MC}, u_Q^{MC}$	l_Q^Q, m_Q^Q, u_Q^Q	l_Q^R, m_Q^R, u_Q^R	$l_Q^{SN}, m_Q^{SN}, u_Q^{SN}$	$l_Q^{SF}, m_Q^{SF}, u_Q^{SF}$	$l_Q^{OC}, m_Q^{OC}, u_Q^{OC}$	$l_Q^{ST}, m_Q^{ST}, u_Q^{ST}$
R	l_R^T, m_R^T, u_R^T	$l_R^{MC}, m_R^{MC}, u_R^{MC}$	l_R^Q, m_R^Q, u_R^Q	l_R^R, m_R^R, u_R^R	$l_R^{SN}, m_R^{SN}, u_R^{SN}$	$l_R^{SF}, m_R^{SF}, u_R^{SF}$	$l_R^{OC}, m_R^{OC}, u_R^{OC}$	$l_R^{ST}, m_R^{ST}, u_R^{ST}$
SN	$l_{SN}^T, m_{SN}^T, u_{SN}^T$	$l_{SN}^{MC}, m_{SN}^{MC}, u_{SN}^{MC}$	$l_{SN}^Q, m_{SN}^Q, u_{SN}^Q$	$l_{SN}^R, m_{SN}^R, u_{SN}^R$	$l_{SN}^{SN}, m_{SN}^{SN}, u_{SN}^{SN}$	$l_{SN}^{SF}, m_{SN}^{SF}, u_{SN}^{SF}$	$l_{SN}^{OC}, m_{SN}^{OC}, u_{SN}^{OC}$	$l_{SN}^{ST}, m_{SN}^{ST}, u_{SN}^{ST}$
SF	$l_{SF}^T, m_{SF}^T, u_{SF}^T$	$l_{SF}^{MC}, m_{SF}^{MC}, u_{SF}^{MC}$	$l_{SF}^Q, m_{SF}^Q, u_{SF}^Q$	$l_{SF}^R, m_{SF}^R, u_{SF}^R$	$l_{SF}^{SN}, m_{SF}^{SN}, u_{SF}^{SN}$	$l_{SF}^{SF}, m_{SF}^{SF}, u_{SF}^{SF}$	$l_{SF}^{OC}, m_{SF}^{OC}, u_{SF}^{OC}$	$l_{SF}^{ST}, m_{SF}^{ST}, u_{SF}^{ST}$
OC	$l_{OC}^T, m_{OC}^T, u_{OC}^T$	$l_{OC}^{MC}, m_{OC}^{MC}, u_{OC}^{MC}$	$l_{OC}^Q, m_{OC}^Q, u_{OC}^Q$	$l_{OC}^R, m_{OC}^R, u_{OC}^R$	$l_{OC}^{SN}, m_{OC}^{SN}, u_{OC}^{SN}$	$l_{OC}^{SF}, m_{OC}^{SF}, u_{OC}^{SF}$	$l_{OC}^{OC}, m_{OC}^{OC}, u_{OC}^{OC}$	$l_{OC}^{ST}, m_{OC}^{ST}, u_{OC}^{ST}$
ST	$l_{ST}^T, m_{ST}^T, u_{ST}^T$	$l_{ST}^{MC}, m_{ST}^{MC}, u_{ST}^{MC}$	$l_{ST}^Q, m_{ST}^Q, u_{ST}^Q$	$l_{ST}^R, m_{ST}^R, u_{ST}^R$	$l_{ST}^{SN}, m_{ST}^{SN}, u_{ST}^{SN}$	$l_{ST}^{SF}, m_{ST}^{SF}, u_{ST}^{SF}$	$l_{ST}^{OC}, m_{ST}^{OC}, u_{ST}^{OC}$	$l_{ST}^{ST}, m_{ST}^{ST}, u_{ST}^{ST}$

步骤 2:计算综合三角模糊值。综合三角模糊值衡量了某一目标的三角模糊数与所有目标的三角模糊数的比值,用式(3-55)表示。

$$S_i = \sum_{j=1}^m M_{gi}^j \odot \left[\sum_{i=1}^n \sum_{j=1}^m M_{gi}^j \right]^{-1} \tag{3-55}$$

为了对三角模糊数进行运算,定义以下运算规则:

① 可加性，$\sum\limits_{j=1}^{m} M_{gi}^{j} = (\sum\limits_{j=1}^{m} l_j, \sum\limits_{j=1}^{m} m_j, \sum\limits_{j=1}^{m} u_j)$；

② 倒数运算，$\left[\sum\limits_{i=1}^{n}\sum\limits_{j=1}^{m} M_{gi}^{j}\right]^{-1} = \left[\dfrac{1}{\sum\limits_{i=1}^{n} u_i}, \dfrac{1}{\sum\limits_{j=1}^{n} m_j}, \dfrac{1}{\sum\limits_{j=1}^{n} l_j}\right]$；

③ 乘法运算，$(l_1, m_1, u_1) \odot (l_2, m_2, u_2) = (l_1 l_2, m_1 m_2, u_1 u_2)$。

步骤 3：计算指标的可能度。由于是在两个指标间进行成对比较，因此需要在两个指标间衡量其选择的可能度，用式（3-56）表示。

$$V(S_j \geqslant S_i) = \begin{cases} 1 & \text{if } m_j \geqslant m_i \\ 0 & \text{if } l_i \geqslant u_j \\ \dfrac{l_i - u_j}{(m_j - u_j) - (m_i - l_i)} & \text{otherwise} \end{cases} \tag{3-56}$$

步骤 4：计算各指标的最小可能度。各指标的可能度由步骤 3 计算所得可能度中的最小可能度决定，各指标可能度的计算公式如下：

$d'_T = V(S_T \geqslant S_{MC}, S_Q, S_R, S_{SN}, S_{SF}, S_{OC}, S_{ST})$

$\quad = \min\{V(S_T \geqslant S_{MC}), V(S_T \geqslant S_Q), V(S_T \geqslant S_R), V(S_T \geqslant S_{SN}), V(S_T \geqslant S_{SF}),$

$\qquad V(S_T \geqslant S_{OC}), V(S_T \geqslant S_{ST})\}$

$d'_{MC} = V(S_{MC} \geqslant S_T, S_Q, S_R, S_{SN}, S_{SF}, S_{OC}, S_{ST})$

$\quad = \min\{V(S_{MC} \geqslant S_T), V(S_{MC} \geqslant S_Q), V(S_{MC} \geqslant S_R), V(S_{MC} \geqslant S_{SN}), V(S_{MC} \geqslant S_{SF}),$

$\qquad V(S_{MC} \geqslant S_{OC}), V(S_{MC} \geqslant S_{ST})\}$

$d'_Q = V(S_Q \geqslant S_{MC}, S_T, S_R, S_{SN}, S_{SF}, S_{OC}, S_{ST})$

$\quad = \min\{V(S_Q \geqslant S_{MC}), V(S_Q \geqslant S_T), V(S_Q \geqslant S_R), V(S_Q \geqslant S_{SN}), V(S_Q \geqslant S_{SF}),$

$\qquad V(S_Q \geqslant S_{OC}), V(S_Q \geqslant S_{ST})\}$

$d'_R = V(S_R \geqslant S_{MC}, S_Q, S_T, S_{SN}, S_{SF}, S_{OC}, S_{ST})$

$\quad = \min\{V(S_R \geqslant S_{MC}), V(S_R \geqslant S_Q), V(S_R \geqslant S_T), V(S_R \geqslant S_{SN}), V(S_R \geqslant S_{SF}),$

$\qquad V(S_R \geqslant S_{OC}), V(S_R \geqslant S_{ST})\}$

$d'_{SN} = V(S_{SN} \geqslant S_{MC}, S_Q, S_R, S_T, S_{SF}, S_{OC}, S_{ST})$

$\quad = \min\{V(S_{SN} \geqslant S_{MC}), V(S_{SN} \geqslant S_Q), V(S_{SN} \geqslant S_R), V(S_{SN} \geqslant S_T), V(S_{SN} \geqslant S_{SF}),$

$\qquad V(S_{SN} \geqslant S_{OC}), V(S_{SN} \geqslant S_{ST})\}$

$d'_{SF} = V(S_{SF} \geqslant S_{MC}, S_Q, S_R, S_{SN}, S_T, S_{OC}, S_{ST})$

$\quad = \min\{V(S_{SF} \geqslant S_{MC}), V(S_{SF} \geqslant S_Q), V(S_{SF} \geqslant S_R), V(S_{SF} \geqslant S_{SN}), V(S_{SF} \geqslant S_T),$

$\qquad V(S_{SF} \geqslant S_{OC}), V(S_{SF} \geqslant S_{ST})\}$

$$d'_{OC} = V(S_{OC} \geqslant S_{MC}, S_Q, S_R, S_{SN}, S_{SF}, S_T, S_{ST})$$
$$= \min\{V(S_{OC} \geqslant S_{MC}), V(S_{OC} \geqslant S_Q), V(S_{OC} \geqslant S_R), V(S_{OC} \geqslant S_{SN}), V(S_{OC} \geqslant S_{SF}), V(S_{OC} \geqslant S_T), V(S_{OC} \geqslant S_{ST})\}$$

$$d'_{ST} = V(S_{ST} \geqslant S_{MC}, S_Q, S_R, S_{SN}, S_{SF}, S_{OC}, S_T)$$
$$= \min\{V(S_{ST} \geqslant S_{MC}), V(S_{ST} \geqslant S_Q), V(S_{ST} \geqslant S_R), V(S_{ST} \geqslant S_{SN}), V(S_{ST} \geqslant S_{SF}), V(S_{ST} \geqslant S_{OC}), V(S_{ST} \geqslant S_T)\}$$

步骤 5：计算多指标体系权重。根据各指标的最小可能度构建多指标体系权重，如下式所示：

$$W' = (d'_T, d'_{MC}, d'_Q, d'_R, d'_{SN}, d'_{SF}, d'_{OC}, d'_{ST})$$

对 W' 进行归一化处理得到多指标体系的权重，如下式所示：

$$W = (d_T, d_{MC}, d_Q, d_R, d_{SN}, d_{SF}, d_{OC}, d_{ST})$$
$$= \frac{(d'_T, d'_{MC}, d'_Q, d'_R, d'_{SN}, d'_{SF}, d'_{OC}, d'_{ST})}{d'_T + d'_{MC} + d'_Q + d'_R + d'_{SN} + d'_{SF} + d'_{OC} + d'_{ST}}$$

（2）基于 TFN-TOPSIS 的数字制造资源配置求解方法

步骤 1：初始化性能评估的维度，设置 DM = "工序"。

步骤 2：决策者对 DM 维度的制造资源性能进行评估，给出对制造资源评估的三角模糊数。

步骤 3：构建多属性决策矩阵。

根据三角模糊数的指标成对比较方法，结合指标体系构建多属性决策矩阵。根据对产品维度、部件维度和工序维度下指标体系（$T, MC, Q, R, SN, SF, OC, ST$）的累积过程，确定工序维度的指标性能，便可以通过工序 → 部件 → 产品三个维度的性能累积实现对产品性能的评估。假定对于某维度评估，在执行过程中待选的制造资源为 $RS = \{r_1, r_2, \cdots, r_n\}$，则针对工序的多属性决策矩阵如表 3-7 所示。

表 3-7   多属性决策矩阵

	r_1	r_2	$\cdots$	r_i	$\cdots$	r_n
T	V_1^T	V_2^T	$\cdots$	V_i^T	$\cdots$	V_n^T
MC	V_1^{MC}	V_2^{MC}	$\cdots$	V_i^{MC}	$\cdots$	V_n^{MC}
Q	V_1^Q	V_2^Q	$\cdots$	V_i^Q	$\cdots$	V_n^Q
R	V_1^R	V_2^R	$\cdots$	V_i^R	$\cdots$	V_n^R

续表 3-7

	r_1	r_2	...	r_i	...	r_n
SN	V_1^{SN}	V_2^{SN}	...	V_i^{SN}	...	V_n^{SN}
SF	V_1^{SF}	V_2^{SF}	...	V_i^{SF}	...	V_n^{SF}
OC	V_1^{OC}	V_2^{OC}	...	V_i^{OC}	...	V_n^{OC}
ST	V_1^{ST}	V_2^{ST}	...	V_i^{ST}	...	V_n^{ST}

其中，V_i^T、V_i^{MC}、V_i^Q、V_i^R、V_i^{SN}、V_i^{SF}、V_i^{OC}、V_i^{ST} 分别表示对 r_i 的时间 T、制造成本 MC、质量 Q、可靠度 R、协同度 SN、安全性 SF、运作成本 OC、客户满意度 ST 的制造资源评估值。对工序、部件、产品维度的性能评估进行决策，形成多属性决策矩阵。

步骤 4：利用三角模糊数构建加权规范矩阵。根据 TFN 方法可确定指标的权重 W，因此，可得出加权规范矩阵，如式（3-57）所示。

$$\boldsymbol{F}_i = \{f_{ik}\}_n = W A_{ik}$$
$$= (d_T, d_{MC}, d_Q, d_R, d_{SN}, d_{SF}, d_{OC}, d_{ST})(V_i^T, V_i^{MC}, V_i^Q, V_i^R, V_i^{SN}, V_i^{SF}, V_i^{OC}, V_i^{ST})$$

$$(3-57)$$

步骤 5：计算理想解 F^+ 和负理想解 F^-。

根据决策属性的类型确定各决策属性的 F^+ 和 F^-。对于效益型属性 C_b，采用式（3-58）计算；对于成本型属性 C_c，采用式（3-59）计算。

$$F^+ = \{f_1^+, f_2^+, \cdots, f_K^+\} = \{\{\max_{i=1}^n f_{ik} \mid k \in C_b\}, \{\min_{i=1}^n f_{ik} \mid k \in C_c\}\}$$

$$(3-58)$$

$$F^- = \{f_1^-, f_2^-, \cdots, f_K^-\} = \{\{\min_{i=1}^n f_{ik} \mid k \in C_b\}, \{\max_{i=1}^n f_{ik} \mid k \in C_c\}\}$$

$$(3-59)$$

步骤 6：分别计算各方案到 F^+ 和 F^- 的距离。

各个评估值与最佳评估方案之间的距离 D_i^+ 表示为：

$$D_i^+ = d(f_{ik}, f_k^+) = \sqrt{\frac{1}{K} \sum_{k=1}^K \left[(\mu_{f_{ik}} - \mu_{f_k^+})^2 + (v_{f_{ik}} - v_{f_k^+})^2 + (\pi_{f_{ik}} - \pi_{f_k^+})^2 \right]}$$

$$(3-60)$$

类似地，各个评估值与最差评估方案之间的距离 D_i^- 表示为：

$$D_i^- = d(f_{ij}, f_k^-) = \sqrt{\frac{1}{K} \sum_{k=1}^{K} \left[(\mu_{f_{ik}} - \mu_{f_k^-})^2 + (v_{f_{ik}} - v_{f_k^-})^2 + (\pi_{f_{ik}} - \pi_{f_k^-})^2 \right]}$$

$$(3\text{-}61)$$

步骤 7：计算各方案与理想解的接近程度。

$$D_i^* = \frac{D_i^-}{D_i^- + D_i^+} \quad (i = 1, 2, \cdots, n) \tag{3-62}$$

步骤 8：由大到小排列方案的优劣次序，根据需要选择一定数量的优势制造资源作为下一维度性能评估的对象。

步骤 9：判断性能评估是否结束。如果未结束，转步骤 10；否则转步骤 13。

步骤 10：判断上一级性能评估维度，如果上一级为工序维度，则设置 DM ＝ "部件"，转步骤 11；如果上一级为部件维度，则设置 DM ＝ "产品"，转步骤 12。

步骤 11：根据部件的工序组成，从工序维度中组合出部件方案，转步骤 2。

步骤 12：根据产品的部件组成，从部件维度中组合出产品方案，转步骤 2。

步骤 13：输出理想解，包括产品维度下的理想解以及对应的工序维度、部件维度下的制造资源方案。

参 考 文 献

[1] 黄小荣. 光电子企业多项目资源配置优化与评价方法研究[D]. 武汉：武汉理工大学，2011.

[2] Guo S, et al. Manufacturing resource combinatorial optimization for large complex equipment in group manufacturing: A cluster-based genetic algorithm. Mechatronics (2015), http://dx. doi. org/10. 1016/j. mechatronics.

[3] Zadel L A. Fuzzy logic[J]. IEEE Transactions on Control System Magazine, 1988：83-93.

[4] John W T, et al. Hierarchical clustering based on ordinal consistency[J]. Pattern Recognition, 2005, 38(11)：1913-1925.

[5] Zahn C T. Graph-Theoretical Methods for Detecting and Describing Gestalt Clusters[J]. IEEE Transactions on Computers, 1971, 20(1)：68-86.

[6] Pal N R, Bezdek J C, Hathaway R J. Sequential Competitive Learning and the Fuzzy c-Means Clustering Algorithms[J]. Neural Networks, 1996, 9(5)：787-796.

［7］Ng M K. A note on constrained k-means algorithms［J］. Pattern Recognition，2000,33(3)：515-519.

［8］黎金玲,诸克军,苏顺华. 模糊 C- 均值中的最优聚类与最佳聚类数［J］. 系统工程理论与实践,2005(3)：52-61.

［9］王天日. 云制造模式下建材装备企业制造任务执行关键技术研究［D］. 武汉：武汉理工大学,2013.

［10］Du B,Guo S,Huang X,et al. A Pareto supplier selection algorithm for minimum the life cycle cost of complex product system［J］. Expert Systems with Applications,2015,42(9)：4253-4264.

［11］Ghasemi A,Yacout S,Ouali M S. Optimal condition based maintenance with imperfect information and the proportional hazards model［J］. International Journal of Production Research,2007,45(4)：989-1012.

［12］左兴权,王春露,赵新超. 一种结合多目标免疫算法和线性规划的双行设备布局方法［J］. 自动化学报,2015,3:528-540.

［13］方磊. 基于偏好 DEA 模型的应急资源优化配置［J］. 系统工程理论与实践,2008,5:98-104.

［14］庄威,桂小林,林建材,王刚,代敏. 云环境下基于多属性层次分析的虚拟机部署与调度策略［J］. 西安交通大学学报,2013,2:28-32.

［15］郑维强,冯毅雄,谭建荣,魏喆,安相华. 制造资源混合粒度优化组合方案求解技术［J］. 计算机辅助设计与图形学学报,2012,3:281-289.

4 基于产品质量基因的数字制造资源质量管控

随着全球制造业、信息技术的发展,以及国际制造行业水平的不断上升,制造企业所面临的竞争越来越激烈,市场对产品的质量的约束和要求越来越多。市场的需要逐步提升了产品质量资源管控在企业中的地位,产品质量的优劣是决定企业在市场中能否取得销售份额的关键[1]。

质量管理理论随着科学技术和经济水平的发展,经历了一个自然历史过程。新的质量管理思想对传统管理思想保持了延续,同时采用先进管理思想对其进行了升华。质量管理方法主要经历了质量检验(Quality Inspect)[2,3]、统计质量管理(Statistical Quality Control)[4,5]、全面质量管理(Total Quality Management)[6-8],以及计算机辅助质量控制系统阶段[9]。随着基因工程技术的发展,基因技术在设计、制造、质量管理领域有了广泛的应用。

本章将基因工程理论与传统质量控制方法相结合,介绍基于产品质量基因的数字制造资源质量管控。

4.1 数字制造产品质量基因

4.1.1 数字制造产品质量基因概念

生物学上,具有特定遗传信息的核苷酸序列称为基因,用于传递遗传信息,主要由包含 A、T、C、G 四种碱基的核苷酸组成。尽管数字制造产品体内不存在物理上的"基因",但是数字制造产品作为社会有机体的一种形态,与生物有机体存在很多的相似性,主要体现在以下几个方面:

（1）起源本质的相似性

与生物体是通过大自然的复杂物理和化学反应获得的相似，产品是由制造商根据设计要求，采用物理和化学手段创造得到的。因此，生物体与产品在起源的本质上有着相似性，尽管生物体由大自然随机创造，而产品则由人类有意识地创造。

（2）进化过程的相似性

生物体的进化是指在外界环境的影响下，基因在遗传和变异过程中产生新的物种。根据生物学上"适者生存"的准则，适应环境的新物种被保留下来，不适应环境的物种被淘汰。类似于生物体的进化过程，原材料在被加工成成品的过程可看作是"产品进化"。

（3）行为上的相似性

生物体和产品在外部行为上有其相似性。生物体的外部行为常被称为"特征"，表示其作用于外部事物的能力；与生物体相类似，产品对外界作用的能力通常被称作"功能"。

（4）诊断与治疗的相似性

与改进和治疗生物体遗传物质类似，通过改变产品质量参数能达到改良产品性能的目的。

根据数字制造产品与生物体间的相似性，数字制造产品质量基因具有以下三个方面的内容：

（1）通过质量基因能够跟踪产品质量特性。质量特性之间关系的复杂性，使得质量特性不仅会影响到当前制造过程中的质量基因，而且会影响到装配工序中的质量特性。质量基因能够挖掘出产品质量特性在工序间的演化过程。

（2）质量基因能够被克隆和创造新的产品质量特性。产品质量基因包含了产品在制造过程中的所有质量信息，例如形状、维度、材料、技术工艺以及零件和部件间的拓扑关系和装配关系等，通过产品质量基因的克隆能够快速创造出产品。

（3）质量特性能够通过质量基因进化和改进。产品质量基因应该包含产品从原材料到制作成产品的进化信息，通过改变制造工艺、加工环境来改变具有遗传信息的质量基因，从而使得产品在表现性能上更优越于先前的产品。

针对产品质量基因所包含信息量大和其数据结构复杂的特性，本书提出采用如图 4-1 所示的多维网状结构来描述产品质量基因。该网状结构具有层次性和关联性，其中父节点或更高层次节点的质量信息由子节点或低层次节点的质量信息详细说明，直到层次结构的最后一层，最后一层的节点是产品质量基因层次结构树的终端节点。产品质量基因数据结构分为三层,第一层是产品质量基因,第二层是制造工艺信息,第三层表示每道工序下的产品标签信息集信息、质量特性集信息、产品工艺信息集信息、产品质量特性影响因素集信息、质量特性精度集信息以及质量特性关系集信息。

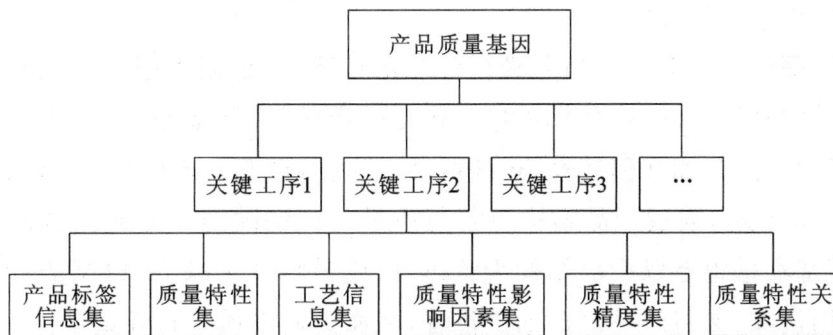

图 4-1　产品质量基因数据结构

　　网络结构中,每个节点都包含了质量进化信息,这些信息之间存在着关联性。大量的进化信息取决于相同节点下不同层级的质量信息[图 4-2(a)]和不同节点下不同层级的质量信息[图 4-2(b)]。在图 4-2(a)中,数据 11、12 和 13 是处于相同节点下相同层级的质量信息,数据 11 影响着数据 12、13 和 14。在图 4-2(b)中,数据 144、131 和 132 是处于不同节点下相同层级的质量信息,数据 144 影响着数据 131 和 132。

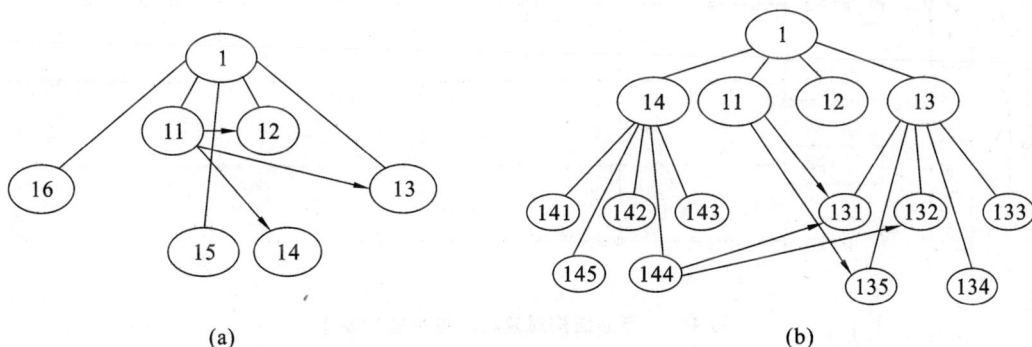

(a)　　　　　　　　　　　　　　　　　　(b)

图 4-2　质量基因数据间的关联性

4.1.2　数字制造产品质量基因获取

　　类似于对生物基因的提取方法,可从历史产品质量数据中获取产品质量基因。为了方便获取产品质量基因,根据产品质量基因元素的关联与否,质量基因被分为"独立基因"和"关联基因"。"独立基因"是指在当前工序下就能获取的质量信息，其主要包括产品标签信息、产品质量特性、产品工艺信息、产品质量特性影响因素以及产品质量特性精度值等。"关联基因"是指涉及不同工序的质量特性基因，其获取相对来说比较复杂。两种基因的获取方法分别如下：

（1）独立基因的获取

当按零部件类型对工艺信息进行标准化管理后，根据工序编号就能找出该道工序下产品的具体信息。产品标签信息包含的产品类型、规格，产品工艺信息包含的零部件自身特征（如几何特性、拓扑特性、工艺特性等）就能很容易获取。

如图 4-3 所示，通过产品结构对象与质量特征的映射来对质量特性进行统一的描述，其基本思想是以产品结构为载体，以质量特征为核心，以制造过程的工序演化为应用模式，覆盖产品制造的全过程，从而提取出质量特性记录。

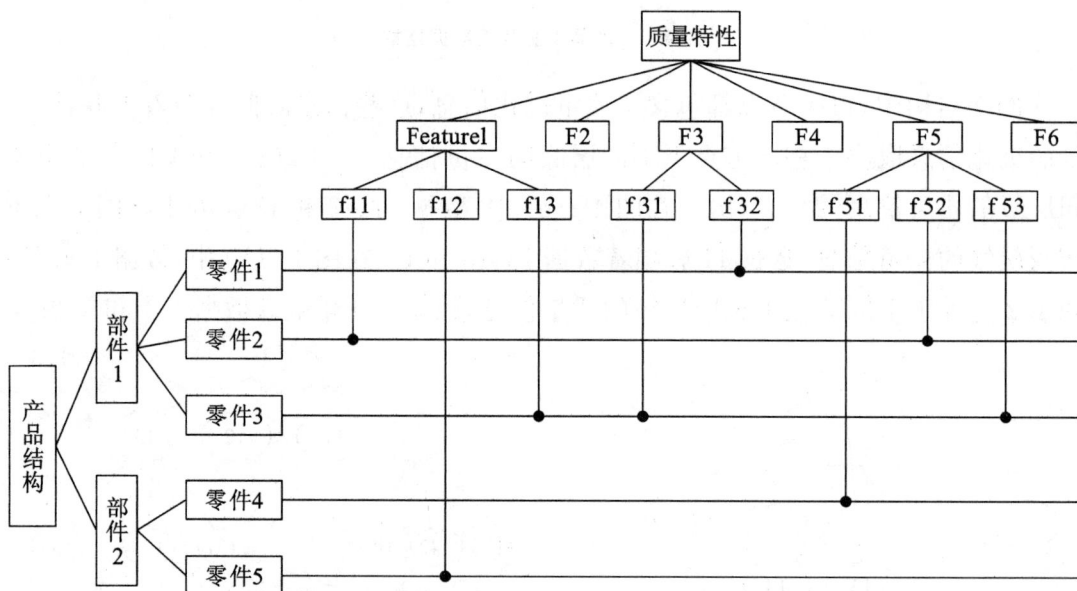

图 4-3　产品结构对象与质量特征的映射

如图 4-4 所示，零部件生产过程中的质量特性影响因素主要有 5M1E（即人、机器设备、材料、方法、测量、环境）。人即指管理者、操作者、检测者的人员编号、工作年限、工作经验等；机器设备即指机床、刀具、工装夹具的一些性能参数等。随着传感器技术、信息技术的不断发展，各种数据采集方法被广泛应用于多工序制造过程中，质量特性影响因素集的获取比较方便。

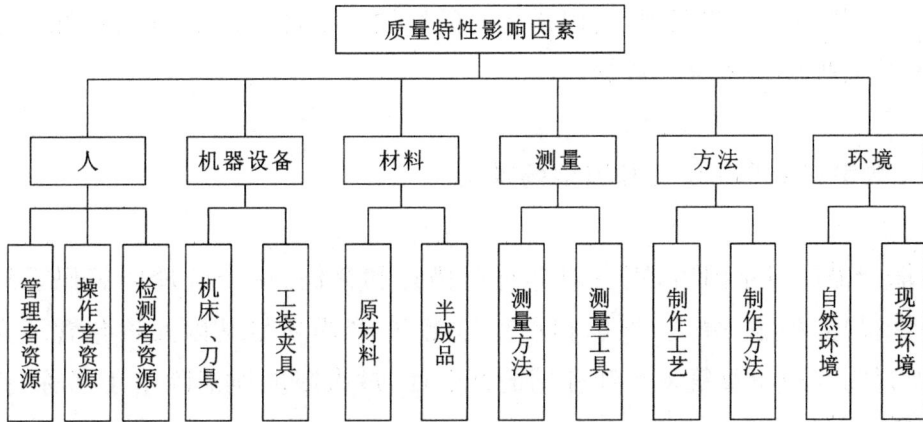

图 4-4 质量特性影响因素集

（2）关联基因的获取

工序制造过程是产品质量形成的重要环节。对某一道工序进行制造的过程，通常情况下是对上道工序下的质量特性进行进一步精加工，所以受到上道工序制作完后的质量特性精度的综合影响。不同工序间质量特性基因间的关联性可如图 4-5 表示。图中，序号表示质量特性基因元素，箭头表示质量基因间的相互影响。在制造企业中，通常有多条生产线，由于受到不同生产线上机器设备、操作工人以及一些不确定的环境因素的影响，不同生产线上的质量特性基因间的关联性不同，如图 4-5（a）和图 4-5（b）所示。

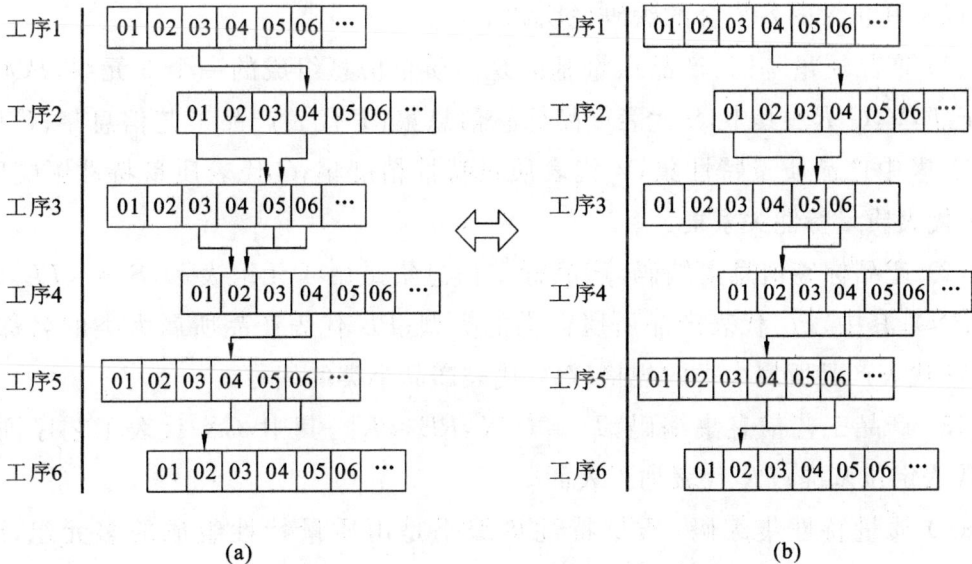

(a)

(b)

图 4-5 质量特性基因间的关联性

（a）生产线 1;（b）生产线 2

对于质量特性关联基因,可以采用时间序列／截面数据、最小二乘法算法等进行分析,从而提取出相应的数据。

4.1.3　数字制造产品质量基因编码系统

获取产品质量基因后,需要对其进行描述和存储。一个合理的编码系统将会提高基因描述、检索、分类、继承和重组的能力。产品质量基因元素包含了大量的信息,所以需要减少重复采集和存储的冗余性,最大限度地消除由于名称、描述以及分类等不一致产生的误解。

目前,国内外许多学者对编码系统做了大量的研究。顾新建等提出了编码系统的原则,即标识的唯一性、分类性、开放性、可维护性、完整性以及智能性;汪焰恩等提出了基于零件特征基因编码的零件设计算法研究。本节在以上研究的基础上,结合数字制造产品质量信息的特点,综合运用语义编码方法、分类编码方法和功能图像编码方法提出了数字制造产品质量基因编码系统。

产品质量基因编码包含两层结构。第一层表示产品质量基因的主要信息,第二层采用结构化和半结构化语言表示与第一层相关的属性、状态和相关信息。

为了清楚描述产品质量基因编码,采用"♯"来区分编码中的不同元素,采用"|"来区分不同工艺内容。根据文献[10]中对产品质量基因编码的论述,产品质量基因以及其包含的各集合的编码说明如下:

(1)产品质量基因。产品质量基因是由质量信息组成的一个 6 元组,$PQG = (S,T,F,V,G,R)$。其中,S 代表产品标签信息集;T 代表产品工艺信息集;F 代表加工工序中产品质量特性集;V 代表质量特性精度集;G 代表质量特性影响因素集;R 代表质量特性关系集。

(2)产品标签信息集编码。产品标签信息集是由 4 元组表示,$S =（PL,PB,PS,PN)$。其中,PL 代表产品所属大类的类型;PB 代表产品所属大类的名称、编号;PS 代表产品所属大类的规格;PN 代表产品小类的编号。

(3)产品工艺信息集编码。$T =（GX,RE,PR)$。其中,GX 代表工艺序列号;RE 代表定位基准;PR 代表加工表面。

(4)质量特性集编码。质量特性集编码是由质量特性组成的多元组,$F =（QC_1,QC_2,\cdots,QC_i)$。其中,$QC_i$ 表示每道工序中的关键质量特性编号,并且它们的顺序是唯一的。

（5）质量特性精度集编码。质量特性精度集编码是由质量特性精度组成的多元组，$V = (V_1, V_2, \cdots, V_i)$。其中，$V_i$ 由两层编码组成，第一层表示每道工序中所对应关键质量特性的精度，并且它们的顺序与质量特性集顺序一致；第二层表示第一层的属性，包括取值范围、状态等。

（6）质量特性影响因素集编码。质量特性影响因素集编码是由5M1E组成的6元组，$G = (M_1, M_2, M_3, M_4, M_5, E_n)$。其中，$M_1$ 表示工人的编码；M_2 表示机器的编码；M_3 表示质检人员的编码；M_4 表示材料的编码；M_5 表示测量工具的编码；E_n 表示加工区域的编码。

（7）质量特性关系集编码。质量特性关系集编码是由质量特性以及其相互之间的关系组成，$R = (R_1, R_2, \cdots, R_i)$。其中，$R_i$ 表示质量特性间的关系。

根据以上对产品质量基因编码的描述，产品质量基因编码实例如图4-6所示，通过质量基因编码能够获取产品质量基因的相关信息。

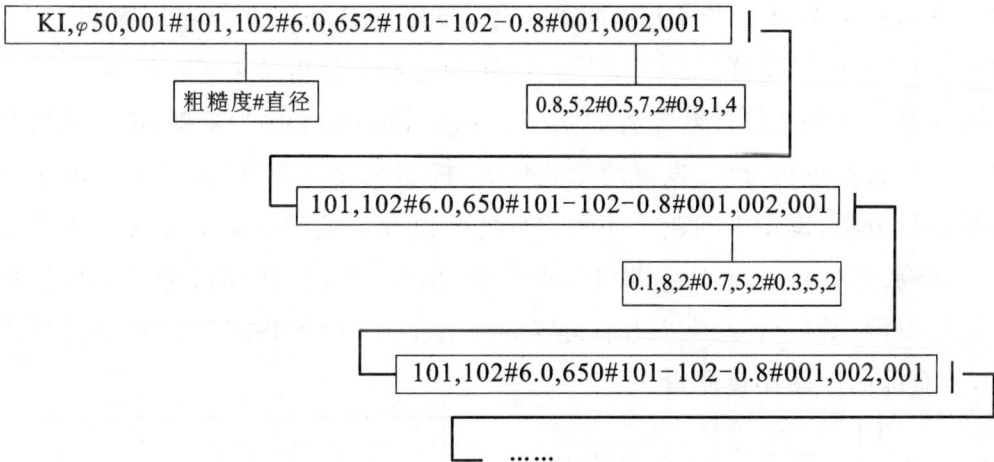

图 4-6　产品质量基因编码

4.2　基于产品质量基因的数字制造过程质量诊断方法

基因工程首先被应用于医疗科学，主要表现在基因诊断和 DNA 识别技术上。鉴于基因诊断的优点，本节结合产品质量基因与生物基因的相似性以及传统质量诊断方法，提出了基于产品质量基因的数字制造过程质量诊断方法，从质量基因相似度和基因诊断知识库的角度对产品数字制造过程进行智能诊断。

4.2.1 数字制造过程质量诊断影响因素分析

制造过程是产品质量形成最重要的一步,为控制产品质量、保证生产过程稳定,一旦识别出质量异常,则应及时对生产过程进行分析,诊断出引起质量异常波动的可能误差源。由于数字制造过程复杂,生产周期长,所以影响产品质量的因素众多,如生产一线员工的技术水平、设备的运行参数、原材料和外购件的质量、工艺设计等。依据现代质量管理相关理论和方法,将这些影响因素归纳统称为5M1E(即人、机、料、法、测、环)。对数字制造过程质量诊断的实质是:通过分析各大要素对生产过程质量的影响,及时找出生产线上产品存在的质量故障,并采取合理有效的措施来避免质量故障的发生。

质检人员在数字制造过程中发现质量问题后,应该及时进行处理。产品工序质量信息形成于不同生产线上不同的工序,质量信息的误差会在工序间、生产线间进行流转和转移,这样就给工序质量问题的追溯和分析带来了不确定性。

数字制造过程质量诊断流程如图 4-7 所示。以数据采集为基础,由质量检测人员对检测的数据进行分析,发现质量故障后,提出工序质量问题,并对关联工序质量数据进行分析,确定出问题工序和质量特性以及该质量缺陷对相关联工序造成的质量影响。然后再进行不合格品审批流程,由相关人员共同讨论并分析质量问题深层次根源,最后将原因以技术交底的形式呈现,以实现对工艺和制造过程的改进,从而提高产品制造质量。

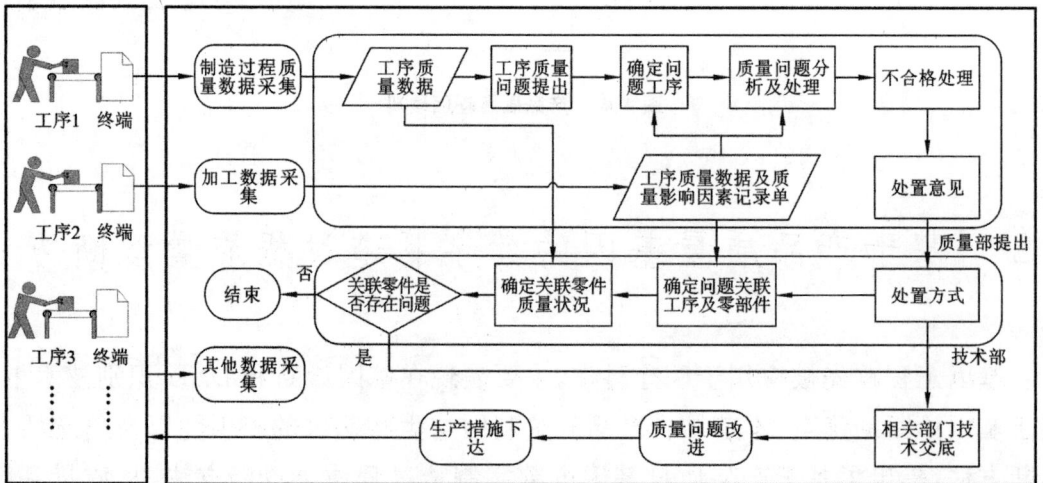

图 4-7　数字制造过程质量诊断流程

4.2.2　基于质量基因的产品数字制造过程质量诊断描述

为了解决传统方法在质量诊断上的缺陷,可从产品质量基因的角度来对数字制造产品制造过程进行质量诊断描述。

(1) 基于质量基因的工序质量缺陷描述

通常情况下,产品的质量特性由多个基因共同控制,产品质量性状与质量基因元素间的映射关系如图 4-8 所示。

假设工序 1 包含质量性状 1,工序 2 包含质量性状 2,工序 3 包含质量性状 3。质量性状 1 由质量特性基因元素 1、基因元素 2 和基因元素 3 共同影响;质量性状 2 由质量特性基因元素 2 和基因元素 5 共同影响;质量性状 3 由质量特性基因元素 1、基因元素 3 和基因元素 4 共同影响。但是其中每个质量特性基因元素在影响中所占据的比重不同。以上现象可以理解为质量特性基因元素间存在关联性,当占据较大比重的质量特性基因元素处于正常范围内,其他质量特性基因元素即使处于非正常范围内也不会影响到最终工序的质量性状。

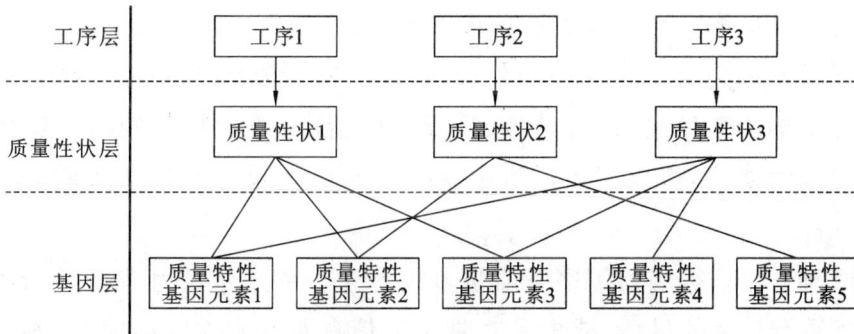

图 4-8　产品质量性状与质量基因元素间的映射关系

根据上述产品质量基因对质量特性的分析可知,对建材装备产品质量缺陷基因的分析可以转化为对质量特性基因元素所占据比重的分析。

(2) 质量基因间的关联分析

由于制造过程中各个环节的各项生产指标对产品质量有着极大的影响,制造过程中质量精度的误差在工序间流动后,就可能导致产品最终出现质量故障。将这种现象用生物基因工程理论进行分析,可理解为:以产品质量基因为载体,某一环节工序质量对后续环节的工序质量有较大的影响。产品在数字制造过程中可能出现的基因间的关联和影响主要有以下几种情况:

① 产品质量基因发生变异。该质量基因变异后引起本道制造工序下质量精度发生偏差，使产品不能达到设计和制作上的要求，从而导致质量有缺陷。

② 产品质量基因在本道工序中的缺陷基因是隐性状态，但是会引起下游工序发生质量故障。根据专家对两种质量概念的定义，当前环境下的质量缺陷是由于上几个环节或某一环节的误差传递或者累积到当前工序后，造成的一种状态。采用生物学基因工程理论可以理解为：某一环节的产品质量在遗传过程中，在外界参数或环境的影响下，不能满足设计要求。此种情况出现的原因是：亲代产品质量基因中包含了可能不满足质量特性精度要求的因素，但是在之前工序中未被检测出来或者说不影响之前的质量功能，然而随着工序的深入，该"隐性基因"所表达的质量功能不能很好地被体现出来，即不能满足设计和生产的需求，"隐性缺陷基因"直接变成了"显性缺陷基因"。从工艺角度讲，需提高亲代的质量加工精度，或改变加工工艺方法。

③ 产品质量基因在装配或焊接过程中组合成新的质量基因，由于基因间的冲突而发生了质量缺陷。造成此种情况的原因是各自质量基因间某些元素间产生了冲突，使得最终产品质量不能满足设计要求。可以从各自产品的"隐性基因"着手进行分析，一方面改进工艺设计要求，另一方面改进制造环境。

（3）基于质量基因的质量诊断解决方案

产品质量基因包含了丰富的质量信息，产品质量基因编码包含产品制造过程中所有工序下的工艺信息、质量特性、质量特性精度、质量特性间的关联性以及质量特性的影响因素等，所以制造过程中获取的质量基因编码为产品质量的诊断提供了数据基础。

质量管理人员根据当前工序下质量基因所包含的质量特性集从质量控制系统中快速找到需要检测的目标，减少了查看工艺信息及技术文档的时间；与之相对应的质量特性精度值，是质量检测人员衡量质量特性值是否存在缺陷的标准；质量特性所对应的质量特性影响因素编码包含了5M1E所包含的具体的元素，从而区分了工序下的显性元素和隐性元素；质量特性间的关联性编码，详细地记录了质量特性间的作用关系，为质量基因诊断的追溯提供了快速查找的条件。

本节提出了产品质量基因诊断知识的概念，产品质量基因诊断知识与产品质量基因具有类似的编码结构，如定义 4-1 所述。

定义 4-1　根据质量管理人员专业知识、经验等对数字制造过程质量进行诊断，并将诊断结果采用形式化语言进行描述的内容称为产品质量基因诊断知识。

根据产品质量基因诊断知识的定义，产品质量基因诊断知识与缺陷产品质量基因是一一对应的,为了表示这种对应关系和便于诊断知识的检索,产品质量基因诊断知识的表示方式如式(4-1)所示。

$$KD = (KS, KT, KF, KV, KG, KR) \tag{4-1}$$

式中,KD 表示产品质量基因诊断知识集合,它是一个 6 元组;KS 表示与产品质量基因对应的产品标识信息集,包括类型、名称等;KT 表示与产品质量基因对应的工艺信息集,包括加工工序、定位基准、加工表面等;KF 表示与缺陷产品质量基因对应的质量特性;KV 表示与缺陷产品质量基因对应的质量特性的精度值;KG 表示与产品质量基因对应的质量特性影响因素集;KR 为对缺陷质量基因的诊断结果。

制造过程中收集到的历史缺陷质量基因诊断知识组成了产品质量基因诊断知识库,其表示如式(4-2)所示。

$$K = \{KD_l \mid l = 1, 2, \cdots, n\} \tag{4-2}$$

式中,K 代表质量基因诊断知识库;KD_l 表示诊断知识集合。

当发现产品质量基因出现质量问题后,通过产品标签信息集、产品工艺信息集、缺陷质量特性、缺陷质量特性精度值和质量特性影响因素集等,就能够从质量基因诊断知识库中搜寻相似的产品质量基因诊断知识。如图 4-9 所示,A 为当前发现的缺陷质量基因,B 为产品质量基因诊断知识,若 A 和 B 具有相似性,则诊断结果 KR 可以作为导致产品质量基因缺陷的原因。

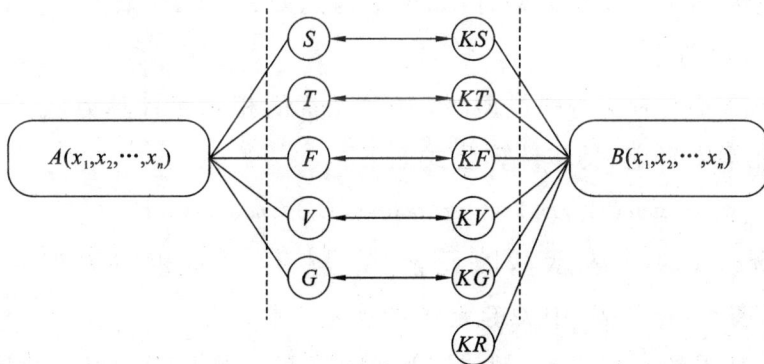

图 4-9 质量基因诊断模型

4.2.3 数字制造质量基因诊断技术

4.2.3.1 质量基因诊断相似度

通过上节从质量基因的角度对数字制造过程质量诊断进行描述可得,利用产品质量基因与诊断基因间的相似性可以提高质量诊断的效率,但是基因间的相似性需要有标准来衡量。基于此,本节提出产品质量基因诊断相似度的概念。

假设产品质量基因 A 与产品质量基因诊断知识 B 间的相似度函数表示为:$SIM(A,B)$,且 A 与 B 中相对应元素的相似度为 $sim(A_i,B_i)$,则 $SIM(A,B)$ 与 $sim(A_i,B_i)$ 之间的关系如式(4-3)所示。

$$SIM(A,B) = \sum_{i=1}^{n} sim(A_i,B_i)w_i \tag{4-3}$$

式中,n 表示质量基因包含的元素个数;w_i 表示第 i 个元素在质量基因元素中所占的比重。

通常把从产品质量基因诊断知识库中检索到的案例叫作相似诊断基因,并把检索结果中相似度最大的案例叫作相似匹配案例,其关键在于如何设置匹配基因元素的权重以及匹配基因的方式。

因为产品质量基因中元素类别不一样,所以进行相似度计算时,应该采用不同的度量方法,本节主要采用以下四种方法:

(1)当基因元素为连续的数值类型时,设 A_i 与 B_i 的取值范围为 $[m,n]$,则:

$$sim(A_i,B_i) = 1 - \frac{|A_i - B_i|}{|n - m|} \tag{4-4}$$

(2)当基因元素为枚举类型时,如果基因元素 A_i 与 B_i 取值完全相同,则两者的相似度为 1,否则为 0。

(3)当基因元素为字符串类型时,基因元素的相似度计算方法可以通过字符串中的关键元素来确定。具体计算公式如下:

$$sim(A_i,B_i) = same(A_i,B_i)/max(A_i,B_i) \tag{4-5}$$

式中,$same(A_i,B_i)$ 表示基因元素 A_i 与 B_i 之间相同关键元素的个数,$max(A_i,B_i)$ 表示 A_i 与 B_i 中关键元素的最大个数。

(4)对于特殊的基因元素(例如同类型产品的规格元素),尽管规格不一样,但是其仍然可能有较高的相似度,计算方法如下:

$$sim(A_i,B_i) = \begin{cases} 1 & A_i = B_i \\ \partial & A_i \neq B_i, \partial \in [0,1] \end{cases} \tag{4-6}$$

式(4-6)中,如果基因元素 A_i 与 B_i 取值完全相同,则两者的相似度为 1,否则为变量 ∂。∂ 的值是根据基因元素的具体特性而定的,一般取值为 $\partial \in [0,1]$。

由于基因元素通常包含了多种数据类型,所以基因元素间相似度的计算方法不相同,在企业实际操作过程中,往往需要灵活应用多种计算方法。本节所涉及的基因元素包含了以上四种类型,可采用上述四种方法组合使用。

4.2.3.2 质量基因诊断合成相似度

各元素的相似度计算出来以后,再通过计算产品质量基因的合成权重,就可以得到目标质量基因与质量基因诊断知识库中质量基因诊断知识的相似度。根据产品质量基因的定义,产品质量基因的诊断将主要考虑产品标签信息集(S)、产品工艺信息集(T)、产品质量特性集(F)、质量特性精度集(V)、质量特性关系集(R)以及质量特性影响因素集(G)。由于在质量诊断过程中每个参数集对相似度的影响不同以及元素类型不同,导致其计算方法不同,所以需要分别计算各自集合的相似度后,才能计算出产品质量基因的合成相似度。产品质量基因的合成相似度计算如式(4-7)所示。

$$sim(A,B) = w_S sim(A_S,B_S) + w_T sim(A_T,B_T) + w_F sim(A_F,B_F)$$
$$+ w_G sim(A_G,B_G) + w_R sim(A_R,B_R) + w_V sim(A_V,B_V) \tag{4-7}$$

式中,$sim(A,B)$ 表示产品质量基因与质量基因诊断知识的合成权重;$sim(A_S,B_S)$、$sim(A_T,B_T)$、$sim(A_F,B_F)$、$sim(A_G,B_G)$、$sim(A_R,B_R)$ 以及 $sim(A_V,B_V)$ 分别表示产品质量基因与质量基因诊断知识中产品标签信息集(S)、产品工艺信息集(T)、产品质量特性集(F)、质量特性影响因素集(G)、质量特性关系集(R)以及质量特性精度集(V)的相似度;w_S、w_T、w_F、w_G、w_R 以及 w_V 分别是产品质量基因与质量基因诊断知识中产品标签信息集(S)、产品工艺信息集(T)、产品质量特性集(F)、质量特性影响因素集(G)、质量特性关系集(R)以及质量特性精度集(V)在产品质量基因 A 中所占权重值。

4.2.3.3 质量基因权重设置及诊断流程

由以上对产品质量基因与质量基因诊断知识的相似度计算公式的分析可得,基因元素的权值对相似度计算过程的准确性起到了关键的作用。但是基因元素的权值度量是比较困难的,不仅涉及质量基因中包含的各集合的权值的确定,还涉及集合下各元素的权值的确定。在工程应用中,一般通过判断合成相似度值是否大于某一阈值来确定其是否为相似基因。但该阈值很难确定,因为如果阈值设置得太低,虽然算法的目标值会提高但准确率会下降;如果设置得太高,虽然准确率会提高,但获取的目标值会降低。在权值设置问题上,国内外学者做了大量的研究,具体方法有:灰色理论、粗糙集理论、粒子群算法等。对于不同的产品,可以选取适当的算法,从而确定基因元素的最优权值,使获取的目标值概率和算法准确率达到一个平衡点。

基于质量基因的质量诊断流程如图 4-10 所示,其原理是:首先获取待检测的质量基因,然后预处理产品质量基因元素,从产品质量基因库中检索产品质量基因元素。再采用相关算法确定出合理的质量基因元素的权值,待各集合下各基因元素的权值计算出来后,采用相关算法优化质量基因合成相似度下各集合的权值,并输出权值及合成相似度。如果检索出的案例是产品质量基因库中最后一条数据,则找出分析过程中最相似的实例。若待检测质量基因与最相似实例间的合成相似度达到了给定的阈值,则质量管理人员根据相关信息就可找出质量问题发生的根源所在,及早做出改进,或者在关键工序加工过程中做出特殊的标注,起到提前预警的作用。

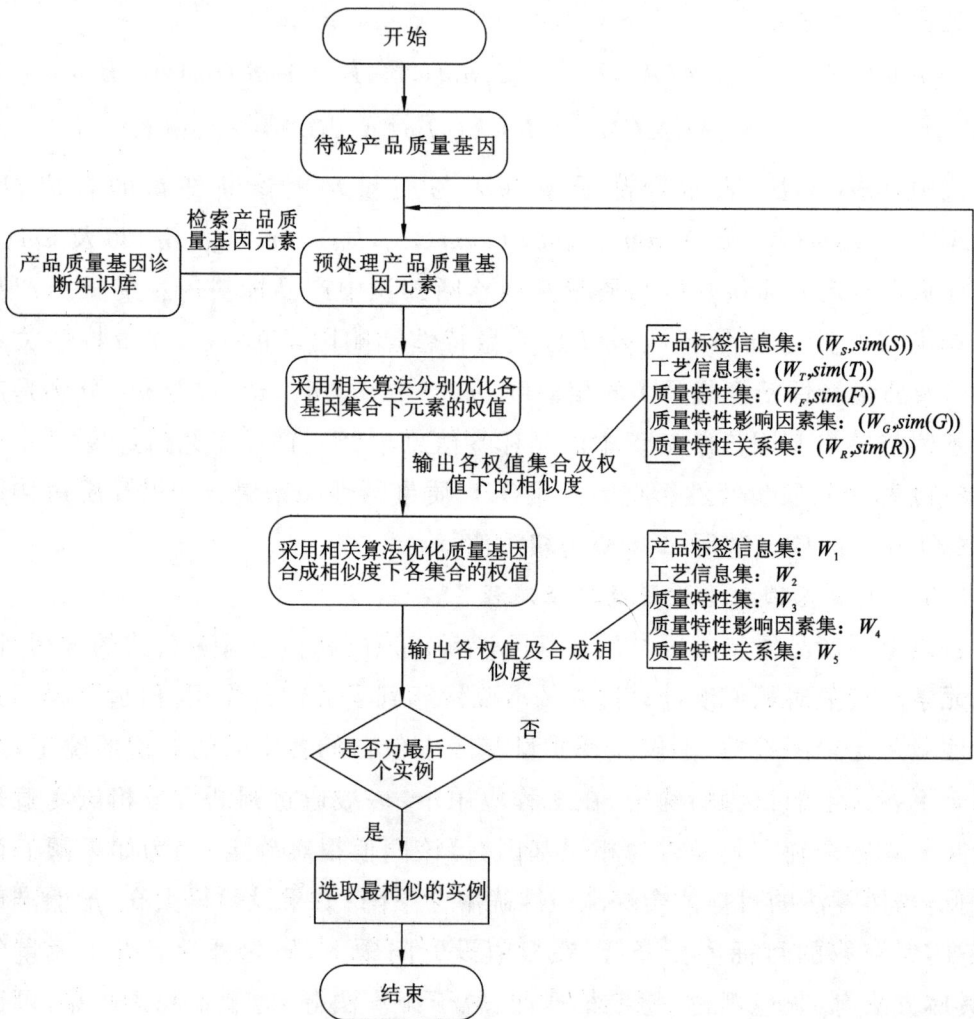

图 4-10　产品质量基因诊断流程

4.3　基于产品质量基因的数字制造过程质量改进方法

　　为了实现质量控制的目标,质量的持续改进和进化至关重要。企业过程质量持续改进的目的是为了逐步减少过程波动和完成时间,即保证生产过程的一致性和有效性。在过程质量的持续改进中,管理者必须综合了解各制造工序的综合性能,即投入与产出的关系,才能做出质量改进决策[11]。

　　在生物的进化过程中,"适者生存,优胜劣汰"的自然进化规律迫使生物基因不断地变异以适应环境需求,变异的过程实际上是生物内部基因不断博弈和改进的过程。由于产品质量基因与生物基因存在进化上的相似性,故产品质量基因进化方法在机械制造领域也同样适用。基于此,本节结合传统质量改进方法与产品质量基因进化理论,提出了基于产品质量基因的数字制造过程质量改进方法,从优化企业成本、提高生产效率等方面对制造过程进行改进。

4.3.1　数字制造过程质量改进影响因素分析

　　随着全球化经济的发展,制造企业为了赢得市场,一方面需要提供优质的产品,另一方面又需保证低成本的制造费,只有这样才能满足客户的需求,并且要在产品出现质量问题的情况下,及时有效地进行处理,所以,制造企业建立质量改进机制尤为重要。制造过程是产品质量形成的重要环节,所以通过制造过程质量的改进能够有效地提高产品的质量。

　　由于数字制造产品一般较为复杂,制造质量影响因素多,因此其质量改进措施受到各方面因素的影响,其质量改进流程如图 4-11 所示,说明如下:

　　首先,质量管理人员根据客户的需求制订质量控制计划和质量决策等质量目标,在制造过程中,质检员根据质量目标进行来料检验、过程检验以及装配检验等,通过检测数据与环境需求参数的对比分析,找出不合格品和报废品数据;在质量诊断环节,根据专家经验找出导致质量问题的关键原因,并制订合理的质量改进措施,从而优化质量目标,实现对后续制造过程的指导。

　　通过以上质量改进流程的分析,数字制造过程质量改进主要具有以下几个特点:

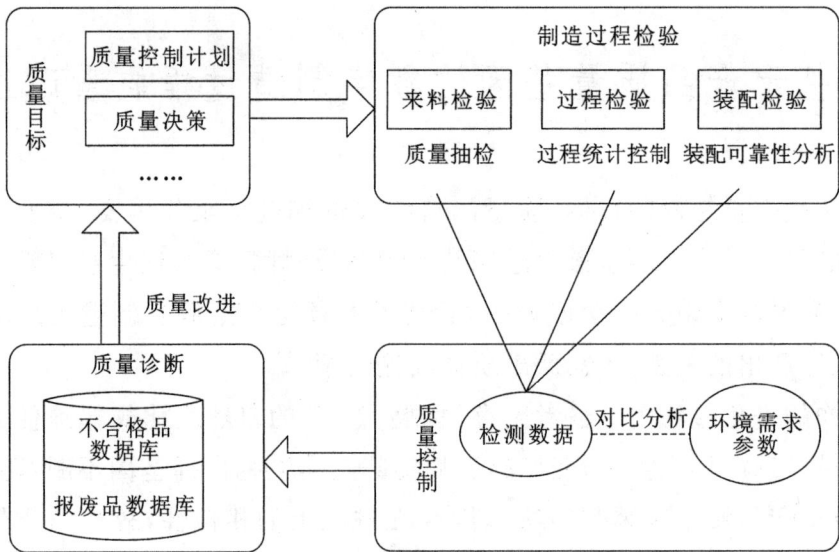

图 4-11   数字制造过程质量改进流程

（1）对某一环节的改进往往会引起其他环节的变动,提高一个环节的制造质量可能降低其他环节的质量。例如对某一道工序中质量尺寸精度的提高,必然会影响与该尺寸关联工序下的质量特性精度。

（2）企业之间在改进过程中会相互吸取经验,促进自身质量的改进。

（3）质量改进措施会提高对供货商和外协制造厂商所提供产成品的要求。

（4）质量的改进会为企业增加市场份额,减少质量返修和返工的程度,带来收益。

尽管质量的改进会为企业带来收益,但是在改进过程中需要投入大量的人力、物力,提高供货商供应零部件的质量会增加采购成本等。所以,质量改进的过程最终归结为对 5M1E(即人、机、料、法、测、环)的整合和改进,实际上是在收益、成本与质量之间寻求平衡点。

4.3.2   数字制造产品质量基因进化过程分析

由于客户对产品的质量需求往往决定了质量特性的表现形式,而根据质量基因控制理论分析可知,一种质量特性的表现形式往往由多个质量基因元素控制,所以为了描述质量基因的进化,需要将客户需求转换成产品质量基因元素的需求,转换方法如图 4-12 所示。

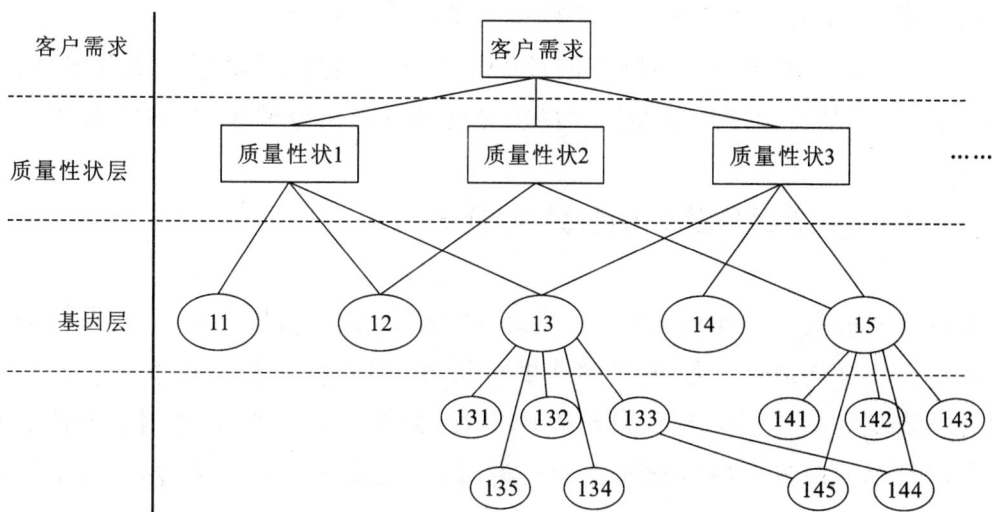

图 4-12　客户需求、质量性状与基因间的映射关系

通过客户需求、产品质量性状与质量基因间的相互映射关系，就能定位到需要改进的质量基因上。但是由于数字制造产品质量基因间具有复杂的关联信息，不仅仅是以单一的基因元素存在，所以上述映射确定的质量基因可能包含的质量基因元素不同，需要根据基因编码下所包含的基因关联信息进行层层定位，最终确定出影响客户需求的所有质量基因元素。

客户需求、质量性状与基因间的映射的制订过程为：首先将客户需求转换成对制造过程中质量特性的要求，然后根据质量特性对应到需要改进的质量基因层，又由于质量基因层的多层结构，最终可以定位到最底层的基因元素集。根据质量基因元素间的关联性，可以找出与该基因元素相对应的其他基因元素。例如图4-12 中，与 133 元素相对应的质量基因元素有 144 和 145 元素，则对 133 元素进行改进的时候，需要考虑 144 和 145 元素的影响。

根据上述从产品质量基因的角度对产品质量进化过程的分析可知产品质量基因进化过程是：产品在外界环境和企业自身条件影响下，不断获取资源来改进产品质量基因，从而满足市场和客户的需求。产品质量进化并不仅仅是产品个体的改进，更重要的是企业拥有的同一类产品族的变革。因此，产品质量进化具有以下性质：

（1）一般来说，某个企业的产品质量的改进容易受到其他企业的效仿和复制，从而引起该类型多种产品的改进，使得市场的总体竞争力得到提高。

（2）产品质量进化是无限的。产品质量的进化是指产品质量极大程度地接近市场的需求,是企业对各资源要素不断整合的过程,没有终点。

(3) 产品质量进化与产品质量的形成是不同的概念。产品质量进化是指产品质量的变异,产品质量的形成是指产品质量按照已有的模式生产、制造出来。

4.3.3 数字制造产品质量基因进化流程分析

在自然界的有性生殖过程中,后代的基因染色体自动与父辈不同。尽管,生物从低级动物逐渐向高级动物进化的速度很缓慢,但是在环境的改变下,通常后代所具有的表现性状更利于其在自然界中生存。根据对产品质量基因的理论分析,数字制造产品质量基因的进化不能自动进行,而需要通过人为手段对产品质量基因信息进行变异。拥有优良质量性状的后代,在质量基因进化适应度评价过程中能够更好地"存活"。

产品质量基因的进化流程如图 4-13 所示,步骤说明如下:

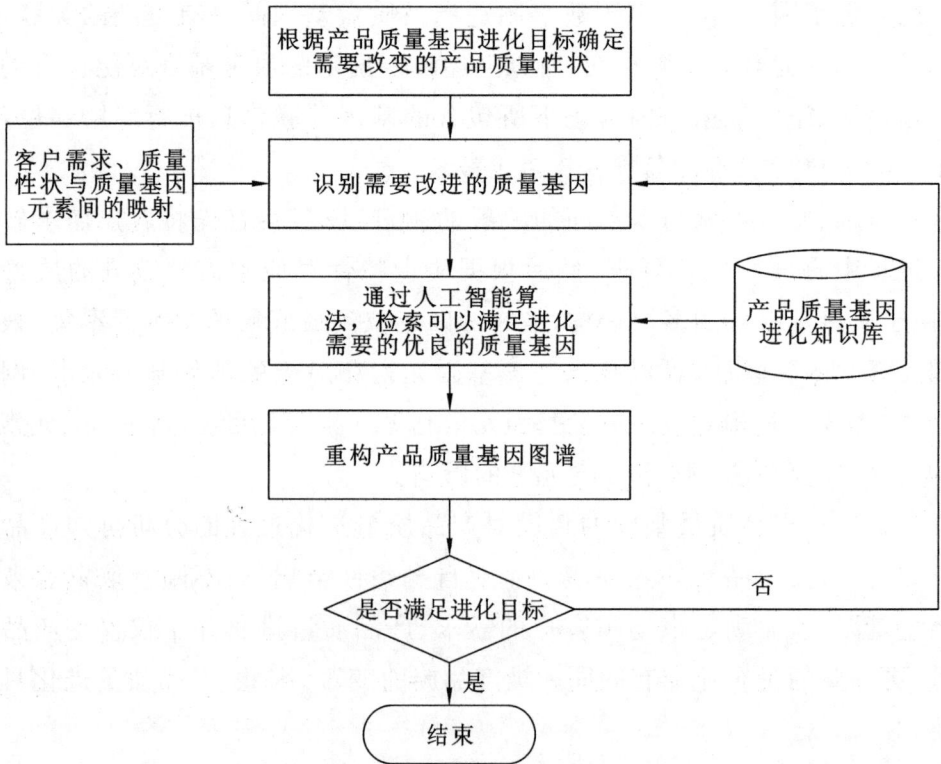

图 4-13　产品质量基因进化流程

（1）根据产品质量基因进化目标确定需要改变的产品质量性状。市场及客户的需求通过专家及技术手段最终转换成对产品质量性状的需求。

（2）识别需要改进的质量基因元素。根据对产品质量基因控制的分析可得，产品质量基因性状与产品质量基因元素间存在映射关系，即可以将需要的质量性状转换成需要改进的质量基因元素。

（3）采用人工智能算法使产品质量基因染色体进化[12,13]，通过定义质量基因进化后的适应度函数，评价质量基因进化的优劣性，并选出适应度值最高的质量基因进化方案。

（4）重构产品质量基因染色体，并判定其是否满足进化目标，若不满足则跳转到第二步。

4.4　基于质量基因的数字制造过程质量预测方法研究

对于制造企业而言，产品质量主要在生产过程中形成。美国质量管理大师戴明博士在研究中指出"产品的质量是生产出来的，不是检验出来的"，强调了制造过程质量的重要性。由于固有的设计和工艺方法，产品的质量在制造完成后已经确定，事后的工序检测或诊断只能找出存在的问题，而不能实现对质量的控制，所以产品质量最终要靠制造过程来保障。制造过程质量控制的目的是为了保证产品在生产过程中的合格率，降低产品不合格率，提高企业的核心竞争力，获得利润。

本节提出了基于质量基因的数字制造过程质量预测方法，目的是在产品生产过程中，根据质量基因事先预测出潜在的问题，保证产品质量。

4.4.1　数字制造过程质量控制影响因素分析

一般而言，数字制造产品制造过程的工序主要有机械加工、热处理、装配、防腐和包装（图4-14）。首先对供货商或外协厂商提供的原材料进行质量数据收集，质检合格后进行生产制造，在生产制造过程中每道工序合格后，依次进行下道工序，最后进行集港发运。对于生产过程中的不合格工序，将其做不合格品处理，不合格品的处理方式主要分为整改和报废。

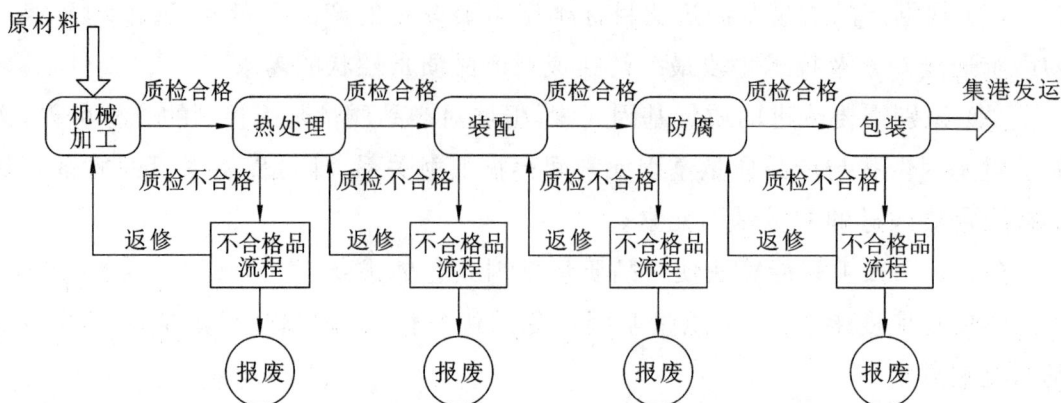

图 4-14　建材装备主要制作工序

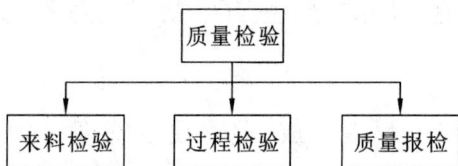

图 4-15　质量检验分类

通常每道工序下的质量控制点都不同，但从总体上来说，所有质检按类型主要分为来料检验、过程检验和质量报检（图 4-15）。对这三种质量检验的说明如下：

（1）来料检验。来料检验是指产品数字制造开始前，对原材料属性及质量进行检验，例如对钢材的规格、材质，锻铸件的机械性能进行检验。

（2）过程检验。过程检验是指质量管理人员根据质量控制计划（QCP），对产品及其零件在制造过程中的质量进行检验，其目的是防止产生批量的不合格品，防止不合格品流入下道工序。过程检验中发现的质量故障可能是由本道工序的质量故障引起的，也有可能是由与之有关联工序的质量故障引起的，所以需要对质量故障进行不合格品分析，并做出相应的处理。

（3）质量报检。质量报检是指质量管理人员对外协的部件或零件进行质量检验，由于外协部件或零件由专门人员负责，所以在关键生产工序加工期间，由专门人员通知质量管理人员进行质量检验，故称为质量报检。外协部件通常指大型减速机、液压系统等，其生产周期长，故外协部件的质量故障往往会对整个产品的生产交货期产生影响。

综上所述，建材装备制造过程质量主要受到原材料、外协部件或零件，以及产品自身制造工序质量的影响，而每一项又分别受到外界环境、自身质量特性等的影响。图 4-16 描述了数字制造产品制造工序质量影响关系，现将这些影响详细分

为直接影响、间接影响、共同作用影响,具体说明如下:

(1) 直接影响。关系 1、2、3 属于直接影响。关系 1 表示由于原材料的质量故障引起制造工序质量问题;关系 2 表示由于产品制造过程质量引起工序质量问题;关系 3 表示由于外协部件或零件质量引起制造工序质量问题。例如,产品生产制造过程中伴随着工艺参数、工序质量、半成品质量、成品质量以及装配质量数据的流转,从而决定了产品最终的质量和耐用性能。

(2) 间接影响。关系 4、5、6 属于间接影响。关系 4 表示由于原材料质量引起制造过程质量故障,然后制造过程质量故障间接引起产品制造工序质量问题;关系 5 表示由于制造过程质量导致外协部件或零件质量故障,然后外协部件或零件质量故障引起产品制造工序质量问题;关系 6 表示由于原材料质量导致外协部件或零件质量故障,然后外协部件或零件质量故障引起产品制造工序质量问题。

(3) 共同作用影响。关系 7 属于共同作用影响。关系 7 表示由于原材料质量、制造过程质量和外协部件或零件质量故障共同引起产品制造工序质量问题。

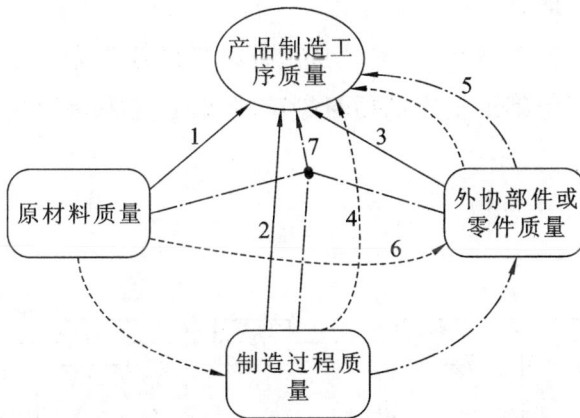

图 4-16　数字制造产品制造工序质量影响关系

上述几种影响因素是引起产品制造工序质量缺陷的内在因素,而当前制造环境是引起产品制造工序质量缺陷的外在因素。当前制造环境主要是指 5M1E(即人、机、料、法、测、环)。有些质量缺陷可以通过当前制造方法、工人的经验等加以避免,但是如果制造方法不当、机械加工精度不够或生产环境不适合(例如温度、振动、噪声)等,也会直接引起产品制造工序质量缺陷。

4.4.2 基于质量基因的产品数字制造过程质量分析

根据产品质量基因的理论分析,产品质量基因形成于产品制造过程,并且产品质量基因间存在关联性、遗传性与变异性。本节进一步对产品质量基因的关联性进行深入研究,提出产品工序"分质量基因"概念来描述产品质量基因间的传递与变化。"分质量基因"的说明如下:

假设产品质量基因中每道工序的"分质量基因"为 $PQG(i)$(其中,i 表示产品制造的第 i 道工序),则 $PQG(i)$ 表示第 i 道工序下的产品质量基因所包含的信息。

从产品质量基因的角度分析影响产品过程质量的因素可知,质量基因的遗传与变异是引起产品制造过程质量缺陷的内在因素,当前制造环境则是引起产品制造过程质量缺陷的直接因素。外购件、外协部件(或零件)和自身制造过程质量对产品制造工序质量的影响转化成产品质量基因后,分别如图 4-17、图 4-18 和图 4-19 所示,具体说明如下:

(1)外来基因的遗传与变异(图 4-17)。外购件的质量基因在制造过程中的遗传与变异引起制造过程中某道工序的质量缺陷,例如质量基因 PQG1 对 $PQG(k-1)$ 造成影响。

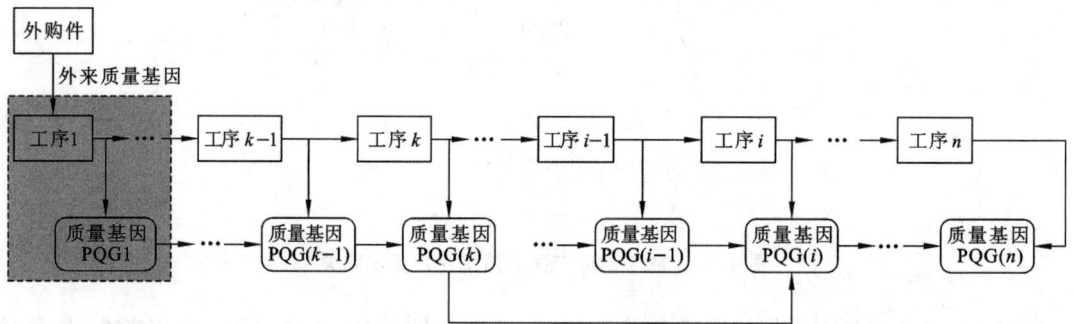

图 4-17   外来基因的遗传与变异

(2)外协基因的遗传与变异(图 4-18)。外协部件或零件回厂后,在制造过程中,其质量基因的遗传和变异引起某道工序的质量缺陷,例如质量基因 $PQG(k)$ 对 $PQG(i)$ 造成影响。

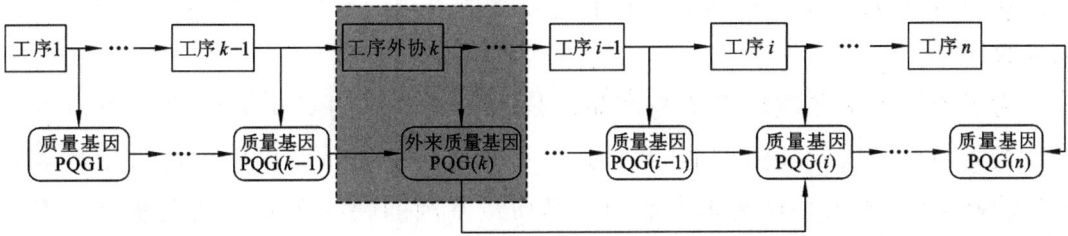

图 4-18 外协基因的遗传与变异

（3）制造过程质量基因的遗传与变异（图 4-19）。在多工序生产过程中，当前工序质量往往受到与其质量特性相关联的上道工序的质量的影响，所以制造过程质量基因的遗传与变异会造成制造工序质量缺陷，例如质量基因 $PQG(i-1)$ 对 $PQG(i)$ 造成影响。

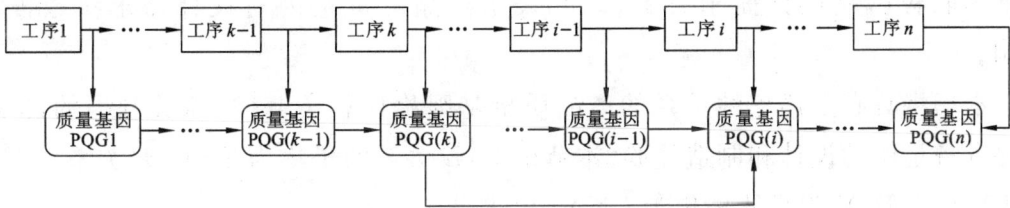

图 4-19   制造过程质量基因的遗传与变异

由于制造工序复杂，每道工序受影响的因素不同，如何从数量庞大的质量基因中找出当前工序下质量基因的影响因素是数字制造过程质量控制的关键。

4.4.3   基于最小质量基因集的数字制造质量预测方法研究

根据上述对建材装备制造过程质量控制问题的分析，找出当前工序下质量基因的影响因素是数字制造过程质量控制的关键。本节提出最小质量基因集的分析方法来分析质量基因的影响因素，具体说明如下：

产品制造质量的好坏最终是由其质量特性值决定的，例如直径值、圆柱度值、粗糙度值，这些质量特性精度是制造过程质量控制的目标，其值一般在设计过程和技术准备过程中已经制订，生产的目标是最大限度地接近设计参数要求。产品质量控制缺陷，即指制造过程未能满足设计要求对质量特性精度的控制。本节假设设计对制造过程质量特性的需求参数如式（4-8）所示。

$$EN = \{en_1, en_2, \cdots, en_n\} \tag{4-8}$$

式中，EN 表示设计对制造过程质量特性的需求参数集；$en_i(i=1,2,\cdots,n)$ 表示参数元素。

为了说明需求参数集 EN 与产品质量基因元素间的对应关系，EN 可以进一步转换为与产品质量基因类似的结构。为了找出产品质量基因中对需求参数集有影响的基因元，本书采用需求参数与产品质量基因的映射关系来说明质量基因与"需求参数集"间的关联，其过程框架如图 4-20 所示，具体说明如下：

（1）需求参数集 $EN=\{en_1,en_2,\cdots,en_n\}$，与产品质量基因一样，用层次结构来表示，对于任意的 en_i，可以进一步表示为 $en_i=\{en_{i1},en_{i2},\cdots,en_{in}\}$。

（2）对于任意质量基因元素，都有设计需求参数与其对应，并且设计需求参数与产品质量基因间的映射关系有三种：①D 表示产品质量基因直接影响到设计需求参数；②R 表示产品质量基因与设计需求参数有间接关联，通常与其他质量基因联合影响设计需求参数；③N 表示产品质量基因对设计需求参数没有影响。

本书将具有上述三种关系的产品质量基因称作相关基因。相关基因的确定，需要具备足够的设计和制造经验。本节定义：D 关系的子集为 END，R 关系的子集为 ENR，以及 N 关系的子集为 ENN。如式（4-9）所示。

$$\left.\begin{array}{l} END=\{END_1,END_2,\cdots,END_n\} \\ ENR=\{ENR_1,ENR_2,\cdots,ENR_n\} \\ ENN=\{ENN_1,ENN_2,\cdots,ENN_n\} \end{array}\right\} \tag{4-9}$$

END_i、ENR_i 和 ENN_i 分别为客户需求集 EN 与产品质量基因间的 D 关系、R 关系和 N 关系的子集。子集 END_i、ENR_i 和 ENN_i 可进一步细分，如式（4-10）所示。

$$\left.\begin{array}{l} END_i=\{\{q_1\},\{q_2\},\cdots,\{q_n\}\} \\ ENR_i=\{\{q_3,q_4\},\{q_5,q_6\},\cdots,\{q_{n-1},q_n\}\} \\ ENN_i=\{\{q_1\},\{q_2\},\cdots,\{q_n\}\} \end{array}\right\} \tag{4-10}$$

对子集 END_i、ENR_i 和 ENN_i 下的元素进行提取，去除重复项后，剩余元素即可定义为影响客户需求的"最小质量基因集"。"最小质量基因集"由 $MINEN$ 表示，其生成方法如式（4-11）所示，式中"最小质量基因集"为 $\{\{q_1\},\{q_2\},\{q_3\},\{q_3,q_4\},\{q_5,q_6\}\}$。

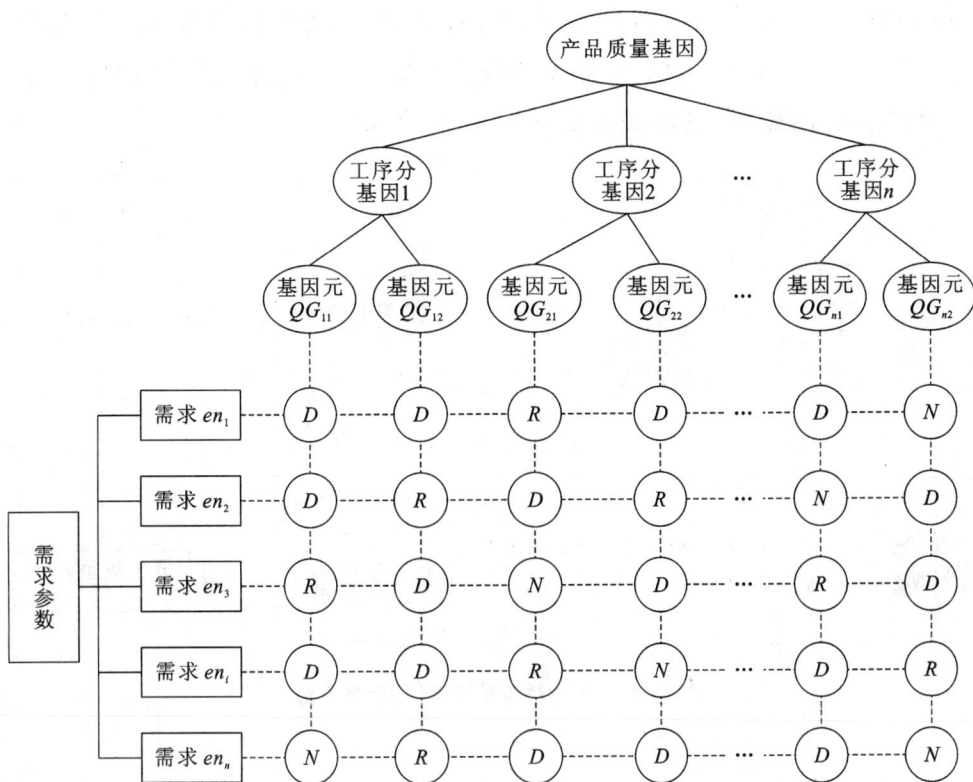

图 4-20　设计需求参数与质量基因间的映射

$$
\begin{cases}
END_1 = \{\{q_1\},\{q_2\},\{q_3\}\} \\
END_2 = \{\{q_2\},\{q_3\}\} \\
ENR_1 = \{\{q_3,q_4\},\{q_5,q_6\}\} \\
ENR_2 = \{\{q_3,q_4\}\}
\end{cases}
\Rightarrow MINEN = \{\{q_1\},\{q_2\},\{q_3\},\{q_3,q_4\},\{q_5,q_6\}\}
$$

$$(4\text{-}11)$$

"最小质量基因集"的意义可以由功能结构函数来说明,如式(4-12)所示。

$$
\varphi(x) = \varphi(x_1,x_2,\cdots,x_i,\cdots,x_n) = \begin{cases} 0 & 合格 \\ 1 & 不合格 \end{cases} \tag{4-12}
$$

式中,$\varphi(x)$ 表示结构函数值,x_i 表示"最小质量基因集"下的元素。若"最小质量基因集"下的元素是导致装备制造过程质量不合格的因素,则其函数特征值为 1,否则为 0。

通过相关预测模型,例如灰色理论 $GM(1,1)$ 模型、遗传算法等,结合"最小质量基因集"的历史数据和当前工序下的质量数据,即可分析出影响数字制造过程质量的最小质量基因元素。

"最小质量基因集"随着设计需求的变化而改变。若设计需求在一段时间内没有改变,则将分析出来的"最小质量基因集"存储后,可以作为后续相同产品的质量基因分析的基础数据。其存储方法如图 4-21 所示。

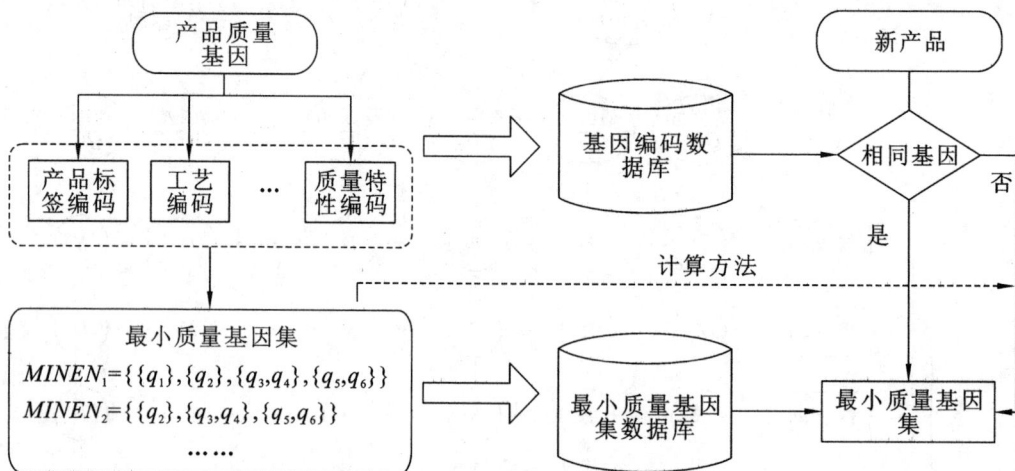

图 4-21 "最小质量基因集"的存储方法

参 考 文 献

[1] 杨朋. 设计质量信息集成模型研究[D]. 重庆:重庆大学,2007.

[2] Zhang L,Jiang Y C,Liu N,et al. The study on power quality evaluation based on data analysis [J]. International Journal of Advancements in Computing Technology,2012,4(19):586-592.

[3] Zhang C W,Xie M,Jin T D. An improved self-starting cumulative count of conforming chart for monitoring high-quality processes under group inspection [J]. International Journal of Production Research,2012,50(23):7026-7043.

[4] López-Escobar,González-Palma,et al. Statistical quality control through process self-induced vibration spectrum analysis[J]. International Journal of Advanced Manufacturing Technology,2012,58(9-12):1243-1259.

[5] Aliverdi Reza,Moslemi Naeni Leila,Salehipour Amir. Monitoring project duration and cost in a construction project by applying statistical quality control charts [J]. International Journal of Project Management,2013,31(3):411-423.

[6] Chen S H,Wu I P. The empirical analysis of total quality management for marketing management,customer satisfaction and customer loyalty - the case of security industry [J]. Journal of Quality,2012,19(5)：491-522.

[7] Yapa Saman. Total quality management in Sri Lankan service organizations [J]. TQM Journal,2012,24(6):505-517.

[8] Rasmussen Ray. Total quality management [J]. SMT Surface Mount Technology Magazine,2012,27(11):8-12.

[9] Wang X N,Tian Y Z,Cheng Y J. The simultaneous effect of ISO9000,national quality award and six sigma on manufacturing performance [J]. ICIC Express Letters,2012,6(7):1939-1943.

[10] 孙利波. 基于产品质量基因的水泥装备制造企业制造过程质量诊断方法研究 [D]. 武汉:武汉理工大学,2012.

[11] 卓德保,徐济超. 面向过程改进的诊断性质量改进[M]. 北京:机械工业出版社,2005.

[12] Chen K Z,Feng X A. Computer-aided design method for the components made of heterogeneous materials[J]. CAD Computer Aided Design,2003,35(5):453-466.

[13] Chen K Z,Zhang X W,Ou Z Y,Feng X A. Recognition of digital curves scanned from paper drawings using genetic algorithms[J]. Pattern Recognition,2003,36(1):123-130.

[14] 乐清洪,滕霖,朱名铨,王润孝. 先进制造环境下质量控制的理论与方法[J]. 航空精密制造技术,2006,40(2):3-5.

5 数字制造资源执行过程监控

制造业在发展中面临的三个突出的挑战是网络化、数字化和智能化,这三个挑战以及由此带来的复杂化导致制造系统中的组织结构和功能的非线性、时变性、突发性和不平衡性等,难以用传统的运行模式和控制策略来驾驭。伴随着信息技术的发展以及数字化进程的深入,数字制造技术发展成为全新制造模式,从而更好地适应日益复杂的产品结构以及日趋个性化、多样化的消费需求。在数字化制造技术的支撑下,可以实现复杂制造任务执行过程的状态监控,实现复杂制造任务执行过程中实时信息的跟踪与监控,以及多用户主体间制造信息的协同共享,以方便快速地处理任务执行过程中出现的异常情况。

本章在分析数字制造背景下复杂制造任务执行过程状态监控框架的基础上,提出了基于制造任务本体的多源数据一致映射模型,从制造设备状态监控、订单执行进度监控等方面来探讨实时制造信息的获取、监控与分析;进而,论述了实现制造资源执行过程监控的典型技术,为实现制造资源执行过程实时信息的监控与跟踪提供了方法和技术基础。

5.1 概　　述

在全球化浪潮下,随着互联网技术应用的深入,现代制造企业为了提高市场竞争力而更加专注于自身的核心业务,对于非核心业务采用外包或采购的业务经营模式。因此,各企业更加注重企业间的业务协同以实现信息和资源的共享。虽然在产品设计、原材料采购、生产制造、包装发运整个过程中,信息的有效控制与共享以及业务的协调管理水平有一定的提高,但绝大多数制造企业在信息共享的内容和实时性方面存在较大的不足,缺乏对制造资源执行过程中关键信息的实时跟踪与控制。一方面表现为在信息共享内容上主要集中于业务往来企业间信息的横向共享,而其信息主要围绕在产品级方面,缺乏对外包产品执行过程中的信息的跟踪和反馈;另一方面表现为在信息采集方式上大都应用人工输入或统计的方法来反馈过程状态信息,其实时性较差且容易出错。

在网络化制造领域中,针对制造任务状态信息的跟踪、反馈与调整问题,国内外学者对此进行了大量研究,也取得了不少成果。徐大敏等[1]通过分析协作企业间的网络结构,建立了质量跟踪控制模型,以解决动态企业环境下的复杂质量跟踪控制问题。高文俊[2]为了实现零部件的质量信息跟踪,提出将零部件的质量信息按照产品 BOM 结构进行存储,以构建一种基于质量 BOM 的信息跟踪方法。孙惠斌等[3]提出了应用实例化模板来封装制造信息,通过整合各现场数据来满足虚拟企业在制造任务执行过程中对进度跟踪、成本跟踪和质量跟踪的需求。Wan 和Chen[4]在精益制造理念的支持下,开发了基于 Web 技术的看板系统以实现制造现场中电子看板的概念,从而达到对工件进行实时跟踪的目的。隋天中等[5]针对车间生产数据跟踪问题,开发了面向制造业车间生产过程的跟踪监控系统。Cheng等[6]通过研究一个中心卫星工厂系统的特别供应链,提出了一种自动化的外包商选择方法并构建了订单跟踪系统,该系统的目标就是协助中心工厂为某一特定的客户订单寻找合适的外包商,它采用移动 Agent 在中心工厂和潜在的外包商之间传达订单和加工能力信息。Huang 等[7]应用无线制造技术(RFID、无线传感器、无线网络等)实时收集制造车间的生产数据,实现了在制品库存的柔性管理。Chen等[8]为跟踪和控制动态的制造流程,提出了一个基于 RFID 和 Agent 的制造控制和协调框架。尹超等[9]通过移动短信息服务的信息实时传输和交互等方法和关键技术,实现了对摩托车零部件制造企业供货状况的实时跟踪。Gavalas 等[10]使用移动 Agent 技术开发了基于互联网的跨企业物流服务跟踪系统。Zhang 等[11]应用RFID 技术构建了制造信息实时跟踪框架,构建了员工、加工设备、物料等制造资源数据的实时获取环境,建立了实时数据的处理模型,解决了车间 WIP 数据与生产成本的跟踪。Guo 和 Wang[12]基于 RFID 使能技术建立了销售订单跟踪系统框架,提出了销售订单跟踪的数据处理算法。鄢萍等[13]针对定制型企业生产进度提取和订单跟踪困难的问题,建立了一种基于复杂网络的制造系统网络模型——制造过程信息传播关系网,该网络由任务分派网、任务完成反馈网、纯粹信息传递网组成,应用相应的演化算法,推导出了基于网络节点的生产进度的提取方法。姜建华[14]应用软件工程领域的 SaaS 模式以及 Web 服务技术,在虚拟企业环境下研究了基于 Web 方式的订单任务跟踪方法。

　　总体来说,目前在制造任务信息跟踪方法方面的研究成果,主要集中在针对单个企业或者成员数固定、伙伴关系稳定的联盟企业而提出的制造信息跟踪解决方案或相应的生产信息跟踪原型系统。然而,在网络化数字制造环境下,鉴于制造任务的多样性、分布性、异构性、动态性等特征,已有的研究成果只能作为进一步深化研究的基础。通过对以上几个方面的研究现状的分析,不难发现,在网络化数字制造模式下,对制造任务的优化执行提出了新的要求,尤其是制造任务的语义建模、制造任务的优化执行制造资源链、制造任务执行过程中的资源状态监控、制造任务执行过程的综合评价等。

　　数字制造技术在现代制造企业的不断深入应用和其相关使能技术的不断发展和成熟,为实现现代制造企业制造资源执行过程的监控提供了可行的解决方案。数字制造的内涵很广泛,它是采用数字化的定量、表述、存储、处理和控制方法,支持产品全生命周期和企业的全局优化运作,以制造过程的知识融合为基础,以数字化建模仿真与优化为特征,在虚拟现实、计算机网络、快速原型、数据库等技术支撑下,根据用户的需求,对产品信息、工艺信息和资源信息进行分析、规划和重组,实现对产品的设计和功能的仿真以及原型制造,进而快速生产出达到用户要求性能的产品的整个制造过程[15]。它涉及三个方面:以设计为中心的数字化制造技术、以控制为中心的数字化制造技术,以及以管理为中心的数字化制造技术。数字制造可以通过数字信息手段,精确地预测和评价产品的可制造性、加工时间、制造周期、生产成本、零件加工质量、产品质量、制造系统运行性能、生产规划和工艺规划、网络化生产系统中合作商及供应商的选择,实现生产过程及资源的优化,从而降低生产成本,提高生产效率和企业竞争能力。

　　因此,应用数字制造技术实现制造资源的实时监控,其关键在于实现制造资源执行过程的数字化表征和状态的实时感知。制造物联技术作为一种使能技术,通过应用各种感知技术(如各种传感器、RFID 读卡设备、全球定位系统、制造环境监测装置、激光扫描器、网络摄像头等各种设置与技术)建立物联感知网络,实现复杂制造任务执行过程中人、机、料、环的智能化识别、定位、跟踪、监控和管理。在数字制造物联感知使能技术的支持下,围绕复杂任务执行过程的状态监控的本质是,通过先进的智能采集终端采集制造资源执行现场各环节中大量的原始数据,并进行数据过滤、融合、推理等操作,逐步提炼出反映任务执行过程中异常或关键的状态信息。也就是围绕任务执行过程,按照任务结构自下向上逐级采集活动级或工序级的小粒度数据,并提炼为满足特定业务需求的大粒度信息,从而增强任务执行过程中的实时监控能力,并实现不同协同用户间的信息交换。图 5-1 展示了数字制造背景下,围绕复杂制造任务动态执行过程的制造资源实时状态监控模型,其最大的特点是实时感知人员状态、设备状态、物料状态、环境状态、能耗状态、工序数据、进度数据、质量数据、工位数据、库存数据等任务执行过程中的小粒度数据,并按照不同的业务需求实现小粒度数据的信息融合,从而方便不同企业用户间进行多样化信息的共享。

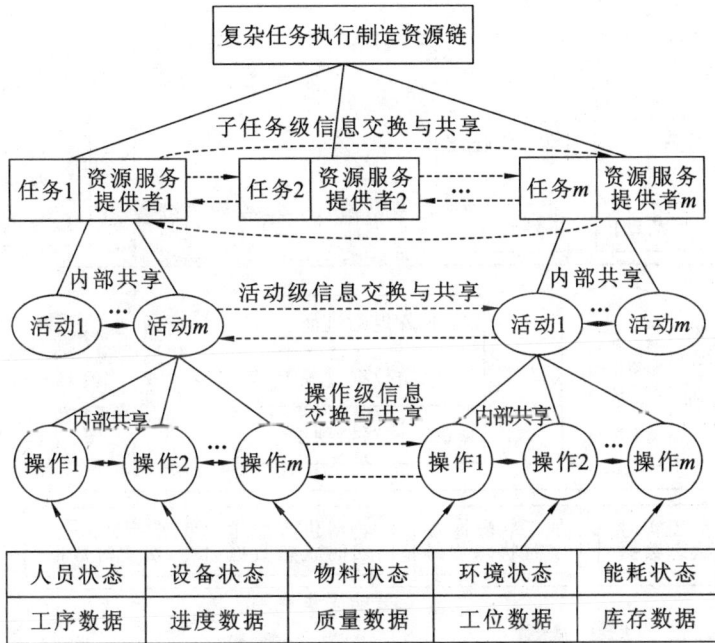

图 5-1　制造资源执行过程状态监控模型

5.2　制造资源执行过程状态监控框架

制造资源执行过程数字化建模与仿真是数字制造学科的一个主要研究内容。其目的是通过对制造过程的数字化建模揭示制造执行过程的本质,实现对产品制造、装配、生产物流、运作管理乃至整个产品制造全生命周期的信息监控和优化管理,以便于设计、改善和控制数字制造系统。为了实现制造资源执行过程中状态的实时监控,在物联感知设备的支持下需要执行四个阶段的工作,即任务执行过程实时数据采集、实时数据的预处理、任务执行过程状态信息融合和制造信息多视图，其框架如图 5-2 所示。

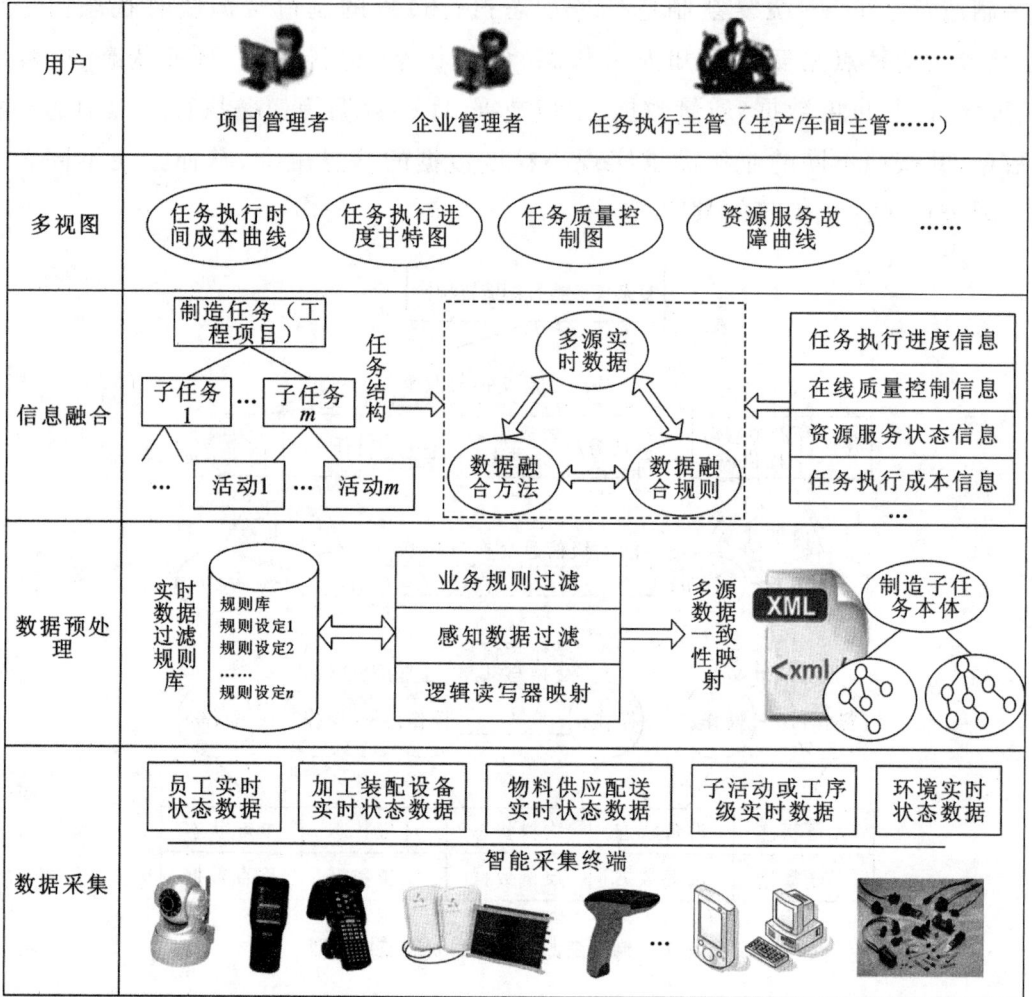

图 5-2　制造资源执行过程状态监控框架

实时数据采集主要负责制造企业制造任务执行的全生命周期过程中，工程项目设计、执行计划、生产工艺、采购仓储、加工制造、物流配送、质量检测、发运安装等八个环节的状态感知实时数据的采集，并实现实时数据在本地实时的存储，经过数据过滤后进行持久化存储。为了实现任务执行过程中对每一个制造活动的全面监控，需要使每一个操作或事务变得透明或数字化，即在智能感知终端的支持下实现全息数字车间和工厂的概念。为此，各协同企业内物联感知设备的合理布局和数据采集流程显得尤为重要，因此，需要将数据采集终端按照不同制造资源的监控特点进行合理布局。从任务执行的角度来看,参与的制造资源包括:人员、物料、产品、工件、物流设备、加工设备和检测工具等。对于此类与任务执行过程相关的数据,可以应用 RFID 阅读器进行数据采集,并根据生产现场中监控目标的不同,应用 RFID 定点布局模式、移动布局模式、门禁布局模式或手持布局模式[16],而其布局的对象主要集中于制造任务执行过程中的关键工序或节点。对于生产现场本身和环境参数,可以应用网络摄像头和不同的传感器设备进行数据采集。对于数据采集相对比较困难的,可以合理优化人机交互接口,实现快速的数据采集。

表 5-1 所示为建材装备制造任务在制造过程中所涉及的不同类别数据的采集,主要包括 7 类数据的采集,分别是工位数据采集、生产设备状态采集、车间物流数据采集、人员数据采集、质量数据采集、物流配送数据采集和生产现场环境检测。

表 5-1　制造过程中数据采集分类

序号	数据采集	描述
1	工位数据采集	提供给关键工位,用于工位生产计划、生产进度、工况、生产制造信息、工艺指导等的可视化
2	生产设备状态采集	采集生产设备(机床、加工中心等)实时运作的属性参数(转速、温度、温升、形变、压力等数据)
3	车间物流数据采集	实时采集车间内部在制品、物料缓存区、物料看板、物料配送数量等数据
4	人员数据采集	实时采集员工在固定工作范围内的到岗、离岗以及操作等数据,并汇报至后台
5	质量数据采集	通过产品质量智能检测工具,自动采集质量检测数据,并汇报至后台
6	物流配送数据采集	实时采集工件或产品在厂外配送过程中属性数据,并汇报至后台
7	生产现场环境检测	实时检测工厂内部的工作环境(温度、湿度、有毒气体),并汇报至后台

数据采集终端会产生大量零碎、重复、冗余的实时数据,尤其对于 RFID 阅读器的应用,其中大部分的数据基本没有用到,是可以忽略掉的。因此,数据预处理负责将采集到的大量实时数据进行过滤,聚合处理,主要通过特定规则的过滤来获得上层业务流程感兴趣的数据。同时由于同一制造任务由分布在不同地理位置

的制造资源执行,所以要将其任务执行过程中过滤后的实时数据进行统一映射。针对该问题,可以通过建立制造任务语义描述本体的方法来转换相应的数据信息,从而实现信息的一致性表达。在此,给出一个制造任务本体的描述模型,如图 5-3 所示。此内容可以进一步参考文献 *Manufacturing task semantic modeling and description in cloud manufacturing system*[17]。

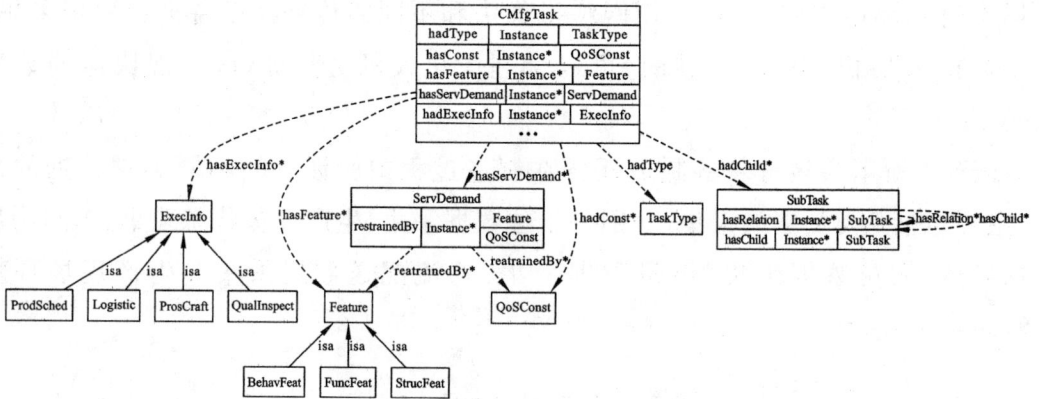

图 5-3　制造任务本体语义描述模型

　　制造任务执行过程中,实时信息融合主要按照任务结构和业务信息需求将采集到的有用的实时数据进行融合,以支持不同业务过程中信息的共享与决策。在监控网络的支撑下,首先获得工位或工序级粒度制造任务并进行相关制造资源(人员、工位、设备、工具等)数据的自动采集。在此基础之上,按照不同大小粒度(比如工序级、零部件级、产品级等)和不同业务的信息需求(比如任务执行进度信息、在线质量控制信息、资源服务状态信息和任务执行成本信息等),通过构建信息融合树和数据融合算法来实现不同信息需求的获取,为资源服务需求者和任务执行者提供实时、准确的任务执行信息。进而将任务执行现场数据反馈到后台系统,通过比较分析和诊断预测处理,实时对现场异常情况进行声报预警,并根据加工设备资源的状态来预测其维修计划。

　　通过以上几个阶段的数据采集、预处理与融合之后,即可获得从物流、质量到进度、成本等多样性的和从任务执行现场、车间到部门、企业等多层次的业务数据信息。因此,业务信息多视图可视化就是在数字制造模式下,保证信息安全的前提下,合理地设计多样性的、多层次的信息显示模型,同时支持多样化的可视化终端,以方便不同用户随时随地地对业务信息进行实时、安全的访问。

5.3 数字制造资源执行过程监控方法

5.3.1 制造资源任务执行实时数据预处理

5.3.1.1 实时数据过滤

在制造资源任务执行现场,为了完成复杂任务执行过程中实时数据的采集,一般使用条形码或 RFID 阅读器来感知任务执行过程中状态的变化。然而在感知过程中会存在大量冗余、无效和异构的数据,直接将感知的数据发送到后台系统会浪费通信带宽和能量资源,因此,在数据传输之前需要对人员状态、设备状态、物料状态、工位状态、质量进度数据以及环境状态等实时数据进行数据过滤和映射操作。本书以 RFID 阅读器为例,提出了任务执行过程中实时数据过滤的流程,如图 5-4 所示。

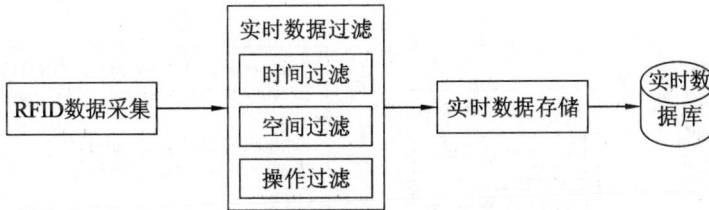

图 5-4 基于 RFID 数据采集的实时数据过滤

基于 RFID 阅读器的操作事件可以描述为某阅读器在其工作区域内某时刻感知到某 RFID 标签,并对感知对象执行某种操作,记为 $RE < c, r, o, t >$。其中,c 表示感知对象信息,即 RFID 标签 EPC 编码;r 表示区域信息,即捕获对象的 RFID 阅读器编码;o 表示对感知对象的操作信息;t 表示感知事件发生的时间信息。对于 RFID 感知事件主要存在三种数据过滤,一是空间过滤,即贴有标签的工件或物料被多余的 RFID 阅读器感知;二是时间过滤,即在感知范围内,对同一对象的周期性反复感知;三是操作过滤,即将上层业务需求不感兴趣的操作过滤掉。现给出对应以上三种数据过滤的规则。

规则 5-1 空间过滤规则:某区域内的一个 RFID 阅读器存在一个标签列表,

若其感知到的标签在该列表中无法查到,则将该感知事件删除,其中每个 RFID 阅读器所对应的标签列表会随着任务变化而改变。

规则 5-2　时间过滤规则:某工作区域或工位的 RFID 感知范围,在一段时间内存在多个 RFID 感知事件,若对某一感知事件执行了相应的操作,则保留该事件,而删除其余相同的感知事件。

规则 5-3　操作过滤规则:某工作区域或工位存在多个 RFID 操作事件,并且每一工作区域或工位维护一个操作列表,该列表主要记录对上层业务实时数据融合有用的操作,若某 RFID 操作事件在该列表中无法查到,则将该操作事件删除。

在执行完数据过滤操作后,将过滤后的实时数据保存到本地实时数据库中,进而对其进行映射处理以获得语义一致的数据信息。

5.3.1.2　多源数据一致性映射

鉴于制造任务执行过程中多用户主体的协作性和制造资源的异构性,为了实现任务执行过程状态监控,其中一个重要的问题就是要处理多源数据的一致性映射。在此应用本体的方法将来自不同制造资源采集数据源的数据转换为统一描述的数据信息,其映射模型如图 5-5 所示。

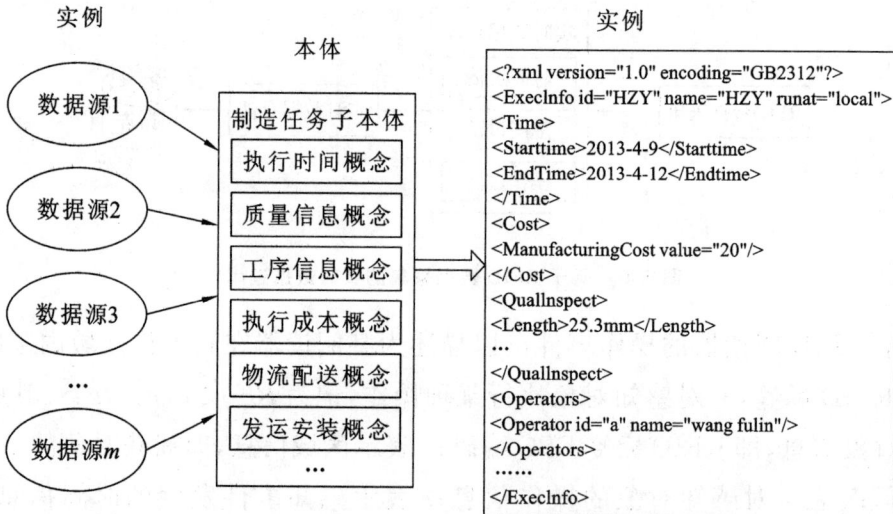

图 5-5　基于本体的多源数据映射

其中布局在不同制造现场的数据采集设备在完成数据采集后,将不同术语描述的数据存储于本地实时数据库。制造任务子本体是与一个工程项目任务相对应的全局本体,在任务执行的整个过程中保持语义的一致性,该本体为具体的语义信息提供了一个共享的术语表。比如,对于任务执行的"结束时间"术语,不同的制造企业可能会用其他的术语进行描述,如"结束日期"、"完成时间"、"完工时间"等。同时制造任务子本体是在任务合同签订后,通过与制造任务本体匹配而得到的,其建立过程在第3章进行了详细的说明。制造任务子本体的每一概念都包含一个术语集,通过与该术语集进行术语匹配,可以获得语义信息表达一致的概念术语。在此基础上,鉴于 XML 的开放性、易移植性和可扩展性等特点,将多源采集的数据转换为由 XML 文件所表达的语义一致的数据信息,实现数据表现形式的统一。

在实现了数据采集和一致性映射后,将映射后的实时数据进行数据融合处理,形成多层次、高效且符合实际业务需求的业务执行信息,在此基础上,对实时数据进行分析处理,以应对任务执行过程中各种异常事件。

5.3.2 订单执行进度监控

面向任务的执行进度相关信息主要包括任务执行进度信息、任务执行成本信息、质量控制进度信息、工位加工进度信息以及物流配送进度信息等。所有这些信息都是以任务执行资源服务链为主线,其数据信息采集的节点依附于执行相关任务的资源节点,即在不同的工位、车间、企业实现原始数据的采集。鉴于多源采集数据的分布性、异构性等,需要将其进行处理,使之融合为满足业务需求、有用的任务执行信息,图 5-5 所示为基于数据融合树的复杂任务执行进度信息融合模型。

该模型中最关键的部分是数据融合树(用于确定如何按照不同的任务执行进度信息的要求,使任务执行整个过程中多源的底层数据实现融合)。在此,依据任务执行路径将任务结构映射为数据融合树,按照四级结构进行映射,分别是工程项目对应任务级,部件对应子任务级(子任务级由不同的制造资源服务执行),零件对应活动级,工序对应操作级。鉴于工程项目复杂程度的不同,其中活动级可进一步分解和扩展,直到最底层的操作级。以数据融合树为基础,采用深度优先遍历算法实现数据的融合。该算法中每个数据源都各自沿着分支结构向上一节点传送数据,并在该节点实现数据融合,直到到达汇聚节点,即任务执行进度信息请求的节点,从而实现任务进度信息的融合。

依据任务执行服务链和产品结构树所生成的数据融合树是一种静态树,随着

数据源　　　　　　　　　　数据融合树　　　　　　　　　　进度信息

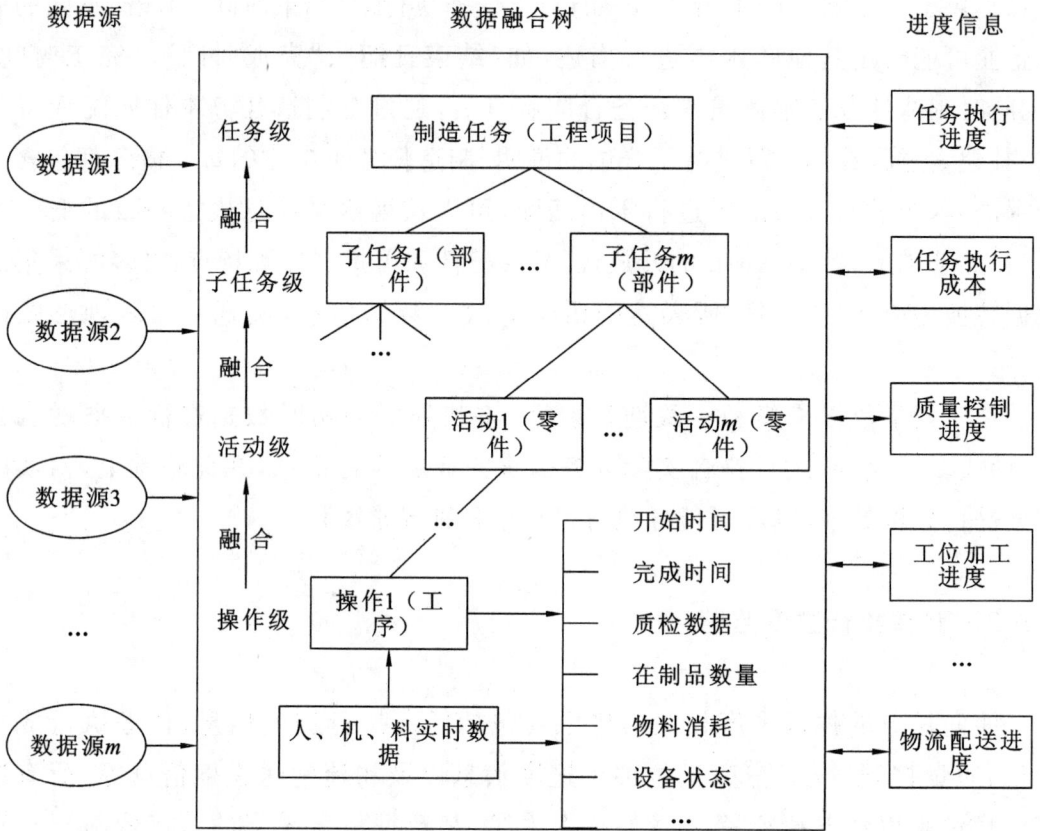

图 5-6　基于数据融合树的复杂任务执行进度信息融合模型

任务执行的跟进,融合树中不同节点的活动或操作进度发生变化,因此,该融合树随着时间的推移会进行动态演化。在此,定义两种动态演化规则。首先给出任务完工率的计算方法。

鉴于复杂任务执行的特点,其任务完工率的计算以完工工程量的多少为依据,对于某操作或活动 i,其任务完工率 $R_c(i,t)$ 的定义如下:

$$R_c(i,t) = \frac{W_c(i,t)}{W_e(i)} \times 100\%　　　　　　(5-1)$$

其中,$W_c(i,t)$ 为 t 时刻操作或活动 i 的完工量;$W_e(i)$ 为操作或活动 i 的额定工程量。

规则 5-4　更新操作:当某时刻操作或活动 i 的完工率 $R_c(i,t) < 1$ 时,在 $t+1$ 时刻执行数据更新操作,同时更新其父节点的进度信息。

规则 5-5　剪枝操作:当某时刻操作或活动 i 的完工率 $R_c(i,t) = 1$ 时,则删除该节点及其子节点。

下面给出与任务执行进度相关的信息的融合方法。

（1）时间进度率

$$R_t(i,t) = \frac{\sum_j^N T_c(j,t)}{\sum_j^N T_e(j)} \times 100\% \tag{5-2}$$

其中，活动 i 包含 N 个操作；$T_c(j,t)$ 为 t 时刻操作 j 已执行的时间进度；$T_e(j)$ 为操作 j 所需要的额定标准工时。对该时间进度率进行扩展，分别得到工位时间进度率 $R_s^m(i,t)$、质量检测进度率 $R_s^q(i,t)$ 和物流配送进度率 $R_s^d(i,t)$。

任务执行过程中加工类活动或操作的进度可由式（5-1）获得。质量检测进度和物流配送进度可由式（5-2）获得。

加工类活动或操作的进度快慢可通过比较 $R_c(i,t)$ 和 $R_t(i,t)$ 来判定：

当 $R_c(i,t) < R_t(i,t)$ 时，表明该活动或操作 i 的进度小于平均执行进度；

当 $R_c(i,t) > R_t(i,t)$ 时，表明该活动或操作 i 的进度大于平均执行进度。

质量检测和物流配送活动的进度快慢，通过比较活动开始时间与预期开始时间即可获得。由此可判定任务执行进度的快慢，并实时反馈和预警。

对以上三种进度进行累加，可以得到任务执行进度率 $R_s(i,t)$，如式（5-3）所示。

$$R_s(i,t) = \sum_j^N R_c^m(j,t) + \sum_j^N R_t^q(j,t) + \sum_j^N R_t^d(j,t) \tag{5-3}$$

（2）任务执行成本

任务执行成本 $C_c(i,t)$ 可由任务执行过程中所消耗的时间 $T_c(j,t)$ 与资源执行单位成本 $C_u(j)$ 获得，如式（5-4）所示。

$$C_c(i,t) = \sum_j^N [T_c(j,t) \times C_u(j)] \tag{5-4}$$

另外，可通过式（5-5）及时了解任务执行过程中的成本控制信息。

$$C_r = \frac{C_c(i,t)}{C_e(i,t)} \tag{5-5}$$

其中，$C_e(i,t)$ 为完成活动或操作 i 所需的预算，当 $C_r < 1$ 时说明成本可控，当 $C_r > 1$ 时说明活动或操作的完成成本超过预定的成本，存在一定的风险。

通过任务执行过程中多源数据的融合，可以实现协同企业不同任务级间实时信息的收集，有利于决策者掌握他们所关心的任务执行进度和成本信息，并将其控制在可控范围内。

5.3.3 制造资源状态监控

制造过程中制造资源状态监控,可以依据生产现场实时采集的生产质量数据来推理加工资源所处的状态。在此,应用隐性马尔可夫模型(Hidden Markov Model,HMM)的方法进行诊断[18-20],其监控流程如图 5-7 所示。隐性马尔可夫模型是马尔可夫链的一种,它的状态不能直接观察到,但能通过观测向量序列而观察到,每个观测向量都是通过某些概率密度分布表现为各种不同的状态,每一个观测向量是由一个具有相应概率密度分布的状态序列产生。隐性马尔可夫模型主要解决三类问题:评估问题、解码问题和学习问题。针对这三类问题,经典的求解算法分别是前向算法、Viterbi 算法和 Baum-Welch 算法(向前向后算法)。所以,隐性马尔可夫模型是一个双重随机过程 —— 具有一定状态数的隐性马尔可夫链和随机函数集,通过观测实时采集的数据序列来确定该已知序列和推断 HMM 模型下最可能的隐性状态序列(即制造资源状态序列),进而通过设备异常判定规则来确定设备是否进入维修计划。

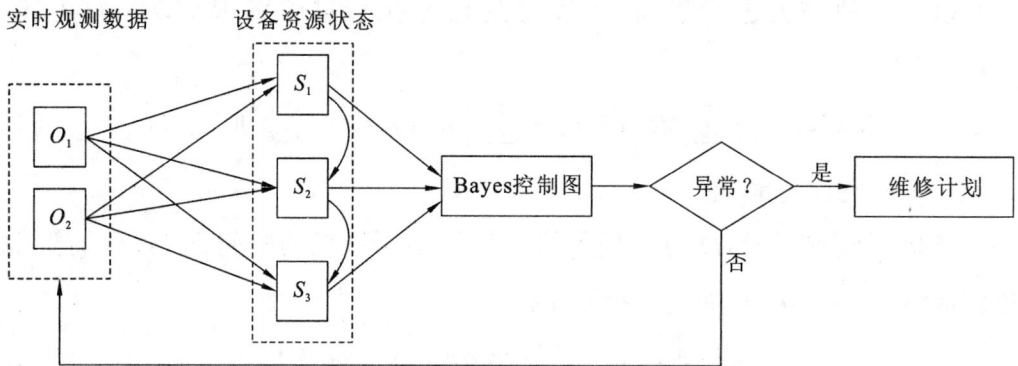

图 5-7 基于 HMM 模型的资源状态监控流程

在 HMM 模型中,有两种状态:① 不能直接观察到的状态为隐状态 q_t,其集合表示为 $S = \{S_1, S_2, \cdots, S_N\}$;② 可直接观察的状态 v_t,其集合表示为 $O = \{O_1, O_2, \cdots, O_M\}$。随着时间的推移,系统所处的隐状态可以转移,其转移概念矩阵 $\boldsymbol{A} = \{a_{ij}\}, 1 \leqslant i, j \leqslant N$,并且在某时刻 t,系统所处的隐状态决定了可观察状态,其概率分布为 $\boldsymbol{B} = \{b_i(k)\}, 1 \leqslant i \leqslant N, 1 \leqslant k \leqslant M$,系统初始状态的概率分布为 $\boldsymbol{\Pi} = \{\pi_i\}$。由此 HMM 模型可以表示为 $\lambda = \{\boldsymbol{A}, \boldsymbol{B}, \boldsymbol{\Pi}\}$,并且有:

$$a_{ij} = P(q_{t+1} = S_j \mid q_t = S_i) \quad (i,j = 1,2,\cdots,N)$$
$$b_i(k) = P(v_t = O_k \mid q_t = S_i) \quad (i = 1,2,\cdots,N; k = 1,2,\cdots,M) \tag{5-6}$$
$$\pi_i = P(q_1 = S_i) \quad (i = 1,2,\cdots,N)$$

为了应用 HMM 模型，可将实时采集的设备资源生产数据看作实时可观察的状态，而将运行资源所处的状态看作隐状态，并且在此假定：可观察状态集合 $O = \{O_1, O_2\}$，O_1、O_2 分别表示该设备资源完工产品质量的合格与否；隐状态集合 $S = \{S_1, S_2, S_3\}$，S_1、S_2、S_3 分别表示设备资源的三种状态，即良好状态（0）、警告状态（1）和故障状态（2），且资源状态只能由良好状态向警告状态和故障状态转化。在设备运行的过程中各状态是不可观察的，每隔周期 T 采样一次，在设备状态退化为故障状态时整个监控过程结束。设备进行维修或更换之后作为新一轮的监控过程，同时设备的初始状态 $\pi_0 = 0$。设备状态的转换率矩阵如式（5-7）所示。

$$\boldsymbol{\Lambda} = \begin{array}{c} 0 \\ 1 \\ 2 \end{array} \begin{bmatrix} -(\alpha_{01} + \alpha_{02}) & \alpha_{01} & \alpha_{02} \\ 0 & -\alpha_{12} & \alpha_{12} \\ 0 & 0 & 0 \end{bmatrix} \tag{5-7}$$

（状态 0 1 2）

根据 Kolmogorov 后向差分等式，由式（5-7）可以获得如下的系统状态转换矩阵：

$$\boldsymbol{A} = [a_{ij}(t)]$$

$$= \begin{bmatrix} e^{-(\alpha_{01}+\alpha_{02})t} & \dfrac{\alpha_{01}[e^{-\alpha_{12}t} - e^{-(\alpha_{01}+\alpha_{02})t}]}{\alpha_{01}+\alpha_{02}-\alpha_{12}} & 1 - e^{-(\alpha_{01}+\alpha_{02})t} - \dfrac{\alpha_{01}[e^{-\alpha_{12}t} - e^{-(\alpha_{01}+\alpha_{02})t}]}{\alpha_{01}+\alpha_{02}-\alpha_{12}} \\ 0 & e^{-\alpha_{12}t} & 1 - e^{-\alpha_{12}t} \\ 0 & 0 & 1 \end{bmatrix}$$

$$\tag{5-8}$$

同时，当系统处于良好状态时合格产品的概率为 r_1，当系统处于警告状态时合格产品的概率为 r_2，并且 $r_1 > r_2$，则可以获得其可观察状态的概率分布，如式（5-9）所示。

$$\boldsymbol{B} = [b_i(k)] = \begin{array}{c} 0 \\ 1 \end{array} \begin{bmatrix} r_1 & 1-r_1 \\ r_2 & 1-r_2 \end{bmatrix} \tag{5-9}$$

（状态 0 1）

应用 HMM 模型实现状态监控的关键在于，获得已知可观测状态的情况下系统处于警告状态的概率，即系统在警告状态下的后验概率，将其记为 θ_t，当该值大于某一临界值 θ_t 时，可以认为设备状态异常。于是有：

$$\theta_t = P(q_t = 1 \mid v_1, v_2, \cdots, v_t) \tag{5-10}$$

应用 Bayes 网的相关理论,系统在警告状态下的后验概率可以通过递归获得,见式(5-11),并且 $\theta_0 = 0$。

$$\theta_{t+1} = \frac{P(v_{t+1} \mid q_t = 1)\left[P(q_t = 1 \mid q_t = 0)(1 - \theta_t) + P(q_t = 1 \mid q_t = 1)\theta_t\right]}{P(v_{t+1} \mid q_t = 0)\left[P(q_t = 0 \mid q_t = 0)(1 - \theta_t) + P(q_t = 0 \mid q_t = 1)\theta_t\right]}$$
$$+ P(v_{t+1} \mid q_t = 1)\left[P(q_t = 1 \mid q_t = 0)(1 - \theta_t) + P(q_t = 1 \mid q_t = 1)\theta_t\right]$$
$$= \frac{b_1(v_{t+1})\left[a_{01}(1 - \theta_t) + a_{11}\theta_t\right]}{b_0(v_{t+1})\left[a_{00}(1 - \theta_t) + a_{10}\theta_t\right] + b_1(v_{t+1})\left[a_{01}(1 - \theta_t) + a_{11}\theta_t\right]}$$

$$\tag{5-11}$$

因此,基于 HMM 模型的实时资源状态监控算法可以概括为:

(1) 由经验或基于 Baum-Welch 算法的样本训练获得 HMM 模型参数值 a_{ij}, $b_i(k)$,即 $\alpha_{01}, \alpha_{02}, \alpha_{12}, r_1$ 和 r_2 的值;

(2) 初始化变量 $t = 0, \pi_{t=0} = (1,0,0), \theta_0 = 0$;

(3) 输入监控采集的可观测状态 v_t,并由式(5-11)计算 θ_t;

(4) 绘制 Bayes 控制图,并令 $t = t + 1$;

(5) 重复步骤(3)和(4),当 $\theta_t \geqslant \theta_l$ 时发出报警。

为了说明资源状态的监控过程,在此应用 Matlab 进行仿真,给定 $\alpha_{01} = 0.01$, $\alpha_{02} = 0.005, \alpha_{12} = 0.05, r_1 = 0.95, r_2 = 0.65$ 和 $\theta_l = 0.7$,且经历 30 个采样周期的观测值为 $v = [0,0,0,0,0,1,0,0,0,0,0,0,0,1,0,0,0,1,0,0,0,0,0,0,1,0,0,0,0,1,1]$,基于 Bayes 的控制图如图 5-8 所示。当系统监控的 $\theta_t \geqslant \theta_l$ 时发出报警,安排设备进行维修,待其返回良好状态后,开始新一轮的实时监控。

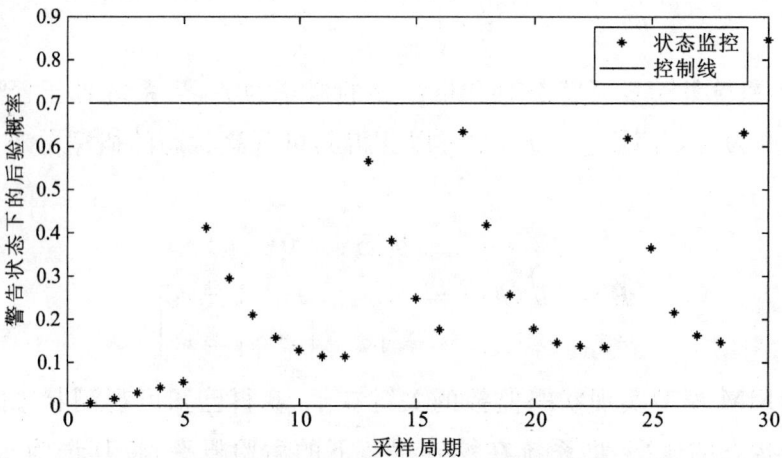

图 5-8　状态监控仿真过程

5.4 数字制造资源执行过程监控技术

5.4.1 基于 Internet 的监控实现技术

随着 Internet/Intranet 技术在全球的广泛应用,现代制造企业实时信息监控系统逐渐向 Internet/Intranet 迁移,网络体系结构由 C/S 向着 B/S 模式的转变已成为发展趋势。B/S 模式理论的产生与成熟为其提供了概念模型;日渐成熟的网络技术、各种完善的开发工具和环境为其提供了开发平台;实时物联感知采集技术又为其提供了坚实的监控技术及硬件基础。

目前,现代制造企业已经建立了自己的内部局域网络 Intranet,并与 Internet 实现互联。Intranet 可将企业内部各自封闭的信息孤岛连成一体,实现企业级的信息交流和资源共享。对外,则可方便地接入 Internet,使企业内部局域网络成为全球信息网的成员。Internet/Intranet 结构通用,用户界面统一,使系统可增量式构造和扩展,低成本开发和运营,且操作简单、培训容易、维护更新方便。尤其是网络制造环境中,企业间协同与合作更加紧密,利用基于 Internet 的技术监控协作制造企业间生产现场的实时数据能够满足分布式企业协同运作的需要。对生产制造现场数据进行实时监控,通过网络技术以较低的成本连接不同企业各车间的信息采集系统,围绕复杂制造任务实现多个协同企业生产车间之间的监控系统的集成,让不同企业不同层次的管理人员和员工实时了解制造过程的工况信息,最终实现对制造过程的实时调度。

网络化数字制造环境下,按照基于 Internet 的制造资源状态监控模式的不同,可以将制造资源状态监控的信息交互方式分为互联、互换、半互操作和互操作四种类型,如图 5-9 所示。

(1)互联:互联是制造资源状态监控信息交互程度最低的一种,指在 Internet 上,通过企业制造过程管理系统并依据一定的检索规则对企业资源进行查询、浏览的过程。

(2)互换:互换指通过互联操作,获得可用的制造资源状态信息,并且该资源恰恰可以完全满足当前任务的需求,进而将其直接用于企业业务活动中。通过互

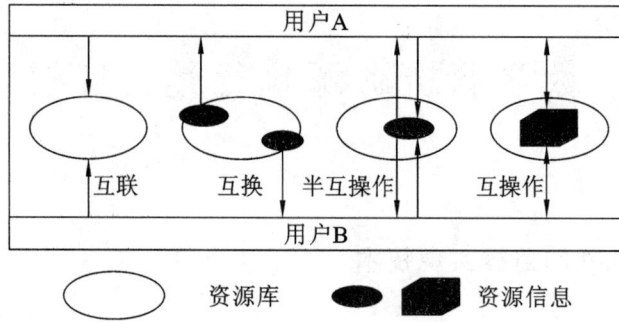

图 5-9　基于 Internet 的制造资源状态监控的信息交互方式

换操作,可以实现不同企业用户之间制造资源的协同共享。

(3) 半互操作:半互操作指查询到的资源状态不能满足当前业务活动的需要,这时需将该资源状态信息进行修改和控制,使之满足任务要求。

(4) 互操作:互操作是制造资源状态监控信息交互的最高层次,指不同用户借助于先进的计算机技术及网络环境,对同一资源模型进行实时操作和控制的过程。互操作可以满足不同用户的业务需求。

制造资源实时监控的这四种模式具有包容关系,互换层次的资源状态监控包容了互联层次的资源状态监控,半互操作层次的资源状态监控包容了互换层次的资源状态监控,互操作层次的资源状态监控包容了半互操作层次的资源状态监控。从互联到互操作,监控层次越来越高,实现的难度也越来越大。

5.4.2　基于多 Agent 的监控实现技术

1. 智能 Agent 及多 Agent 系统

智能 Agent(Intelligent Agent) 技术的诞生和发展是人工智能发展的必然结果。智能 Agent 技术,尤其是多 Agent 系统的出现为复杂协作问题求解的研究开辟了新的途径。Agent 的概念最早可追溯到 1977 年 Carl Hewitt 的 *Viewing Control Structures as Patterns of Passing Message* 一文[21,22]。在此文中,Hewitt 提出了并发 Actor 模型,这个模型中包含具有自控行为相互作用和并发执行的对象,Hewitt 把该对象命名为 Actors。Actors 被认为是最早出现的 Agent,它不仅封装了内部状态,而且通过消息传递的机制与其他 Actors 进行通信和并发工作。随后的几十年里,许多来自不同学科领域的研究者从不同的研究角度研究 Agent 技术,取得了较大的研究进展，并获得了较为广泛的应用。但是，到目前为止，对 Agent 尚无一个权威和统一的定义。Mass 认为，Agent 是在复杂动态环境中自治地感知环境并能自治地通过动作作用于环境，从而实现其被赋予的任务或目标的计算机系统[23]。Lane 认为，Agent 是一个具有控制问题求解机理的计算单元，它可以是一个机器人、专家系统、过程、模块或单元等[24]。其中，最为流行的定义是由英国的 Agent 理论专家 Wooldridge 和 Jennings 博士所提出的，他们认为 Agent 是一个自主的程序，它能基于其对环境的理解，控制自己的决策行为，以追求达到一个或多个目标，Agent 是拥有反应性、自治性、社会性、主动性的系统[25]。

对大型、复杂的现实问题的求解已超出了单智能 Agent 的能力。一个智能 Agent 受其能力、资源及其与其他 Agent 相互关系的限制，不能单独完成复杂问题的求解。由此多 Agent 系统应运而生。多 Agent 系统（Multi-Agent Systems，MAS）是由多个 Agent 形成的松散耦合系统。其目标是将大而复杂的系统建造成小的、彼此相互通信及协调的、易于管理的系统[26]。每个智能 Agent 代表一个物理的或者抽象的实体，在物理上或逻辑上是分散的，在行为上是自治的，相互之间既是独立自主的，能作用于自身和环境并能对环境的变化作出反应，也能进行交互，相互配合完成共同任务。

在综合已有文献的基础上，可以将多 Agent 系统定义为：为了达到某个特定的目标，在对外部环境与内部环境相互作用的基础上，通过对环境状态的认识以及和其他 Agent 的协作，共同完成复杂问题求解的智能系统[27]。这样的系统能模拟人类社会团体、大型组织机构的群体工作，从而完成复杂任务的求解等。

从上述的定义来看，多 Agent 系统应具有以下四种基本特征：

（1）反应性：指多 Agent 系统具有对外部环境的反射作用。能够识别外部环境的变化并作出适当反应。这种反应既可以是简单的反射，也可以是深思熟虑的反应。

（2）自发性：指多 Agent 系统具有对目标的能动性，为了达到目标，Agent 能够自发地参与到某些处理或协作中。

（3）自律性：指多 Agent 系统拥有内部自治机制和问题解决机制，能够控制自己的行为和内部状态，即可根据自己的知识和获取到的信息进行判断和推理，而且 Agent 自律性的高低在很大程度上决定了其他 Agent 自律性的高低。

（4）社会性：多 Agent 系统不是孤立的，而是一个相互作用的群体。多个 Agent 间可以按照某种协议或者语言进行通信和对话，从而形成一个小组来协作完成某一特定的任务。

2. 基于多 Agent 的制造资源监控技术

鉴于现代制造企业任务的复杂性与其执行过程的分布性,复杂任务执行过程中制造资源的监控就是在资源状态信息有效描述、集成和封装的基础上,通过 Internet 使其被获取。在分布式任务执行环境下,应用多 Agent 系统进行对制造资源的监控,最终要处理的问题是在分布、动态、异构环境下 Agent 的跟踪协作问题。为了封装系统间的异构性,在此构建一种资源跟踪过程本体,它涉及跟踪目标、交互协议、角色以及跟踪过程的规范描述,以此作为 Agent 跟踪协作的规范。为了使 Agent 能够顺利地进行跟踪任务,各 Agent 需要进行任务协作,并且需要进行有效的管理。本书构建了跟踪 Agent 协作模型(Tracking Agent Cooperation Model,TACM),其体系结构如图 5-10 所示。该模型将关于 Agent 的信息和跟踪过程知识(这些信息和过程知识具有明确的语义和一致性约束)有机地存储在过程本体文件中,然后将 AMS 和 DF 以服务的方式提供给 Agent。

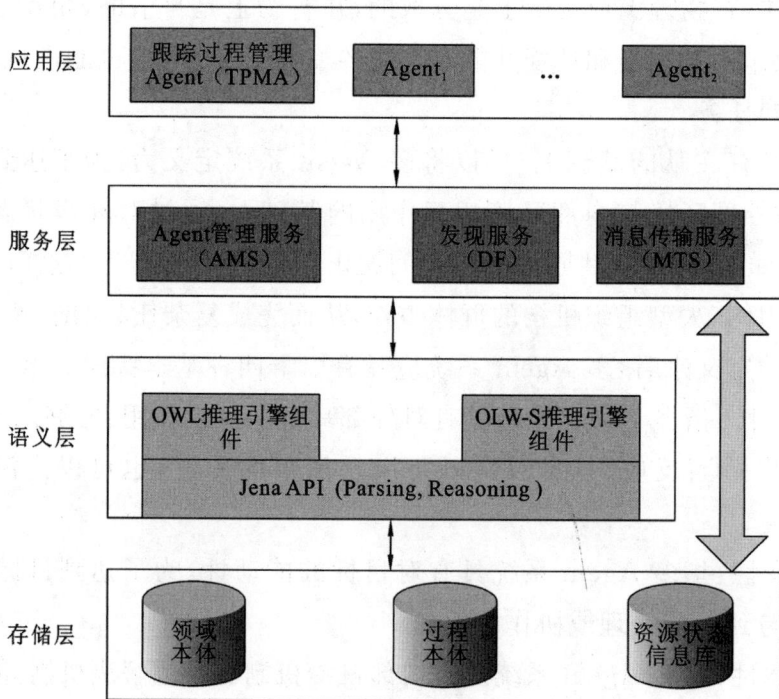

图 5-10　TACM 体系结构图

该 TACM 体系结构包括四层:存储层、语义层、服务层和应用层。其基本思想是:模型 TACM 的服务层和应用层构成了不同 Agent 的基本协作空间。协作空间作为 Internet 开放的环境,以服务的形式提供给跟踪 Agent,跟踪 Agent 通过向 Agent 管理服务(AMS)注册和注销来加入、退出协作空间;协作空间提供发现服务(DF)给跟踪 Agent,寻求合适的协作者;协作空间还提供统一的消息传输服务(MTS)供跟踪 Agent 在 Internet 上传输消息。另外,协作空间中有一个独立的跟踪过程管理 Agent(TPMA),它是管理和监测模型中的 Agent,它具有管理和监控其他 Agent 协作过程和管理系统的一切资源(如:领域本体、过程本体和用户知识库)的能力,用户、Agent 或应用程序可以通过 TPMA 发布、修改和删除资源。存储层为协作空间提供资源(包括领域本体、过程本体和资源状态信息库),它们以数据库或文件的形式作为模型的物理存储。语义层是对存储层的解析,以组件的形式给上层提供各种功能接口。

5.4.3　基于云制造模式的监控实现技术

1. 云制造模式概述

云制造是一种基于知识、面向服务、高效低耗的网络化智能制造模式,于 2010 年初由科技部提出,其宗旨在于充分利用现有制造资源提供良好的制造服务,并降低产业能耗,为制造业的转型升级提供一种新的方法。同年,科技部发布了国家高技术研究发展计划(863 计划)中的先进制造技术领域"云制造服务平台关键技术"主题项目[28]。在此项目计划的推动下,国内各大科研机构着手对云制造的相关理念、体系框架、关键技术等方面进行研究。两年之后,科技部又发布了"十二五"制造业信息化科技工程规划文件[29],将云制造技术、制造服务全生命周期管理技术、制造物联关键支撑技术以及相关的服务平台确立为制造业信息化关键技术攻关重点任务。其目的为攻克网络环境下制造资源和制造能力共享与协同的核心关键技术,构建支持各主体按需使用的云制造服务平台,推动制造服务模式创新,促进我国的生产型企业向服务型企业转型。同时,国外发达国家也开展了一些相关的研究工作,如欧盟第七框架于 2010 年 8 月启动了制造云项目[30],总投资为 500 多万欧元,目的是在"软件即服务"的应用支持下,为用户提供可配置的制造资源和制造能力服务等。

云制造模式是在用户需求驱动下,通过匹配组合云制造服务来满足该需求的一种网络化制造新模式。云制造技术将现有的先进的制造技术同云计算、物联网、知识服务、大数据等技术相融合,将各类制造资源虚拟化和服务化,实现各类制造资源的智能化管理,为制造全生命周期提供按需使用的、安全可靠的制造服务。其核心思想是在云制造平台的支持下,通过制造服务智能匹配、发现与推荐来协同完成制造任务,在整个过程中实现制造任务的优化执行,从而提高协作企业间的协同制造能力。

云制造模式是现有先进制造模式的深化和发展,与现有先进制造模式相比,在异构、分布、动态等典型特征的基础上,云制造模式更加强调协同性、实时性、服务性、开放性、知识性和安全性。

(1) 制造服务过程的协同性

协同是网络化制造模式的典型特征。云制造模式的协同体现在两个方面:① 在大范围内,制造资源以集中管理、高度协同的运作方式满足多制造任务的服务请求,具体表现为在云制造平台内、在协同化技术的支持下,制造资源和能力以标准、规范的服务形式实现全生命周期、全方位的制造资源协同共享。在整个过程中,资源服务请求者可能并不清楚服务提供者的具体信息,然而其却可以协同调度不同的资源服务来完成制造任务,云制造的协同性已经超越了为完成特定任务而临时组建的虚拟组织协同的广度和深度。② 协同不仅体现在终端产品交易过程中,更加体现在工序级制造服务、单个制造资源所提供的资源级制造服务,以及不同制造服务通过组合形成业务级制造服务的共享和流通过程中。在制造任务的执行过程中,不同粒度的资源服务通过智能组合,形成彼此间可互联、互操作的协同服务链以满足任务的需求,体现了业务协同运作中的有机融合与无缝集成。

(2) 任务执行过程的实时性

云制造模式体现了分布集成化的发展方向,即在制造任务执行的全生命周期活动中实现资源、人/组织、运营技术的集成。云制造融合了物联网、虚拟化等信息技术,实现了制造资源和能力的智能接入和感知,尤其是关注了硬制造资源和制造能力的智能感知。在此基础之上,用户可以实时监控制造任务和云制造资源服务的状态,当出现任务执行异常时,可以实时反馈任务执行信息和资源服务状态信息,及时处理问题,从而保证制造任务的有效执行,以满足用户需求。

(3) 制造资源的服务性

云制造模式通过服务化封装、分布式制造资源同时向多用户提供持久的资源服务,通过物联感知和 Web 服务技术实现资源和能力服务化封装,形成面向需求的不同粒度的服务,如计算仿真服务、物流配送服务等。资源服务请求者根据自身的需求在云制造平台的支持下匹配或组合调用已有的资源服务,在任务执行的整个过程中以服务的方式来满足不同的业务需求,比如制造过程任务进度和资源状态跟踪等。

（4）制造系统的开放性

鉴于云制造模式被提出的初衷是充分利用社会存量制造资源来实现制造协同,因此,云制造平台是面向不同行业、不同企业、不同用户、不同产品、不同制造过程的,具有高度的开放性。各种不同的制造资源或制造能力在物联网和虚拟技术的支持下都可以自由地接入平台,通过智能化组合提供不同粒度的持久服务以满足各种各样的任务需求。与现有的制造模式相比,云制造模式增加了资源服务的多样性。

（5）任务执行过程的知识性

云制造模式是一种面向服务的制造新模式,在云制造系统本身的运作和满足制造任务的整个服务过程中都体现了对知识的重用。比如,基于知识的制造资源和能力的接入,资源服务的动态优化组合和资源配置,基于知识重用的制造任务语义建模,基于知识的制造任务粒度化分解,面向多制造任务的服务搜索、匹配、组合,不同制造任务的动态执行,基于知识的制造过程异常处理以及基于知识的业务运作过程智能决策等。在知识的支持下,云制造系统能够提供更好、更优质的制造服务。

（6）制造系统的安全性

鉴于云制造系统的开放性、多用户等特性,云制造系统的安全技术是实现云制造模式走向商业化运作的前提和基础。因此与其他先进制造模式相比,云制造系统更加强调安全性,主要体现在:① 云服务提供商与用户的信息安全、可信评价与认证;② 云制造系统的可靠性、稳定性、服务性能和容错能力;③ 网络安全及多用户可信隔离技术。

目前,云制造的理念和技术已经引起学术界和产业界的关注。在国内外,云制造的相关理论、技术和方法均是研究热点。国内的少数单位已经启动了云制造的研究与服务,如北京航空航天大学复杂产品先进制造系统教育部工程研究中心率先对云制造相关的背景、概念、理念、系统、关键技术、制造资源和制造能力描述、制造云构建及制造云服务组合等方面进行了研究[31-33],并初步研发了一个云仿真原型平台,展示了相关的仿真应用[34]。另外,李伟平等[35]分析了云制造的三层体系架构(资源层、支撑层、服务层),并讨论了制造资源描述等关键问题。战德臣等[36]提出了制造服务成熟度模型,给出了制造服务成熟度模型的概念,分析了不同制造服务成熟度的关键特征,描述了制造资源的服务化水平持续增长的路径。尹超等[37]针对中小企业云制造服务平台的特点,构建了中小企业云制造服务平台框架,分析了其中主要的核心理论及技术、标准和规范、体系架构、共性引擎和共性管理工具、服务和运行模式、应用体系架构等共性技术方面的研究思路和研究内容,为中小企业进一步深入地开展云制造服务平台的研究、开发、实施和应用奠定了基础。Cheng 等[38]对资源服务交易进行了研究,提出了在两种不同决策下的云制造资源服务交易综合效益模型,并证明了各利益主体间效益均衡的存在性。甘佳等[39]针对云制造服务交易过程中的信任评估问题,应用模糊数学理论对信任评估和预测展开了研究,分析了信任评估模型(主要包括直接信任和推荐信任的度量以及各自的衰减函数和更新机制),并概括了云制造服务信任评估算法,通过仿真实例说明了其提出的方法可以有效地捕获用户的评价行为,进而有助于提高资源服务优选的效率。罗永亮等[40]给出了云制造模式下制造能力的概念与分类,构建了制造能力多维信息模型,并给出了针对该模型的制造能力描述框架,为最终实现制造能力形式化描述提供了支持。李瑞芳等[41]探讨了制造装备物联的异构融合体系及装备资源融合、接入的方法和装置;从信息融合、描述与检索以及资源服务发布三个方面研究了装备资源面向云制造服务平台的接入适配技术;最后,以实现典型制造装备资源感知与接入适配为例,阐述了其原型系统、感知与物联实现技术以及面向云制造服务平台的接入适配方法。

总的来说,云制造的相关研究仍处于起步阶段,在模式、技术及应用等各个方面都还有许多有待深入探讨的关键问题。

2. 基于云制造的制造资源监控技术

鉴于云制造模式的特点,可通过制造资源的服务化实现各协作企业主体间在任务执行过程中的高度协同和共享。因此,在云制造模式下,现提出一个制造资源监控实现框架,如图 5-11 所示。

该制造资源监控实现框架围绕制造任务的制造过程,以云制造 —— 制造即服务的模式实现其监控过程。面向制造任务的制造过程,从三个方面封装其制造执行信息,即跨任务结构的纵维信息(工序级、零部件级、产品级等),面向云企业柔性组合的横维信息(子任务协作执行信息),以及支持决策的知识维信息。并将其按照不同的业务需求进行封装服务,实现监控信息即服务(订单进度信息即服务、设备状态信息即服务、质量信息即服务、物流信息即服务)共享模式,最终实现云企业用户间任务执行信息的交互共享,进而为任务执行的优化管理提供实时、准

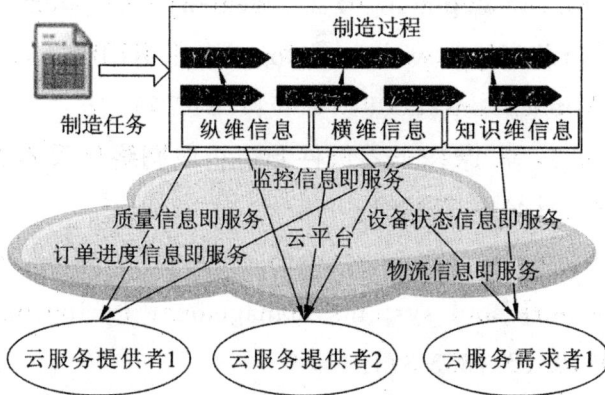

图 5-11　基于云制造的制造资源监控实现框架

确的信息,从而便于任务执行过程中的任务进度控制、成本风险控制、质量控制以及异常问题处理,实现制造任务的执行监控与优化管理。

参 考 文 献

[1] 徐大敏,赵丽萍,要义勇.基于企业间质量跟踪控制模型的质量信息跟踪研究[J].计算机集成制造系统,2009,15(6):1107-1114.

[2] 高文俊.面向军工产品制造过程的质量跟踪与管理技术[D].哈尔滨:哈尔滨工业大学,2006.

[3] 孙惠斌,江平宇.基于模板的虚拟企业制造信息跟踪方法研究[J].西安交通大学学报,2006,40(1):36-39.

[4] Wan H D,Chen F F. A Web-based Kanban system for job dispatching,tracking,and performance monitoring[J]. International Journal of Advanced Manufacturing Technology,2007,38(9-10):995-1005.

[5] 隋天中,崔虹雯.CIMS 环境下车间级生产过程的信息跟踪监控系统[J].东北大学学报(自然科学版),2005,26(12):1188-1191.

[6] Cheng C,Wang C. Outsourcer selection and order tracking in a supply chain by mobile agents[J]. Computers & Industrial Engineering,2008,55(2):406-422.

[7] Huang G Q,Zhang Y F,Jiang P Y. RFID-based wireless manufacturing for real-time management of job shop WIP inventories[J]. International Journal of Advanced Manufacturing Technology,2007,36(7-8):752-764.

[8] Chen R S,Tu M. Development of an agent-based system for manufacturing control and coordination with ontology and RFID technology[J]. Expert Systems with Applications,2009,36(4):7581-7593.

[9] 尹超,储建涛,刘飞,等. 摩托车零部件制造企业网络化采购支持系统[J]. 重庆大学学报,2008,31(4): 377-381.

[10] Gavalas D,Tsekouras G E,Anagnostopoulos C. A mobile agent platform for distributed network and systems management[J]. Journal of Systems and Software,2009,82(2):355-371.

[11] Zhang Y,Jiang P,Huang G,et al. RFID-enabled real-time manufacturing information tracking infrastructure for extended enterprises[J]. Journal of Intelligent Manufacturing,2012,23(6):2357-2366.

[12] Guo S S,Wang T R,Yu X B. Agent-based system for sales order tracking with RFID technology[C]. The Mechanic Automation and Control Engineering, Wuhan,China,2010:2996-3000.

[13] 鄢萍,王东强,等. 一种基于制造过程信息传播关系网的生产进度提取和跟踪方法[J]. 中国机械工程,2010,21(9):1046-1052.

[14] 姜建华. 虚拟企业环境下订单驱动的任务管理机制研究与实践[D]. 武汉:武汉理工大学,2011.

[15] Ránky P G. Computer integrated manufacturing[M]. New Jersey Prentice Hall Press,1986.

[16] 黄毅. 支持 RFID 实时监控的可重构制造执行系统研究[D]. 北京:清华大学,2011.

[17] Wang T R,Guo S S,Lee C-G. Manufacturing task semantic modeling and description in cloud manufacturing system[J]. International Journal of Advanced Manufacturing Technology,2014,71(9-12):2017-2031.

[18] Kim M J,Jiang R,Makis V,et al. Optimal Bayesian fault prediction scheme for a partially observable system subject to random failure[J]. European Journal of Operation Research,2011,214(2):331-339.

[19] Tai A H,Ching W K,Chan L Y. Detection of machine failure:Hidden Markov Model approach[J]. Computers & Industrial Engineering,2009, 57(2):608-619.

［20］ Makis V. Multivariate Bayesian process control for a finite production run[J]. European Journal of Operation Research,2009,194(3):795-806.

［21］ 贾利民,刘刚,秦勇.基于智能 AGENT 的动态协作任务求解[M].北京:科学出版社,2007.

［22］ Hewitt C. Viewing control structures as patterns of passing messages[J]. Artificial Inielligenee,1977,8(3):323-364.

［23］ Mass P. Designing autonomous agents carnbrige[M]. MA:MIT Press,1990.

［24］ Lane D M,Mcfadzean A G. Distributed Problem solving and real-time mechanisms in robot architectures[J]. Engineering Application Intelligence, 1994,7(2):105-117.

［25］ Wooldridge M,Jenning N R. Intelligent agents:theory and practice[J]. The Knowledge Engineering Review,1995,10(2):115-152.

［26］ 吕琳.基于 Multi-agent 的协同制造资源共享的相关理论与技术研究[D].武汉:武汉理工大学,2007.

［27］ 李存荣.产品制造信息中的知识发现及其应用研究[D].武汉:武汉理工大学,2006.

［28］ 国家高技术研究发展计划(863 计划)先进制造技术领域"云制造服务平台关键技术"主题项目申请指南,http://www.863.gov.cn/news/1010/20/1010203734.htm

［29］ 关于印发"十二五"制造业信息化科技工程规划的通知,国科发高〔2012〕312号,http://www.most.gov.cn/tztg/201205/t20120511_94337.htm

［30］ On-the-cloud environment implementing agile management methods for enabling the set-up,monitoring and follow-up of business innovation processes in industrial SMEs,EC. 2011,Available from:http://cordis.europa.eu/projects/rcn/ 100324_en.html

［31］ 陶飞,张霖,郭华,等.云制造特征及云服务组合关键问题研究[J].计算机集成制造系统,2011,17(3):477-486.

［32］ 李伯虎,张霖,王时龙,等.云制造 —— 面向服务的网络化制造新模式[J].计算机集成制造系统,2010,16(1):1-7.

［33］ 李伯虎,张霖,任磊,等.云制造典型特征、关键技术与应用[J].计算机集成制造系统,2012,18(7):1345-1356.

[34] 李伯虎,柴旭东,侯宝存,等. 一种基于云计算理念的网络化建模与仿真平台 ——"云仿真平台"[J]. 系统仿真学报,2009,21(17):5292-5299.

[35] 李伟平,林慧苹,莫同,等. 云制造中的关键技术分析[J]. 制造业自动化,2011,33(1):7-10.

[36] 战德臣,程臻,赵曦滨,等. 制造服务及其成熟度模型[J]. 计算机集成制造系统,2012,18(7):1584-1594.

[37] 尹超,黄必清,刘飞. 中小企业云制造服务平台共性关键技术体系[J]. 计算机集成制造系统,2011,17(3):495-503.

[38] Cheng Y, Tao F, Zhang L, et al. Study on the utility model and equilibrium of resource service transaction in cloud manufacturing[C]. IEEE International Conference on Industrial Engineering and Engineering Management, Macao: IEEE Computer Society, 2010:2298-2302.

[39] 甘佳,段桂江. 云制造服务信任评估技术[J]. 计算机集成制造系统,2012,18(7):1527-1535.

[40] 罗永亮,张霖,陶飞,等. 云制造模式下制造能力建模关键技术[J]. 计算机集成制造系统,2012,18(7):1357-1367.

[41] 李瑞芳,刘泉,徐文君. 云制造装备资源感知与接入适配技术研究[J]. 计算机集成制造系统,2012,18(7):1547-1553.

6 制造资源执行过程性能评估

制造资源的性能评估是从用户使用的角度,对制造任务执行过程中制造资源的综合性能进行评估。它为用户在选择合适的制造资源以满足复杂制造任务的需求方面提供了性能评估的数据基础。本章在分析制造资源执行过程评估模型的基础上,应用模糊综合评价法、直觉模糊 TOPSIS 方法和 DEA 数据包络法分别对制造资源的性能进行评估,并通过案例研究验证了所提出方法的有效性。

6.1 概　　述

近年来,数字制造模式相关理论研究的深入和制造企业应用需求的增长对数字制造资源执行过程的评估提出了新的要求。单一的制造任务通过任务分解后,与分布在异地的制造资源通过网络进行匹配优选,按照制造任务执行的时序逻辑结构构建一条完整的执行路径。因此,围绕制造任务执行过程的评估就是对每一个制造资源执行情况进行评估,并累积每个制造资源的评估结果,从而实现对制造任务执行过程的评估。同时,面向制造任务执行过程的制造资源评估也是制造资源综合性能评估的重要组成部分,制造资源在完成不同的制造任务后,可以实现动态的制造资源综合性能更新。

目前,针对多属性决策 MADM(Multiple Attribute Decision Making)的综合评价方法有很多,比如:层次分析法 AHP(Analytic Hierarchy Process)[1,2]、模糊综合评价法(Fuzzy Comprehensive Evaluation)[3,4]、数据包络分析法 DEA(Data Envelopment Analysis)[5,6]、TOPSIS 分析法(Technique for Order Performance by Similarity to Ideal Solution)[7,8] 等。在针对主观性能的评估上,模糊数的相关理论也被应用在以上不同的评估方法中。其中,AHP 方法通过构建多层次的决策模

型,比较各评估属性,建立判断矩阵以获得各方案的综合评估值。它是一种基于模糊数学的综合评标方法。模糊综合评价法根据模糊数学的隶属度理论把定性评价转化为定量评价,即用模糊数学的理论对受到多种因素制约的事物或对象做出一个总体的评价。它具有结果清晰、系统性强的特点,能较好地解决模糊的、难以量化的问题,适合各种非确定性问题的解决。DEA 分析法是一种处理多个输入和输出的多属性决策方法,通过比较决策单元的相对有效性来对其进行排序,进而确定有效的决策单元。TOPSIS 分析法通过引入最佳评估方案 PIS(Positive-ideal Solution)与最差评估方案 NIS(Negative-ideal Solution),并计算每个评估值与 PIS 和 NIS 的距离来获得综合评估的排序。针对云制造任务执行过程的性能评估模型,本书应用 TOPSIS 分析法来实现其性能评估。

6.2 制造资源执行过程评估模型

6.2.1 制造资源执行过程评估指标体系

围绕复杂任务的制造资源执行过程是一个复杂、动态、协同的制造过程,对其整个过程的综合评估涉及多方面的因素和指标,除了常用的时间、成本、可靠性等指标外,针对制造任务的个性化需求和资源服务特有的属性,制造资源的匹配优选、状态监控、协同运作能力、执行过程中信息反馈能力和异常预警能力也是需要考虑的关键指标。为此,可将制造资源执行过程评估指标体系中的指标根据任务执行前、执行中和执行后分为制造资源优选指标、执行过程指标、执行结束评估指标。

(1)制造资源优选指标,主要指围绕制造任务执行前与制造资源匹配优选时所考虑的指标,主要包括服务优选时间、服务优选成本、任务与服务间的匹配度、交易合规性以及风险性评估等方面。这类指标是针对特定的制造任务在制造资源功能需求约束的条件下匹配选择合适的资源,通常情况下,在其匹配优选的过程中要考虑制造资源本身的 QoS(Quality of Services)指标,比如资源服务信誉、服务成本、服务可靠性等。

（2）执行过程指标，是针对不同类型制造任务（产品设计任务、制造加工任务、物流仓储任务、仿真计算任务等）在其执行过程中要考虑的评估指标，通常要考虑任务执行时间、任务完工成本、任务完工质量、执行过程柔性、资源服务间的协同度、信息反馈及时性、异常预警能力等方面的指标。通过考量上述指标，可以对每一个制造资源在任务执行过程中的性能进行评估。

（3）执行结束评估指标，是指制造任务执行结束后，在制造任务知识归档、资源服务 QoS 更新、资源服务释放等过程中所涉及的执行时间、可靠性、安全性等评估指标。

综合以上不同过程中所涉及的指标，围绕制造任务的制造资源执行过程的评估指标可以概括为时间（T）、成本（C）、质量（Qual）、可靠性（Rel）、匹配度（Mat）、柔性（Flex）、协同度（Colb）和安全性（Saf）八类。除去上述的评估指标外，针对特殊的制造任务，一些个性化的评估指标也将被考虑，这些指标的应用具有很强的针对性，其建立过程通常是动态的。另外，上述不同的评估指标根据数据来源的不同可以分为主观评估与客观评估。其中主观评估主要是制造任务用户或任务执行系统运营者针对制造任务的执行情况所给出的评估，比如任务执行过程中的柔性、协同度等；客观评估则主要依赖制造任务执行系统，通过实时监测工具采集任务执行过程的运行数据。在获取评估数据之后可以实现不同评估目标的综合分析。

6.2.2 基于制造任务的制造资源执行过程评估模型

根据对云制造任务执行过程的特点和综合性能评估指标的分析，本书建立了云制造任务执行过程评估模型，如图 6-1 所示。该模型体现了资源服务性能评估与任务执行过程综合评估的关系。

在网络化数字制造环境下，为了实现制造资源的执行过程综合评估，需要按照制造任务执行的生命周期在任务执行前、执行中和执行后分别对任务与制造资源匹配、制造资源执行过程和制造资源释放进行性能评估。鉴于制造任务的复杂性，通常情况下单一的制造任务可分解为多个子任务，每个子任务与制造资源进行匹配候选，组合优选相应的执行资源。同时由于子任务与制造资源的粒度不同，所以需要进行多次任务分解并将子任务与制造资源组合，才能优选出最佳的资源，最终获得与子任务对应的资源。因此，在任务执行前和执行结束后可通过

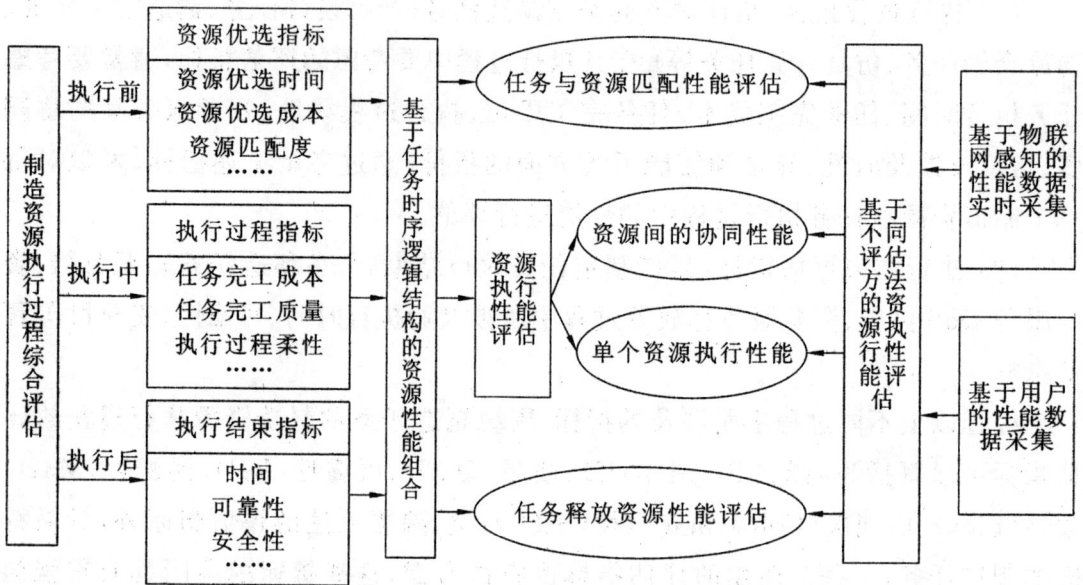

图 6-1　基于制造任务的制造资源执行过程评估模型

性能指标数据获得制造任务在这两个过程的评估结果。在每个子任务的执行过程中,通过评估每个制造资源的性能获得每个子任务的执行情况,并通过任务执行过程的时序逻辑结构实现组合制造资源执行过程中的性能评估。最后组合任务执行前、执行中和执行后三个阶段的性能指标,以实现制造任务的综合性能评估。

为了组合各制造资源执行过程的评估性能,制造任务的时序逻辑关系通常涉及四种基本的类型,分别是:顺序关系、并行关系、选择关系和循环关系。假定一个制造任务 $CTask$ 分解为 m 个子任务 $STask$,每一个子任务 $STask$ 由一个资源服务来完成。针对每种逻辑关系,各评估指标对应的计算方法如下:

(1) 顺序关系子任务执行过程

$$
\begin{cases}
T(CTask) = \sum_{i=1}^{m} T(STask_i) = \sum_{i=1}^{m} T(rs_i) \\[2mm]
C(CTask) = \sum_{i=1}^{m} C(STask_i) = \sum_{i=1}^{m} C(rs_i) \\[2mm]
Qual(CTask) = \sum_{i=1}^{m} Qual(STask_i)/m = \sum_{i=1}^{m} Qual(rs_i)/m \\[2mm]
Rel(CTask) = \prod_{i=1}^{m} Rel(STask_i) = \prod_{i=1}^{m} Rel(rs_i)
\end{cases}
$$

$$
\begin{cases}
Mat(CTask) = \prod_{i=1}^{m} Mat(STask_i) = \prod_{i=1}^{m} Mat(rs_i) \\[2mm]
Flex(CTask) = \sum_{i=1}^{m} Flex(STask_i)/m = \sum_{i=1}^{m} Flex(rs_i)/m \\[2mm]
Colb(CTask) = \prod_{i=1}^{m} Colb(STask_i) = \prod_{i=1}^{m} Colb(rs_i) \\[2mm]
Saf(CTask) = \sum_{i=1}^{m} Saf(STask_i)/m = \sum_{i=1}^{m} Saf(rs_i)/m
\end{cases}
$$

（2）并行关系子任务执行过程

$$
\begin{cases}
T(CTask) = Max[T(STask_i)] = Max[T(rs_i)] \\[2mm]
C(CTask) = \sum_{i=1}^{m} C(STask_i) = \sum_{i=1}^{m} C(rs_i) \\[2mm]
Qual(CTask) = \sum_{i=1}^{m} Qual(STask_i)/m = \sum_{i=1}^{m} Qual(rs_i)/m \\[2mm]
Rel(CTask) = Min[Rel(STask_i)] = Min[Rel(rs_i)] \\[2mm]
Mat(CTask) = Min[Mat(STask_i)] = Min[Mat(rs_i)] \\[2mm]
Flex(CTask) = \sum_{i=1}^{m} Flex(STask_i)/m = \sum_{i=1}^{m} Flex(rs_i)/m \\[2mm]
Colb(CTask) = Min[Colb(STask_i)] = Min[Colb(rs_i)] \\[2mm]
Saf(CTask) = \sum_{i=1}^{m} Saf(STask_i)/m = \sum_{i=1}^{m} Saf(rs_i)/m
\end{cases}
$$

（3）选择关系子任务执行过程（当选择第 i 个子任务时，$\lambda_i = 1$）

$$
\begin{cases}
T(CTask) = \sum_{i=1}^{m} \lambda_i \cdot T(STask_i) = \sum_{i=1}^{m} \lambda_i \cdot T(rs_i) \\[2mm]
C(CTask) = \sum_{i=1}^{m} \lambda_i \cdot C(STask_i) = \sum_{i=1}^{m} \lambda_i \cdot C(rs_i) \\[2mm]
Qual(CTask) = \sum_{i=1}^{m} \lambda_i \cdot Qual(STask_i) = \sum_{i=1}^{m} \lambda_i \cdot Qual(rs_i) \\[2mm]
Rel(CTask) = \sum_{i=1}^{m} \lambda_i \cdot Rel(STask_i) = \sum_{i=1}^{m} \lambda_i \cdot Rel(rs_i)
\end{cases}
$$

$$\begin{cases} Mat(CTask) = \sum_{i=1}^{m} \lambda_i \cdot Mat(STask_i) = \sum_{i=1}^{m} \lambda_i \cdot Mat(rs_i) \\[2mm] Flex(CTask) = \sum_{i=1}^{m} \lambda_i \cdot Flex(STask_i) = \sum_{i=1}^{m} \lambda_i \cdot Flex(rs_i) \\[2mm] Colb(CTask) = \sum_{i=1}^{m} \lambda_i \cdot Colb(STask_i) = \sum_{i=1}^{m} \lambda_i \cdot Colb(rs_i) \\[2mm] Saf(CTask) = \sum_{i=1}^{m} \lambda_i \cdot Saf(STask_i) = \sum_{i=1}^{m} \lambda_i \cdot Saf(rs_i) \end{cases}$$

（4）循环关系子任务执行过程（其中第 i 个子任务执行的概率为 k_i）

$$\begin{cases} T(CTask) = \sum_{i=1}^{m} k_i \cdot T(STask_i) = \sum_{i=1}^{m} k_i \cdot T(rs_i) \\[2mm] C(CTask) = \sum_{i=1}^{m} k_i \cdot C(STask_i) = \sum_{i=1}^{m} k_i \cdot C(rs_i) \\[2mm] Qual(CTask) = \sum_{i=1}^{m} Qual(STask_i)/m = \sum_{i=1}^{m} Qual(rs_i)/m \\[2mm] Rel(CTask) = \prod_{i=1}^{m} Rel(STask_i) = \prod_{i=1}^{m} Rel(rs_i) \\[2mm] Mat(CTask) = \prod_{i=1}^{m} Mat(STask_i) = \prod_{i=1}^{m} Mat(rs_i) \\[2mm] Flex(CTask) = \sum_{i=1}^{m} Flex(STask_i)/m = \sum_{i=1}^{m} Flex(rs_i)/m \\[2mm] Colb(CTask) = \prod_{i=1}^{m} Colb(STask_i) = \prod_{i=1}^{m} Colb(rs_i) \\[2mm] Saf(CTask) = \sum_{i=1}^{m} Saf(STask_i)/m = \sum_{i=1}^{m} Saf(rs_i)/m \end{cases}$$

通过以上四种基本的任务执行关系，可以获得与之对应的制造资源在执行过程中的评估性能。在评估方法上，可以通过多属性的决策方法获得每个制造资源的性能，并进行排序，从而获得每个资源在任务执行过程中的优劣。另外，对于多次执行任务的资源，通过综合其在各任务执行中的优劣表现，可以客观、公平地实现资源的综合评估，这是制造资源匹配的重要依据。

通过以上的分析,围绕制造任务的制造资源执行过程性能评估流程可以描述如下:

(1) 围绕制造任务获取制造资源执行过程中的性能数据,并进行处理,对于主观性能指标,邀请性能评估决策者进行评估;

(2) 应用不同的性能评估方法分别对任务在执行前和执行后的性能进行评估信息累积;

(3) 应用相应的性能评估方法对制造任务执行过程中的各制造资源进行评估,分析各制造资源在执行任务过程中的优劣表现;

(4) 按照制造任务的时序逻辑关系,将各小粒度制造资源的性能表现进行组合,作为该组合制造资源在执行过程中的性能评估;

(5) 围绕制造任务将制造资源在执行前、执行中和执行后三方面的性能进行累积,作为其最终的性能评估。

6.3　基于模糊综合评价法的制造资源性能评估

模糊综合评价分析方法以模糊数学为理论基础,该方法就是把需要考察的模糊对象和反映模糊对象的模糊概念看作一个模糊集合,通过建立适当的模糊隶属函数,进行模糊集合论的相关运算与变换,实现对这个模糊对象的定量分析。模糊综合评价分析方法设计分为以下四个步骤:① 构建模糊综合评价指标;② 构建权重向量,通过专家经验法或者 AHP 层次分析法确定;③ 构建评价矩阵;④ 合成评价矩阵和权重向量,获得最终评价结果[9,10]。模糊综合评价法相较其他几种方法,应用起来比较简单,因此在实践中应用较为广泛。下面介绍该方法在制造资源执行过程性能评估方面的应用。

6.3.1　应用 AHP 层次分析法确定权重

AHP 的基本原理就是把所要研究的复杂问题当成一个大系统,通过对系统里面的多个因素进行分析,梳理出系统内部各因素之间相互作用的有序层次。再邀请有经验的专家对其中每一层次的各影响因素进行较为客观的判断,并对应地给出各因素相对重要性的定量表示。然后建立数学模型,逐个计算出每一层次所有因素的相对重要性权值,并予以排序。最后根据制造资源评价排序所确定的权重进行规划决策。

将 AHP 法应用于制造资源执行过程性能评估中,用于确定评价指标的权重,其具体过程如下:

(1) 建立递阶层次结构

围绕 6.2 节的制造资源执行过程评估模型,结合 AHP 方法的特点,给出其递阶层次结构,如表 6-1 所示。

表 6-1   递阶层次结构

目标层(制造资源性能评估)								
准则层	u_1(执行前)			u_2(执行中)			u_3(执行后)		
指标层	a_1	a_2	a_3	b_1	b_2	b_3	c_1	c_2	c_3

其中,a_1,a_2,a_3,b_1,b_2,b_3,c_1,c_2,c_3 分别指制造资源优选时间、资源优选成本、资源匹配度、任务完工成本、任务完工质量、执行过程柔性、资源释放时间、可靠性、安全性。

(2) 构造判断矩阵

判断矩阵是表示本指标层所有因素相对上一层某个因素的相对重要性的比较。由专家利用"1-9 比列表度法",分别对每一层次的评价指标的相对重要性进行定性描述,并用准确的数字进行量化表示,各数字所代表的含义见表 6-2(由专家打分得到两两比较的判断矩阵)。

表 6-2   判断矩阵比例标度以及含义

标度值 u_{ij}	含义
1	u_i 与 u_j 的影响相同
3	u_i 比 u_j 的影响稍微强
5	u_i 比 u_j 的影响强
7	u_i 比 u_j 的影响明显强
9	u_i 比 u_j 的影响绝对强
2,4,6,8	u_i 与 u_j 的影响之比在上述两个相邻等级之间,可取上述相邻判断的中间值

设判断矩阵为 $U = [u_{ij}]_{n \times m}$,该判断矩阵具有如下性质:

① $u_{ij} > 0$；

② $u_{ij} = 1/u_{ji}$；

③ $u_{ii} = 1$。

当上述条件对判断矩阵所有元素都成立时，则称该判断矩阵为一致性矩阵。

判断矩阵可以表示为如下形式：

$$U = \begin{bmatrix} u_{11} & \cdots & u_{1n} \\ \vdots & \ddots & \vdots \\ u_{n1} & \cdots & u_{nn} \end{bmatrix} \tag{6-1}$$

其中，$u_{ij}(i,j = 1,2,\cdots,n)$ 表示 u_i 因素相对 u_j 因素重要程度的判断值。

针对制造资源执行过程性能评估指标体系的判断矩阵分别为：

准则层：$O = \begin{bmatrix} o_{11} & o_{12} & o_{13} \\ o_{21} & o_{22} & o_{23} \\ o_{31} & o_{32} & o_{33} \end{bmatrix} \tag{6-2}$

指标层：$A = \begin{bmatrix} a_{11} & a_{12} & a_{13} \\ a_{21} & a_{22} & a_{23} \\ a_{31} & a_{32} & a_{33} \end{bmatrix}, B = \begin{bmatrix} b_{11} & b_{12} & b_{13} \\ b_{21} & b_{22} & b_{23} \\ b_{31} & b_{32} & b_{33} \end{bmatrix}, C = \begin{bmatrix} c_{11} & c_{12} & c_{13} \\ c_{21} & c_{22} & c_{23} \\ c_{31} & c_{32} & c_{33} \end{bmatrix} \tag{6-3}$

（3）层次单排序以及一致性检验

层次单排序是在判断矩阵的基础上，把本层所有的各元素相对上一层而言排出优劣顺序。基于特征向量法的排序原理为：判断矩阵 U 对应其最大特征值 $\lambda_{\max}$ 所得的特征向量 k，经归一化后就可以得出同一层次相应的因素相对于上一层次某个因素相对重要性的一个排序权值。具体计算步骤如下：

① 计算出判断矩阵每一行元素的乘积

$$M_i = \prod_{j=1}^{m} u_{ij}, i = 1,2,\cdots,n \tag{6-4}$$

② 计算 M_i 的 n 次方根

$$\overline{w_i} = \sqrt[n]{M_i}, i = 1,2,\cdots,n$$

此时，可以获得如下式子：

$$\widetilde{W} = (\overline{w_1}, \overline{w_2}, \cdots, \overline{w_n})^{\mathrm{T}}$$

③ 将 w_i 归一化，即利用式（6-5）进行计算

$$w_i = \overline{w_i} \Big/ \sum_{j=i}^{n} \overline{w_j}, i = 1,2,\cdots,n \tag{6-5}$$

④ 得到权重向量

由此得到权重向量 $\boldsymbol{W} = (w_1, w_2, \cdots, w_n)^T$，它即为特征向量的近似值，也是各指标元素对应的权重值。

⑤ 计算矩阵的最大特征值

$$\lambda_{\max} = \sum_{i=1}^{n} \frac{(\boldsymbol{AW})_i}{n w_i}, i = 1, 2, \cdots, n \tag{6-6}$$

所谓的一致性指的是在判断制造资源评价指标重要性时，各判断之间协调一致，不致出现相互矛盾的结果。由于客观事物的复杂性和人们认识上的多样性，以及可能产生的片面性，要求所有判断都具有一致性显然不太可能，尤其对于因素多、规模大的问题更是如此。但是要求各判断具有大体的一致性却是有必要的，若出现甲比乙极端重要，乙比丙极端重要，丙又比甲极端重要的情况显然是违反常识的。因此，为了保证应用层次分析法得到合理的结论，还需要对构造的判断矩阵进行一致性检验。对矩阵的一致性检验的具体步骤如下：

① 引入判断矩阵最大特征根以外的其余特征根的负平均值，作为度量判断矩阵偏离一致性的指标，即判断矩阵的一致性指标 $C.I$(Consistent Index)，n 为判断矩阵的阶数，$n > 1$，则有：

$$C.I = \frac{\lambda_{\max} - n}{n - 1} \tag{6-7}$$

② 衡量不同阶判断矩阵是否具有令人满意的一致性，还需要引入判断矩阵的平均随机一致性指标 $R.I$(Random Index)。平均随机一致性指标是每次重复进行随机判断矩阵特征值计算后，取算术平均值得到的。对于"1-9 阶判断矩阵"，$R.I$ 在阶数不同的情况下所对应的值分别列于表 6-3 中（其中 n 代表阶数）。

表 6-3 平均随机一致性检验指标

n	1	2	3	4	5	6	7	8	9
$R.I$	0.00	0.00	0.58	0.9	1.12	1.24	1.32	1.41	1.45

③ 计算随机一致性比率 $C.R$(Consistency Ratio)

判断矩阵的一致性指标 $C.I$ 与同阶平均随机一致性指标 $R.I$ 之比称为随机一致性比率 $C.R$。若 $C.R = C.I/R.I < 0.1$，则称判断矩阵具有令人满意的一致性指标，否则需要重新调整判断矩阵。其中 $C.R$ 的值越小，说明矩阵偏离真实情况的程度越低，越接近于真实情况，结果越可靠。

（4）层次总排序以及一致性检验

现在假设第一层次 U 含有 n 个元素，即 $u_1, u_2, \cdots, u_n$，它们相对应的权重依次是 $w_1, w_2, \cdots, w_n$。而对于下一个层次的指标而言，假设它们关于 u_i 的权重依次是 b_{ij}。现在需要确定对于整个总目标层 U 的权重 b_i，那么具体的计算公式如下：

$$b_i = \sum_{i=1}^{n} b_{ij} a_j, i = 1, 2, \cdots, n \tag{6-8}$$

其中，a_j 为判断矩阵的指标；当上下两层之间没有关系时，$b_{ij} = 0$。

对于层次总排序而言，仍然需要进行一致性检验，由于在层次单排序检验中已经完成检验，故已知指标 a_j 对于 u_i 的 $C.I$、$R.I$、$C.R$，那么子指标层的指标一致性检验的最终总排序随机一致性比率为：

$$C.R = \frac{\sum\limits_{i=1}^{n} C.I(i) w_i}{\sum\limits_{i=1}^{n} R.I(i) w_i} \tag{6-9}$$

当满足 $C.R < 0.1$ 时，就认为总排序结果具有比较令人满意的一致性，结果合理，可以使用。

那么针对制造资源评估，结合"1-9 阶判断矩阵"，对于选择的 9 个指标而言，目标层的最终权重值为：

$$\Omega = (\omega_1, \omega_2, \omega_3, \omega_4, \omega_5, \omega_6, \omega_7, \omega_8, \omega_9)$$

其中：当 $s = 1, 2, 3$ 时，则 $\omega_s = w_1 \times w_{ai}, i = 1, 2, 3, 4$；

当 $s = 4, 5, 6$ 时，则 $\omega_s = w_2 \times w_{bj}, j = 1, 2, 3, 4, 5$；

当 $s = 7, 8, 9$ 时，则 $\omega_s = w_3 \times w_{cm}, m = 1, 2, 3, 4$。

6.3.2 基于模糊综合评价法的制造资源性能评估

（1）指标集的建立

指标选取要遵循全面性和概括性相结合的原则，系统性和层次性相结合的原则，科学性和可操作性相结合的原则，动态性与静态性相结合的原则，可比性与灵活性相结合的原则。针对制造资源评估问题，本小节选取的指标与上一小节保持一致。

（2）评价集的建立

评价集（V）是指评价等级的集合。$V = (v_1, v_2, \cdots, v_s), s = 1, 2, 3, \cdots, n$。针对

制造资源性能评估问题,本小节建立的评价集如下:$V = (v_1, v_2, v_3, v_4, v_5)$。其中,$v_1, v_2, v_3, v_4, v_5$ 分别表示优秀、良好、合格、较差、差。

（3）建立模糊关系矩阵（即隶属度矩阵 $\boldsymbol{R}$）

在建立起评价等级的模糊子集以后,需要对所评价的制造资源的每个因素进行逐步量化,也就是确定被评价对象的模糊子集的隶属矩阵,这样可以得到待评价制造资源的模糊关系矩阵。具体的矩阵表示形式如下:

$$
\boldsymbol{R} = \begin{bmatrix} \boldsymbol{R} \backslash u_1 \\ \boldsymbol{R} \backslash u_2 \\ \cdots \\ \boldsymbol{R} \backslash u_n \end{bmatrix} = \begin{bmatrix} r_{11} & r_{12} & \cdots & r_{1s} \\ r_{21} & r_{22} & \cdots & r_{2s} \\ \cdots & \cdots & \cdots & \cdots \\ r_{n1} & r_{n2} & \cdots & r_{ns} \end{bmatrix}_{ns} \tag{6-10}
$$

其中,在上述矩阵中,$r_{is}(i = 1, 2, \cdots, n)$ 表示从因素 u_i 的角度对 v_s 评价等级的模糊子集的隶属度,即通过模糊向量 $(\boldsymbol{R} \backslash u_i) = (r_{i1}, r_{i2}, \cdots, r_{is})$ 来评价制造资源在 u_i 方面的表现情况。

（4）权重向量的确定

在此使用上一小节介绍的层次分析法来确定制造资源各评价指标的权重向量 $\boldsymbol{W} = (w_1, w_2, \cdots, w_n)$,从而可得到它们的重要性次序,并依次得到权重系数。

（5）合成模糊综合评价的评判最终结果向量

$$
\boldsymbol{W} \cdot \boldsymbol{R} = (w_1, w_2, \cdots, w_n) \begin{bmatrix} r_{11} & r_{12} & \cdots & r_{1s} \\ r_{21} & r_{22} & \cdots & r_{2s} \\ \cdots & \cdots & \cdots & \cdots \\ r_{n1} & r_{n2} & \cdots & r_{ns} \end{bmatrix}_{ns} = (b_1, b_2, \cdots, b_s) \tag{6-11}
$$

从而可以获得待评价的制造资源从整体上看对 v_s 评价等级的模糊子集隶属度情况。其最终评价的结果可以作为制造资源性能进一步改进的方向。

6.4　基于 DEA 的制造资源性能评估

6.4.1　DEA 概述

自从 Charness、CooPor 和 Rhodes 在 1978 年提出数据包络分析（DEA）方法

后,该方法在企业和组织的管理绩效评价中得到了广泛的运用。DEA 方法是一种基于线性规划的多决策单元(Decision Making Unit,DMU)相对有效性评价技术。其基本思想是:将每一个评价对象看作是一个决策单元,首先在各 DMU 的输入和输出不变的情况下,构建一个有效前沿面,然后通过计算每个 DMU 在有效前沿面上的投影距离来衡量其相对有效性[11]。

DEA 方法通过构建有效前沿面来评估决策单元的相对有效性,并据此将各 DMU 进行排序,确定有效的(即相对有效性高的)DMU,并指出其他 DMU 无效的原因和程度。DEA 方法的评估步骤可以概括为:

(1) 根据对评价问题的分析,选择合适的 DMU。选择的对象应具有类型相同的目标、任务及外部环境等,并据此确定评价对象的输入、输出指标。

(2) 根据实际评价问题的背景和需求,选择合适的评价模型。

(3) 计算各 DMU 的相对有效性及其在有效前沿面上的投影值。

(4) 根据各 DMU 的相对有效性进行排序,分析无效决策单元产生的原因。

在常见的评估方法中,AHP 法和 TOPSIS 法都需要邀请专家对权重进行打分,具有一定的主观性。对于具有多输入、多产出特点的制造过程性能评估问题,DEA 方法具有以下几点优势:

(1) DEA 方法是一种非参数方法,无须事先确定评价单元多个输入、输出指标之间的函数关系表达式,具有很强的客观性,很好地解决了复杂非线性关系建模这一难题,使得 DEA 方法非常适合对输入、输出指标间关系未知或不确定的情况,如对生产过程质量控制的评价。

(2) DEA 方法作为一种客观的多指标决策方法,它是以各决策单元 DMU 的输入、输出权重为变量进行评价的。通过实际数据的计算求得最优权重,无须人为设定,减少了主观因素的影响。

(3) 对复杂任务制造过程进行性能评价往往需要考虑多个方面影响因素指标,并且这些指标的量纲常常是不统一的,这也是传统评价方法的难点。DEA 方法对每个评价单元 DMU 的输入、输出指标的量纲没有限制,既可以使用实际参数指标(费用、产量等),也可以使用抽象指标(类型、比率等),只要被评估的对象均使用相同的计量单位即可。因此,特别适合处理复杂系统的多投入 - 多输出评价问题。

(4) DEA 方法是以所有参加评估的决策单元中的有效决策单元集作为改进方向的有效前沿面,是一种内在生成的参照,排除了统计误差等因素对有效前沿面的影响,使得制造过程改进方法变得更加可行和实际。

（5）DEA 方法不仅可以通过计算相对有效性来实现对每个决策单元的排序，还可以利用其在有效前沿面上投影距离的偏差来诊断 DEA 无效的原因，并提供制造过程改进的方向。

设有 n 个评价对象，每个评价对象被称为一个决策单元。第 i 个决策单元 DMU_i 的输入和输出分别表示为 X_i 和 $Y_i(i=1,2,\cdots,n)$。DMU_i 的输入指标表示为 $x_i=(x_{1i},x_{2i},\cdots,x_{mi})$，输出指标表示为 $y_i=(y_{1i},y_{2i},\cdots,y_{si})$，其中 m 为输入指标数目，s 为输出指标数目。其生产可能集为：

$$T=\left\{(x,y)\,\Big|\,\sum_{j=1}^{n}\mu_j x_j\leqslant x,\sum_{j=1}^{n}w_j y_j\geqslant y,\mu_j\geqslant 0,w_j\geqslant 0,j=1,2,\cdots,n\right\}$$

$$(6\text{-}12)$$

则任一决策单元 DMU_i 的性能评价指数为：

$$E_k=\frac{\sum\limits_{i=1}^{s}w_i y_{ik}}{\sum\limits_{i=1}^{s}\mu_i x_{ik}}\qquad(6\text{-}13)$$

其中，x_{ik}，y_{ik} 分别表示第 k 个 DMU 的第 i 个输入、输出指标值，w_i 和 μ_i 分别为其权重系数，E_k 为第 k 个 DMU 的相对效率性能指标值。对 DMU_k 的效率评价指数求极大值，可得线性优化模型：

$$F=\max(wY_k)$$
$$s.t.\begin{cases}\mu X_i-wY_i\geqslant 0,i=1,2,\cdots,n\\ \mu X_k=1\\ \mu\geqslant 0,w\geqslant 0\end{cases}\qquad(6\text{-}14)$$

其中，μ 和 w 分别表示输入、输出指标的权重。

经过线性对偶转换，带有非阿基米德无穷小量以及松弛变量的 C^2R 模型为：

$$F=\min\Big[\theta-\varepsilon\Big(\sum_{i=1}^{m}S_i^-+\sum_{i=1}^{s}S_i^+\Big)\Big]$$

$$s.t.\begin{cases}\sum\limits_{i=1}^{n}\lambda_i X_i+S^-=\theta\cdot X_k,S^-\geqslant 0\\ \sum\limits_{i=1}^{n}\lambda_i Y_i-S^+=Y_k,S^+\geqslant 0\\ \lambda_i\geqslant 0,i=1,2,\cdots,n\end{cases}\qquad(6\text{-}15)$$

其中，ε 为非阿基米德无穷小量，一般取 $\varepsilon = 10^{-6} \sim 10^{-3}$；$S^-$ 和 S^+ 是松弛因子，分别表示投入的超出量和产出的不足量；θ 表示该决策单元的有效参照集[12]。

设其最优解为 θ_0, S_0^-, S_0^+，则有：

（1）若 $\theta_0 < 1$，则称决策单元 DMU_{i0} 为技术无效。其含义表示：即使对投入分量进行同比例减少，仍可以保持原有产出水平不变。

（2）若 $\theta_0 = 1$ 且 $S_0^- = 0, S_0^+ = 0$，则称决策单元 DMU_{i0} 为 DEA 技术有效。其含义表示：在原投入指标 X_0 的基础上获得的产出指标 Y_0 已达到最优。

（3）若 $\theta_0 = 1$ 且 $S_0^- \neq 0, S_0^+ \neq 0$，则称决策单元 DMU_{i0} 为弱技术有效。其含义表示：当投入指标 X_0 可以减少 S_0^- 时，原产出指标 Y_0 仍可保持不变；或在投入指标 X_0 保持不变的情况下，可将产出指标 Y_0 提高 S_0^+。

当在 C^2R 模型中加入约束条件 $\sum\limits_{i=1}^{n} \lambda_i = 1$ 时，C^2R 模型就变成了一个规模收益可变的 C^2RS^2 模型，即：

$$F = \min\left[\theta - \varepsilon\left(\sum_{i=1}^{m} S_i^- + \sum_{i=1}^{s} S_i^+\right)\right]$$

$$s.t. \begin{cases} \sum\limits_{i=1}^{n} \lambda_i X_i + S^- = \theta \cdot X_0, S^- \geqslant 0 \\ \sum\limits_{i=1}^{n} \lambda_i Y_i - S^+ = Y_0, S^+ \geqslant 0 \\ \sum\limits_{i=1}^{n} \lambda_i = 1, \lambda_i \geqslant 0, i = 1,2,\cdots,n \end{cases} \quad (6\text{-}16)$$

C^2RS^2 模型主要用来评价技术的有效性。如果对某一决策单元进行评价时，C^2RS^2 评价有效而 C^2R 评价无效，则表明该决策单元是技术有效的，规模无效的。

6.4.2 基于 DEA 的制造资源性能评价模型

DEA 是一种为了对决策单元的相对效率进行评价而建立的分析方法。其特点是排除了主观性因素的影响，既不需要事先确定各输入、输出指标之间的权重，也不需要确定其相互之间的函数表达式。而且作为一种非参数的统计分析方法，也无须统一量纲。鉴于此，可以将该方法应用于现代制造企业制造过程中对制造资源的性能评价问题，不仅能够区分各个决策单元的相对有效性，还能指出无效单元改进的方向。

由于制造过程的制造资源性能评价的目的在于,对同类型组织过程制造资源任务执行性能效率进行比较,因此,在此选用 C²R 模型进行求解。但是由于 C²R 模型只能对 *DMU* 是否有效进行判断,当两个或多个 *DMU* 同时有效时,无法进行排序。为解决这个问题,本书采用 Andersen 等人提出的 C²R 修正模型对决策单元的综合有效性进行排序。其模型可表示为:

$$F = \min\left[\theta - \varepsilon\left(\sum_{i=1}^{m} S_i^- + \sum_{i=1}^{s} S_i^+\right)\right]$$

$$s.t. \begin{cases} \sum_{i=1}^{n} \lambda_i X_i + S^- = \theta \cdot X_0, S^- \geqslant 0 \\ \\ \sum_{i=1}^{n} \lambda_i Y_i - S^+ = Y_0, S^+ \geqslant 0 \\ \\ \lambda_i \geqslant 0, i = 1, 2, \cdots, n \end{cases} \tag{6-17}$$

它与式(6-15)的区别在于:当对 DMU_k 进行有效性评价时,将不考虑 DMU_k 作为参照集的成员的情况,这样 θ 就度量了 DMU_k 到新生成的有效前沿面的距离,距离越远则 DMU_k 的相对有效性越好。令该模型的最优解为 $\theta^*, \lambda_i^*, S_i^{-*}, S_i^{+*}$,则可以进行如下调整:令 $x_0' = x_0 - S^{-*}, y_0' = y_0 - S^{+*}$,则 (x_0', y_0') 为 (x_0, y_0) 在有效前沿面上的投影,使得原来无效的 *DMU* 变得有效。这就是进行效率改进的理论基础。

6.4.3　基于 DEA 的制造资源性能评价步骤

在制造资源执行过程性能评价 DEA 分析模型的基础上,围绕复杂任务进行制造资源性能评价及分析其改进策略,步骤如下:

步骤 1:确定评价模型输入、输出指标。对于复杂任务制造过程制造资源性能评价问题而言,可以将各类资源的投入值与各种收益的产出值作为输入、输出指标。

步骤 2:选择合适的评价单元。选择的对象应具有相同类型的目标、任务、外部环境等。在复杂任务制造过程中,同一个车间内的各制造资源有着相同的成本输入与收益输出,因此可以将各个制造资源看作评价模型中的 *DMU*。

步骤 3:根据相关的统计数据结果,建立制造过程制造资源性能评价输入向量集和收益输出向量集。

步骤4:选定评价模型。根据问题的背景和评价任务的需要,选择合适的DEA评价模型。

步骤5:根据选定的评价模型计算各个决策单元的相对效率值,判断其是否有效。分析无效决策单元无效的原因,并结合制造资源实际情况提出改进方案。

6.5　基于直觉模糊OWA-TOPSIS的制造资源执行过程评估方法

为了展示在直觉模糊环境下不同TOPSIS累积方法评估各制造资源服务执行性能的优劣性,本节将有序加权平均OWA(Order Weighted Average)算子与TOPSIS累积方法进行集成[13],并通过改变OWA算子的参数值来观察其综合评估结果的敏感性。

6.5.1　IFOWA

有序加权平均OWA算子是美国学者Yager于1988年提出的[14]。这是一种对一组数据按照大小排序进行加权平均的决策方法。近年来,对该方法的相关研究很多,很多不同的方法被提出,比如直觉模糊有序加权平均IFOWA(Intuitionistic Fuzzy Ordered Weighted Averaging)算子[15]、诱导广义有序加权平均IGOWA(Induced Generalized Ordered Weighted Averaging)算子、诱导广义直觉模糊有序加权平均IGIFOWA(Induced Generalized Intuitionistic Fuzzy Ordered Weighted Averaging)算子[16]、准直觉模糊有序加权平均QIFOWA(Quasi Intuitionistic Fuzzy Ordered Weighted Averaging)算子[17]等。其应用领域也比较广泛,比如:逻辑规划、医疗诊断、多属性决策、机器学习、模式识别、市场预测等。下面给出OWA在直觉模糊环境下的拓展。

定义 6-1　设 $IFOWA: R^n \to R$,如果

$$IFOWA_W(a_1, a_2, \cdots, a_n) = IFOWA\Lambda_W((\mu_{a_1}, v_{a_1}), (\mu_{a_2}, v_{a_2}), \cdots, (\mu_{a_n}, v_{a_n}))$$

$$= w_1 a_{\alpha(1)} \oplus w_2 a_{\alpha(2)} \oplus \cdots \oplus w_n a_{\alpha(n)}$$

$$= \left(1 - \prod_{i=1}^{n} (1 - \mu_{a_{\alpha(i)}})^{w_i}, \prod_{i=1}^{n} (v_{a_{\alpha(i)}})^{w_i}\right)$$

$$(6\text{-}18)$$

其中，$a_1, a_2, \cdots, a_n$ 是直觉模糊数，$\boldsymbol{W} = (w_1, w_2, \cdots, w_n)^{\mathrm{T}}$ 是与 IFOWA 算子关联的权重向量，$w_i \in [0, 1]$，$\sum_{i=1}^{n} w_i = 1$，且 $a_{\alpha(i)}$ 是直觉模糊数组 $(a_1, a_2, \cdots, a_n)$ 中第 i 大的元素，IFOWA 算子对直觉模糊数累计的结果仍然为直觉模糊数。

IFOWA 算子的特点是：对直觉模糊数 $a_1, a_2, \cdots, a_n$ 按从大到小的顺序重新进行排列后再加权集成，并且 w_i 与元素 a_i 没有任何关联，只与第 i 个位置有关。为了实现 IFOWA 算子的累积，下面给出直觉模糊数大小的比较规则。

定义 6-2　设 $a = (\mu_a, v_a)$，$b = (\mu_b, v_b)$ 是两个直觉模糊数，$s(a) = \mu_a - v_a$ 和 $s(b) = \mu_b - v_b$ 分别是 a 和 b 的得分值，$h(a) = \mu_a + v_a$ 和 $h(b) = \mu_b + v_b$ 分别是 a 和 b 的精确度，则有：

(1) 若 $s(a) < s(b)$，则直觉模糊数 $a < b$。

(2) 若 $s(a) = s(b)$，则有：

① 若 $h(a) = h(b)$，则直觉模糊数 $a = b$；

② 若 $h(a) < h(b)$，则直觉模糊数 $a < b$；

③ 若 $h(a) > h(b)$，则直觉模糊数 $a > b$。

在应用 IFOWA 算子进行累积操作的过程中，确定 IFOWA 算子的权重是关键的步骤。对于 n 个有序的直觉模糊数 $a_1, a_2, \cdots, a_n$，其第 i 个位置的权重值为

$$w_i = \left(\frac{i}{n}\right)^{\alpha} - \left(\frac{i-1}{n}\right)^{\alpha}, i = 1, \cdots, n \tag{6-19}$$

其中 α 表达了对不同累积元素的包含度，从语言学术语的角度考虑，其取值范围见表 6-4。这样通过改变 α 的值就可以观测累积结果的敏感性。

表 6-4　α 语言描述与数值对应表

语言描述	一个 One	少许 Few	一些 Some	一半 Half	许多 Many	大多数 Most	所有 All
α	0	0.1	0.5	1	2	10	1000

6.5.2　基于直觉模糊的评估标准模糊化

针对制造资源执行过程评估模型，本小节应用直觉模糊集 IFS(Intuitionistic Fuzzy Set) 的相关理论来处理性能指标的模糊性和不确定性[15,18]。直觉模糊集考虑了表示肯定的隶属度、表示否定的非隶属度和表示不确定的犹豫度三个方面的

信息,与传统的模糊集相比,能更准确地描述用户对事物属性的模糊性和不确定性。下面对直觉模糊集进行简单论述。

定义 6-3 设论域 $X = \{x_1, x_2, \cdots, x_n\}$ 是一个非空集合,则称

$$A = \{(x, \mu_A(x), v_A(x)) \mid x \in X\} \tag{6-20}$$

是直觉模糊集,其中 $\mu_A(x)$ 和 $v_A(x)$ 分别是 X 中元素 x 属于 A 的隶属度和非隶属度,有:

$$\mu_A : X \rightarrow [0,1], x \in X \rightarrow \mu_A(x) \in [0,1] \tag{6-21}$$

$$v_A : X \rightarrow [0,1], x \in X \rightarrow v_A(x) \in [0,1] \tag{6-22}$$

且满足条件

$$0 \leqslant \mu_A(x) + v_A(x) \leqslant 1, x \in X \tag{6-23}$$

此外

$$\pi_A(x) = 1 - \mu_A(x) - v_A(x), x \in X \tag{6-24}$$

$\pi_A(x)$ 表示 X 中元素 x 属于 A 的犹豫度。

为了直观地表示 $\mu_A(x)$、$v_A(x)$ 和 $\pi_A(x)$ 三者的关系,使用图 6-2 所示的几何表示。

设论域 $X = \{x_1, x_2, \cdots, x_n\}$ 是一个非空集合,$A = \{(x, \mu_A(x), v_A(x)) \mid x \in X\}$ 和 $B = \{(x, \mu_B(x), v_B(x)) \mid x \in X\}$ 是两个直觉模糊集,则有以下的运算规则:

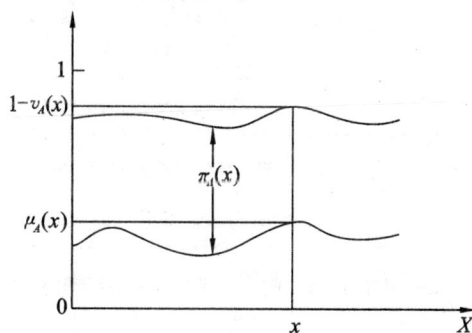

图 6-2 直觉模糊集的几何表示

(1) $A \bigcap B = \{(x, \min\{\mu_A(x), \mu_B(x)\}, \max\{v_A(x), v_B(x)\}) \mid x \in X\}$

(2) $A \bigcup B = \{(x, \max\{\mu_A(x), \mu_B(x)\}, \min\{v_A(x), v_B(x)\}) \mid x \in X\}$

(3) $A \bigoplus B = \{(x, \mu_A(x) + \mu_B(x) - \mu_A(x)\mu_B(x), v_A(x)v_B(x)) \mid x \in X\}$

(4) $A \bigotimes B = \{(x, \mu_A(x)\mu_B(x), v_A(x) + v_B(x) - v_A(x)v_B(x)) \mid x \in X\}$

(5) $\lambda A = \{(x, 1 - [1 - \mu_A(x)]^\lambda, [v_A(x)]^\lambda) \mid x \in X\}$

针对制造任务执行过程评估模型,选取五个客观评估类指标——时间、成本、可靠性、匹配度、安全性,对其进行模糊化处理,但这些指标的计算模型并不在此讨论,具体可参考文献[19]。而其他的指标,如任务完工质量、执行过程柔性、资源服务间的协同度等,由于其建模过程比较复杂,且针对不同的任务类型会有变化,

因此其评估值由评估决策者来确定。为了模糊化各客观评估标准的性能值,一个 11 等级的语言变量被应用,如表 6-5 所示。

表 6-5　11 级语言变量对应的直觉模糊值

模糊等级	语言变量	直觉模糊值	隶属度范围
1	Extremely bad/extremely high	[0.00,1.00]	[0.00,0.00]
2	Very very bad/very very low	[0.00,0.90]	[0.00,0.10]
3	Very bad/very low	[0.10,0.75]	[0.10,0.25]
4	Bad/low	[0.25,0.60]	[0.25,0.40]
5	Medium bad/medium low	[0.40,0.50]	[0.40,0.50]
6	Fair/medium	[0.50,0.40]	[0.50,0.60]
7	Medium good/medium high	[0.60,0.30]	[0.60,0.70]
8	Good (G)/high (H)	[0.70,0.20]	[0.70,0.80]
9	Very good/very high	[0.80,0.10]	[0.80,0.90]
10	Very very good/very very high	[0.90,0.00]	[0.90,1.00]
11	Extremely good/extremely high	[1.00,0.00]	[1.00,1.00]

时间、成本、可靠性、匹配度和安全性的模糊化处理方法如下:

(1) 时间、成本模糊化

设定在任务执行过程中各阶段的时间范围是 $[T_{min}, T_{max}]$,其中 T_{min} 和 T_{max} 分别是所需时间的最小值和最大值。实际过程中,任务执行时间在各阶段中是动态变化的,模糊化后 $\widetilde{T}$ 可以表示为:

$$\widetilde{T} = \begin{cases} [0,0] & T \leqslant T_{min} \\ T_k & T_{min} < T < T_{max} \\ [1,1] & T \geqslant T_{max} \end{cases} \tag{6-25}$$

其中,k 表示直觉模糊评估的等级;T_k 是 $(T-T_{min})/(T_{max}-T_{min})$ 隶属度值所对应的直觉模糊值。比如某子任务与资源服务匹配时可接受的时间范围为 $[2, 10]$(单位:天),其完成时间大约是 5 天,则其值 $(5-2)/(10-2) = 0.375$,在隶属度范围 $[0.25,0.40]$ 内,对应的模糊值 T_k 为 $[0.25,0.60]$。鉴于时间和成本同属于可加性评估指标,因此类似于时间的模糊化,成本的模糊化如式(6-26)所示。

$$\widetilde{C} = \begin{cases} [0,0] & C \leqslant C_{\min} \\ C_k & C_{\min} < C < C_{\max} \\ [1,1] & C \geqslant C_{\max} \end{cases} \tag{6-26}$$

（2）匹配度、可靠性、安全性模糊化

任务执行过程中涉及的匹配度的范围是[0,100%]，而具体的任务执行过程中会要求一个最低的百分数，低于这个值即被认为不满足任务要求，这样，其范围变为$[M_{\min},100\%]$，模糊化后$\widetilde{Mat}$可以表示为：

$$\widetilde{Mat} = \begin{cases} [0,0] & Mat \leqslant Mat_{\min} \\ Mat_k & Mat_{\min} < Mat < 100\% \\ [1,1] & Mat = 100\% \end{cases} \tag{6-27}$$

类似于匹配度的模糊化，可靠性、安全性的模糊化分别如式（6-28）和式（6-29）所示。

$$\widetilde{Rel} = \begin{cases} [0,0] & Rel \leqslant Rel_{\min} \\ Rel_k & Rel_{\min} < Rel < 100\% \\ [1,1] & Rel = 100\% \end{cases} \tag{6-28}$$

$$\widetilde{Saf} = \begin{cases} [0,0] & Saf \leqslant Saf_{\min} \\ Saf_k & Saf_{\min} < Saf < 100\% \\ [1,1] & Saf = 100\% \end{cases} \tag{6-29}$$

对于制造资源执行过程中的其他三个指标（完工质量、执行过程柔性、资源服务间的协同度），由评估决策者给出模糊评估值。

因此，对制造资源执行过程的性能评估，其核心在于评估制造任务执行过程中与之对应的制造资源的执行情况，也就是执行每个子任务的制造资源的性能表现。下面应用 TOPSIS 多属性决策方法实现对每个制造资源的性能评估。

6.5.3　直接模糊 TOPSIS

TOPSIS 分析法是由 Hwang 和 Yoon 于 1981 年提出的[20,21]。虽然 TOPSIS 分析法已被广泛用来解决多属性决策问题，但在处理模糊性与不确定性问题上还存在一定的不足。对此，应用模糊数学来表达事物的模糊性是一个比较好的解决方法。这样，TOPSIS 方法被扩展到模糊环境中来解决方案排序与性能评估问题。本节以直觉模糊数为属性评估的描述方法，直觉模糊 TOPSIS 方法的步骤可以概括如下：

步骤 1：构建性能评估决策矩阵。

针对云制造任务执行过程评估模型，将其评估属性或标准泛化为含有 n 个元素的集合 $C = (c_1, c_2, \cdots, c_j, \cdots, c_n)$，待评估的制造任务执行过程中的 m 个资源服务表示为 $RS = (rs_1, rs_2, \cdots, rs_i, \cdots, rs_m)$，那么其评估决策矩阵就是一个 m 行 n 列的矩阵结构，如表 6-6 所示。

表 6-6　资源服务执行性能评估决策矩阵

	标准 1	标准 2	$\cdots$	标准 j	$\cdots$	标准 n
资源服务 1	(μ_{11}, v_{11})	(μ_{12}, v_{12})	$\cdots$	(μ_{1j}, v_{1j})	$\cdots$	(μ_{1n}, v_{1n})
资源服务 2	(μ_{21}, v_{21})	(μ_{22}, v_{22})	$\cdots$	(μ_{2j}, v_{2j})	$\cdots$	(μ_{2n}, v_{2n})
$\cdots$	$\cdots$	$\cdots$	$\cdots$	$\cdots$	$\cdots$	$\cdots$
资源服务 i	(μ_{i1}, v_{i1})	(μ_{i2}, v_{i2})	$\cdots$	(μ_{ij}, v_{ij})	$\cdots$	(μ_{in}, v_{in})
$\cdots$	$\cdots$	$\cdots$	$\cdots$	$\cdots$	$\cdots$	$\cdots$
资源服务 m	(μ_{m1}, v_{m1})	(μ_{m2}, v_{m2})	$\cdots$	(μ_{mj}, v_{mj})	$\cdots$	(μ_{mn}, v_{mn})

其中元素值即直觉模糊数 $a_{ij} = (\mu_{ij}, v_{ij})$，$i = 1, 2, \cdots, m$；$j = 1, 2, \cdots, n$，用于表征第 i 个资源服务在第 j 个评估标准下的性能表现水平。

步骤 2：构造权重标准化矩阵。

对性能评估矩阵的属性或标准进行加权操作，设第 j 个属性或标准的权重值为 w_j，满足 $\sum_{j=1}^{n} w_j = 1$。获得带权重的评估矩阵，如式（6-30）所示。

$$f_{ij} = w_j a_{ij} = (1 - (1 - \mu_{ij})^{w_j}, (v_{ij})^{w_j}) \tag{6-30}$$

步骤 3：获得各标准的最佳评估方案集合 F^+ 和最差评估方案集合 F^-。对于效益型标准 C_b 与成本型标准 C_c，其 F^+ 和 F^- 分别由式（6-31）和式（6-32）获得。

$$F^+ = \{f_1^+, f_2^+, \cdots, f_n^+\} = \{(\max_{i=1}^{m} f_{ij} \mid j \in C_b), (\min_{i=1}^{m} f_{ij} \mid j \in C_c)\} \tag{6-31}$$

$$F^- = \{f_1^-, f_2^-, \cdots, f_n^-\} = \{(\min_{i=1}^{m} f_{ij} \mid j \in C_b), (\max_{i=1}^{m} f_{ij} \mid j \in C_c)\} \tag{6-32}$$

步骤4：获得各资源服务在不同标准下评估值与最佳评估方案、最差评估方案之间的距离。

各个评估值与最佳评估方案之间的距离 D_i^+ 表示为：

$$D_i^+ = d(f_{ij}, f_j^+) = \sqrt{\frac{1}{n} \sum_{j=1}^n \left[(\mu_{f_{ij}} - \mu_{f_j^+})^2 + (v_{f_{ij}} - v_{f_j^+})^2 + (\pi_{f_{ij}} - \pi_{f_j^+})^2 \right]}$$

(6-33)

类似地，各个评估值与最差评估方案之间的距离 D_i^- 表示为：

$$D_i^- = d(f_{ij}, f_j^-) = \sqrt{\frac{1}{n} \sum_{j=1}^n \left[(\mu_{f_{ij}} - \mu_{f_j^-})^2 + (v_{f_{ij}} - v_{f_j^-})^2 + (\pi_{f_{ij}} - \pi_{f_j^-})^2 \right]}$$

(6-34)

步骤5：计算 D_i^- 和 D_i^+ 的相对比 D_i^*。

$$D_i^* = \frac{D_i^-}{D_i^- + D_i^+}, i = 1, 2, \cdots, m$$

(6-35)

步骤6：对各资源服务进行排序。

按照 D_i^* 进行降序排列，可以获得各资源服务在任务执行过程中的性能优劣比较。

6.5.4 直觉模糊 OWA-TOPSIS

为了观察直觉模糊 TOPSIS 在累积过程中的性能表现，将其与 IFOWA 算子进行集成。在直觉模糊 TOPSIS 中，不同的累积过程会产生不同的累积结果，而不同的累积过程中，其最佳评估方案与最差评估方案的确定是不同的。因此，在 IFOWA 与直觉模糊 TOPSIS 集成的过程中，重要的两个方面就是性能累积过程和确定最佳评估方案与最差评估方案。为了描述的方便，引入以下的变量表示：

(1) $RS = \{rs_i \mid i = 1, 2, \cdots, m\}$，表示与子任务执行相对应的待评估的资源服务；

(2) $C = \{c_j \mid j = 1, 2, \cdots, n\} = C_b \bigcup C_c$，表示子任务执行过程中资源服务性能的评估标准，包括效益型标准和成本型标准；

(3) $DM = \{DM_k \mid k = 1, 2, \cdots, l\}$，表示资源服务性能评估的决策者；

(4) f_{ij}^k 表示决策者 DM_k 对资源服务 rs_i 在性能评估标准 c_j 下的模糊评估值，其中 f_j^{k+} 和 f_j^{k-} 分别是其对应的最佳评估方案和最差评估方案；

（5）f_{ij} 表示资源服务 rs_i 在性能评估标准 c_j 下对所有决策的评估值的累积值,其中 f_j^+ 和 f_j^- 分别是其对应的最佳评估方案和最差评估方案;

（6）f_i^k 表示决策者 DM_k 对资源服务 rs_i 在所有性能评估标准上的模糊累积,其中 f^{k+} 和 f^{k-} 分别是其对应的最佳评估方案和最差评估方案;

（7）f_i 表示资源服务 rs_i 总的性能评估值,其中 f^+ 和 f^- 分别是其对应的最佳评估方案和最差评估方案;

（8）d_{ij}^{k+} 和 d_{ij}^{k-} 分别表示模糊评估值 f_{ij}^k 与最佳评估方案 f_j^{k+}、最差评估方案 f_j^{k-} 的距离值;

（9）D_i^{k+} 和 D_i^{k-} 分别表示累积模糊值 f_i^k 与最佳评估方案 f^{k+}、最差评估方案 f^{k-} 的距离值;

（10）D_{ij}^+ 和 D_{ij}^- 分别表示累积模糊值 f_{ij} 与最佳评估方案 f_j^+、最差评估方案 f_j^- 的距离值;

（11）D_i^+ 和 D_i^- 分别表示总的评估累积模糊值 f_i 与最佳评估方案 f^+、最差评估方案 f^- 的距离值。

为了获得最终子任务执行的性能优劣评估,在结合 IFOWA 算子进行评估标准加权累积操作时,将 TOPSIS 方法拓展为六种不同的信息累积过程。同时为了表达方便,将 IFOWA 累积过程表示为 $IFOWA_w$,评估标准加权累积操作记为 $MADM_w$。在直觉模糊环境下,集成 IFOWA 操作到 TOPSIS 过程中的六类不同累积过程的描述如下:

（1）$s\text{-}p\text{-}d$ 型累积

$$\{f_{ij}^k\} \xrightarrow{IFOWA_w} \{f_{ij}\} \xrightarrow{MADM_w} \{f_i\} \xrightarrow{PNIP} \left. \begin{cases} \{D_i^+\} \\ \{D_i^-\} \end{cases} \right\} D_i$$

对于 $s\text{-}p\text{-}d$ 型累积过程,首先通过 $IFOWA_w$ 操作算子将评估决策者的评估值进行累积,获得累积模糊值 f_{ij},再通过属性或标准加权操作获得最终的子任务资源服务 rs_i 的模糊评估值,接着获得最佳和最差评估方案,实现评估值的距离映射,从而实现待评估资源服务 rs_i 的优劣排序。

（2）$p\text{-}s\text{-}d$ 型累积

$$\{f_{ij}^k\} \xrightarrow{MADM_w} \{f_i^k\} \xrightarrow{IFOWA_w} \{f_i\} \xrightarrow{PNIP} \left. \begin{cases} \{D_i^+\} \\ \{D_i^-\} \end{cases} \right\} D_i$$

对于 p-s-d 型累积过程,首先通过 $MADM_w$ 标准加权操作获得对不同评估标准的累积,获得累积模糊值 f_i^k,再通过 $IFOWA_w$ 操作算子将评估决策者的评估值进行累积,最终获得执行子任务资源服务 rs_i 的模糊评估值 f_i,接着获得最佳和最差评估方案,实现评估值的距离映射,从而获得待评估资源服务 rs_i 的优劣排序。

(3) s-d-p 型累积

$$\{f_{ij}^k\} \xrightarrow{IFOWA_w} \{f_{ij}\} \xrightarrow{PNIP} \left\{ \begin{array}{l} \{D_{ij}^+\} \\ \{D_{ij}^-\} \end{array} \right. \xrightarrow{MADM_w} \left. \begin{array}{l} \{D_i^+\} \\ \{D_i^-\} \end{array} \right\} D_i$$

对于 s-d-p 型累积过程,首先通过 $IFOWA_w$ 操作算子将评估决策者的评估值进行累积,对获得的累积模糊值 f_{ij} 寻求最佳评估方案 f_j^+ 和最差评估方案 f_j^-,并实现累积模糊值 f_{ij} 的距离映射,通过 $MADM_w$ 标准加权操作获得对不同评估标准的累积,最终获得执行子任务资源服务 rs_i 的优劣排序。

(4) p-d-s 型累积

$$\{f_{ij}^k\} \xrightarrow{MADM_w} \{f_i^k\} \xrightarrow{PNIP} \left\{ \begin{array}{l} \{D_i^{k+}\} \\ \{D_i^{k-}\} \end{array} \right. \xrightarrow{IFOWA_w} \left. \begin{array}{l} \{D_i^+\} \\ \{D_i^-\} \end{array} \right\} D_i$$

对于 p-d-s 型累积过程,首先通过 $MADM_w$ 标准加权操作获得对不同评估标准的累积,对获得的累积模糊值 f_i^k 寻求最佳评估方案 f^{k+} 和最差评估方案 f^{k-},并计算 f_i^k 与二者间的距离,通过 $IFOWA_w$ 操作算子将评估决策者的信息进行累积,最终获得待评估资源服务 rs_i 的优劣排序。

(5) d-s-p 型累积

$$\{f_{ij}^k\} \xrightarrow{PNIP} \left\{ \begin{array}{l} \{d_{ij}^{k+}\} \\ \{d_{ij}^{k-}\} \end{array} \right. \xrightarrow{IFOWA_w} \left. \begin{array}{l} \{D_{ij}^+\} \\ \{D_{ij}^-\} \end{array} \right. \xrightarrow{MADM_w} \left. \begin{array}{l} \{D_i^+\} \\ \{D_i^-\} \end{array} \right\} D_i$$

对于 d-s-p 型累积过程,首先对模糊评估值 f_{ij}^k 寻求其对应的最佳评估方案 f_j^{k+} 和最差评估方案 f_j^{k-},并计算每一评估值与二者间的距离,接着对 d_{ij}^{k+} 和 d_{ij}^{k-} 通过 $IFOWA_w$ 操作算子将评估决策者的信息进行累积,对获得的累积距离 D_{ij}^+ 和 D_{ij}^- 进行属性或标准加权操作以实现不同评估标准的累积,最终获得执行子任务资源服务 rs_i 的优劣排序。

(6) d-p-s 型累积

$$\{f_{ij}^k\} \xrightarrow{PNIP} \left\{ \begin{array}{l} \{d_{ij}^{k+}\} \\ \{d_{ij}^{k-}\} \end{array} \right. \xrightarrow{MADM_w} \left. \begin{array}{l} \{D_i^{k+}\} \\ \{D_i^{k-}\} \end{array} \right. \xrightarrow{IFOWA_w} \left. \begin{array}{l} \{D_i^+\} \\ \{D_i^-\} \end{array} \right\} D_i$$

对于 d-p-s 型累积过程,首先对模糊评估值 f_{ij}^k 寻求其对应的最佳评估方案 f_j^{k+} 和最差评估方案 f_j^{k-},并计算每一评估值与二者间的距离,接着对 d_{ij}^{k+} 和 d_{ij}^{k-} 进行属性或标准加权操作获得不同评估标准的累积,进而对获得的距离值通过 $IFOWA_w$ 操作算子将评估决策者的信息进行累积,最终获得待评估资源服务 rs_i 的优劣排序。

在上述六类不同的累积操作中,关键的问题在于识别最佳评估方案和最差评估方案,同时上述六类不同的累积过程中共涉及四种不同的最佳、最差评估方案,每一种分述如下:

(1) 对于 s-p-d 型和 p-s-d 型累积过程,其模糊评估值需要转换为统一的效益型评估或成本型评估,其最佳、最差评估方案识别过程如下:

① 对于效益型评估,其最佳、最差评估方案点分别是 $f^+ = (\max\mu_i, \min v_i)$, $f^- = (\min\mu_i, \max v_i)$,即在模糊评估值的隶属度和非隶属度中寻求最大和最小值。

② 对于成本型评估,其最佳、最差评估方案点与效益型评估相反,分别是 $f^+ = (\min\mu_i, \max v_i)$ 和 $f^- = (\max\mu_i, \min v_i)$。

可以看出,对于 s-p-d 型和 p-s-d 型累积过程,其最佳、最差评估方案点只有一个。

(2) 对于 s-d-p 型累积过程,针对每一评估标准存在一对最佳、最差评估方案点,其识别过程如下:

① 对于效益型评估标准 $j \in C_b$,模糊累积值 $f_{ij_b} = (\mu_{ij_b}, v_{ij_b})$ 的最佳、最差评估方案点分别是 $f_{j_b}^+ = (\max\mu_{ij_b}, \min v_{ij_b})$ 和 $f_{j_b}^- = (\min\mu_{ij_b}, \max v_{ij_b})$。

② 对于成本型评估标准 $j \in C_c$,其最佳、最差评估方案点与效益型评估相反,分别是 $f_{j_c}^+ = (\min\mu_{ij_c}, \max v_{ij_c})$ 和 $f_{j_c}^- = (\max\mu_{ij_c}, \min v_{ij_c})$。

(3) 对于 p-d-s 型累积过程,针对每一评估决策者存在一对最佳、最差评估方案点,其识别过程如下:

① 对于效益型评估,其最佳、最差评估方案点分别是 $f^{k+} = (\max\mu_i^k, \min v_i^k)$ 和 $f^{k-} = (\min\mu_i^k, \max v_i^k)$。

② 对于成本型评估,其最佳、最差评估方案点与效益型评估相反,分别是 $f^{k+} = (\min\mu_i^k, \max v_i^k)$ 和 $f^{k-} = (\max\mu_i^k, \min v_i^k)$。

(4) 对于 d-s-p 型和 d-p-s 型累积过程,针对每一评估值存在 $n \times l$ 对最佳、最差评估方案点,其识别过程如下:

① 对于效益型评估标准 $j \in C_b$,模糊评估值 $f_{ij_b}^k = (\mu_{ij_b}^k, v_{ij_b}^k)$ 的最佳、最差评

估方案点分别是 $f_{j_b}^{k+} = (\max\mu_{ij_b}^k, \min\upsilon_{ij_b}^k)$ 和 $f_{j_b}^{k-} = (\min\mu_{ij_b}^k, \max\upsilon_{ij_b}^k)$。

② 对于成本型评估标准 $j \in C_c$，其最佳、最差评估方案点与效益型评估相反，分别是 $f_{j_c}^{k+} = (\min\mu_{ij_c}^k, \max\upsilon_{ij_c}^k)$ 和 $f_{j_c}^{-} = (\max\mu_{ij_c}, \min\upsilon_{ij_c})$。

这样，在不同的累积过程中，最佳、最差评估方案被拓展为一个点、一个向量和一个矩阵的表示形式。同时，通过六种不同的信息累积过程，可以观察各累积过程对最终执行子任务资源服务的综合排序的影响。

6.5.5 算例分析

为了比较六种不同的累积方法，本小节选取某建材装备制造企业水泥磨进行任务执行过程的综合评价。按照水泥磨的 BOM 结构，水泥磨可以分为进料装置、进料端滑履轴承、回转体、出料端滑履轴承、出料装置五个部件。现在每一个部件由一个资源服务来完成，选取完工质量、制造过程柔性、协同度和异常预警能力四个评估指标，分别由 3 个不同的决策者进行评估，其模糊数据如表 6-7 所示。

表 6-7 制造服务执行情况评估数据

标准	企业	DM_1	DM_2	DM_3	标准	企业	DM_1	DM_2	DM_3
	rs_1	(0.70,0.20)	(0.80,0.10)	(0.70,0.20)		rs_1	(0.80,0.10)	(0.70,0.20)	(0.80,0.10)
	rs_2	(0.60,0.30)	(0.70,0.20)	(0.50,0.40)		rs_2	(0.70,0.20)	(0.60,0.30)	(0.60,0.30)
c_1	rs_3	(0.90,0.10)	(0.80,0.10)	(0.80,0.10)	c_3	rs_3	(0.80,0.10)	(0.80,0.10)	(0.70,0.20)
	rs_4	(0.60,0.30)	(0.70,0.20)	(0.70,0.20)		rs_4	(0.80,0.10)	(0.70,0.20)	(0.70,0.20)
	rs_5	(0.50,0.40)	(0.60,0.30)	(0.60,0.30)		rs_5	(0.70,0.20)	(0.60,0.30)	(0.60,0.30)
	rs_1	(0.60,0.30)	(0.60,0.30)	(0.60,0.30)		rs_1	(0.70,0.20)	(0.70,0.20)	(0.70,0.20)
	rs_2	(0.50,0.40)	(0.60,0.30)	(0.70,0.20)		rs_2	(0.60,0.30)	(0.50,0.40)	(0.60,0.30)
c_2	rs_3	(0.80,0.10)	(0.70,0.20)	(0.80,0.10)	c_4	rs_3	(0.80,0.10)	(0.80,0.10)	(0.70,0.20)
	rs_4	(0.50,0.40)	(0.50,0.40)	(0.60,0.30)		rs_4	(0.70,0.20)	(0.60,0.30)	(0.60,0.30)
	rs_5	(0.40,0.50)	(0.50,0.40)	(0.50,0.40)		rs_5	(0.50,0.40)	(0.60,0.30)	(0.60,0.30)

通过逐步改变 IFOWA 算子的 α 参数值来观察各累积方法对参数的敏感性。不同 α 对应的排序权重值如表 6-8 所示。

表 6-8 不同 α 对应的排序权重值

权重值	$\alpha = 0$	$\alpha = 0.1$	$\alpha = 0.5$	$\alpha = 1$	$\alpha = 2$	$\alpha = 10$	$\alpha = 1000$
r_1	1	0.8960	0.5774	0.3333	0.1111	0.0000	0
r_2	0	0.0643	0.2391	0.3333	0.3333	0.0173	0
r_3	0	0.0397	0.1835	0.3333	0.5556	0.9827	1

鉴于不同累积方法各自的特点，s-p-d 型、p-d-s 型和 p-s-d 型累积过程中的评估数据必须是统一的效益型或成本型评估值，因此，在数据累积之前需要将成本型评估值进行转化。比如对成本指标的评估，若其评估值为 High，那么从效益方面来说其评估值是 Low，其对应的转化关系如表 6-9 所示。而 s-d-p 型、d-s-p 型和 d-p-s 型累积可以同时对两种类型的评估值进行累积。

表 6-9 效益型与成本型评估数据的对应关系

效益型（成本型）	直觉模糊值	成本型（效益型）	直觉模糊值
Extremely good/extremely high	$[1.00, 0.00]$	Extremely bad/extremely high	$[0.00, 1.00]$
Very very good/very very high	$[0.90, 0.00]$	Very very bad/very very low	$[0.00, 0.90]$
Very good/very high	$[0.80, 0.10]$	Very bad/very low	$[0.10, 0.75]$
Good/high	$[0.70, 0.20]$	Bad/low	$[0.25, 0.60]$
Medium good/medium high	$[0.60, 0.30]$	Medium bad/medium low	$[0.40, 0.50]$
Fair/medium	$[0.50, 0.40]$	Fair/medium	$[0.50, 0.40]$

s-p-d 型、p-s-d 型和 p-d-s 型累积的排序结果如表 6-10 所示。s-d-p 型、d-s-p 型和 d-p-s 型累积的排序结果如表 6-11 所示。

表 6-10 s-p-d 型、p-s-d 型和 p-d-s 型累积的排序结果

累积类型	制造资源	$\alpha = 0$		$\alpha = 0.1$		$\alpha = 0.5$		$\alpha = 1$		$\alpha = 2$		$\alpha = 10$		$\alpha = 1000$	
		D_i	R_1	D_i	R_2	D_i	R_3	D_i	R_4	D_i	R_5	D_i	R_6	D_i	R_7
s-p-d 型	rs_1	0.4011	2	0.4277	2	0.5216	2	0.6091	2	0.7011	2	0.7232	2	0.7212	2
	rs_2	0.1989	4	0.2000	4	0.2066	4	0.2181	4	0.2416	4	0.2982	4	0.3007	4
	rs_3	1.0000	1	1.0000	1	1.0000	1	1.0000	1	1.0000	1	1.0000	1	1.0000	1
	rs_4	0.3471	3	0.3475	3	0.3490	3	0.3512	3	0.3577	3	0.3902	3	0.3921	3
	rs_5	0.0000	5	0.0000	5	0.0000	5	0.0000	5	0.0000	5	0.0000	5	0.0000	5

累积类型	制造资源	$\alpha = 0$		$\alpha = 0.1$		$\alpha = 0.5$		$\alpha = 1$		$\alpha = 2$		$\alpha = 10$		$\alpha = 1000$	
		D_i	R_1	D_i	R_2	D_i	R_3	D_i	R_4	D_i	R_5	D_i	R_6	D_i	R_7
p-s-d 型	rs_1	0.4777	2	0.4934	2	0.5508	2	0.6091	2	0.6855	2	0.7858	2	0.7893	2
	rs_2	0.0757	4	0.0933	4	0.1565	4	0.2181	4	0.2959	4	0.4018	3	0.4058	3
	rs_3	1.0000	1	1.0000	1	1.0000	1	1.0000	1	1.0000	1	1.0000	1	1.0000	1
	rs_4	0.2671	3	0.2782	3	0.3171	3	0.3512	3	0.3800	3	0.3522	4	0.3493	4
	rs_5	0.0000	5	0.0000	5	0.0000	5	0.0000	5	0.0000	5	0.0000	5	0.0000	5
p-d-s 型	rs_1	0.5170	2	0.5303	2	0.5804	2	0.6343	2	0.7106	2	0.8235	2	0.8275	2
	rs_2	0.2374	4	0.2403	4	0.2504	4	0.2599	4	0.2689	4	0.2525	4	0.2507	4
	rs_3	1.0000	1	1.0000	1	1.0000	1	1.0000	1	1.0000	1	1.0000	1	1.0000	1
	rs_4	0.3540	3	0.3577	3	0.3714	3	0.3853	3	0.4013	3	0.4044	3	0.4038	3
	rs_5	0.0000	5	0.0000	5	0.0000	5	0.0000	5	0.0000	5	0.0000	5	0.0000	5

表 6-11 s-d-p 型、d-s-p 型和 d-p-s 型累积的排序结果

累积类型	制造资源	$u = 0$		$u = 0.1$		$u = 0.5$		$u = 1$		$u = 2$		$u = 10$		$u = 1000$	
		D_i	R_1	D_i	R_2	D_i	R_3	D_i	R_4	D_i	R_5	D_i	R_6	D_i	R_7
s-d-p 型	rs_1	0.4808	2	0.4880	2	0.5175	2	0.5547	2	0.6108	2	0.6361	1	0.6362	1
	rs_2	0.4399	3	0.4310	3	0.4045	4	0.3903	4	0.3978	4	0.4769	3	0.4819	3
	rs_3	0.7082	1	0.7088	1	0.7127	1	0.7207	1	0.7267	1	0.6350	2	0.6302	2
	rs_4	0.4113	4	0.4136	4	0.4225	3	0.4349	3	0.4552	3	0.3470	4	0.4606	4
	rs_5	0.2918	5	0.2870	5	0.2718	5	0.2617	5	0.2592	5	0.2788	5	0.2804	5
d-s-p 型	rs_1	0.5128	2	0.5156	2	0.5277	2	0.5445	2	0.7106	2	0.8235	2	0.7047	2
	rs_2	0.3740	3	0.3782	3	0.3937	4	0.4099	4	0.2689	4	0.2525	4	0.4317	4
	rs_3	0.6463	1	0.6517	1	0.6719	1	0.6936	1	1.0000	1	1.0000	1	0.7509	1
	rs_4	0.3639	4	0.3715	4	0.4010	3	0.4348	3	0.4013	3	0.4044	3	0.5566	3
	rs_5	0.3025	5	0.2983	5	0.2821	5	0.2645	5	0.0000	5	0.0000	5	0.2410	5
d-p-s 型	rs_1	0.5064	2	0.5104	2	0.5261	2	0.5445	2	0.5737	2	0.6274	2	0.6295	2
	rs_2	0.3577	4	0.3630	4	0.3842	4	0.4099	4	0.4535	4	0.5465	3	0.5506	3
	rs_3	0.6957	1	0.6962	1	0.6965	1	0.6936	1	0.6816	1	0.6325	1	0.6299	1
	rs_4	0.3611	3	0.3705	3	0.4039	3	0.4348	3	0.4650	3	0.4501	4	0.4479	4
	rs_5	0.3043	5	0.2993	5	0.2813	5	0.2645	5	0.2471	5	0.2494	5	0.2502	5

　　从表 6-10 和表 6-11 中 42 个不同的累积结果可以看出,占主导的排序结果为:$rs_3 > rs_1 > rs_4 > rs_2 > rs_5$。

　　为了比较六种不同的累积方法,将 s-d-p 型、d-s-p 型和 d-p-s 型的累积数据源统一转换为效益型评估,以方便与 s-p-d 型、p-d-s 型和 p-s-d 型的进行比较,对此将其记为 s-d-$p(b)$ 型、d-s-$p(b)$ 型和 d-p-$s(b)$ 型,其累积结果如表 6-12 所示。

表 6-12　s-d-$p(b)$ 型、d-s-$p(b)$ 型和 d-p-$s(b)$ 型累积的排序结果

累积类型	制造资源	$\alpha = 0$		$\alpha = 0.1$		$\alpha = 0.5$		$\alpha = 1$		$\alpha = 2$		$\alpha = 10$		$\alpha = 1000$	
		D_i	R_1	D_i	R_2	D_i	R_3	D_i	R_4	D_i	R_5	D_i	R_6	D_i	R_7
s-d-$p(b)$ 型	rs_1	0.4069	2	0.4246	2	0.4877	2	0.5456	2	0.6087	2	0.6209	2	0.6202	2
	rs_2	0.3433	4	0.3418	4	0.3411	4	0.3485	4	0.3552	4	0.3618	4	0.3627	4
	rs_3	0.7962	1	0.7926	1	0.7841	1	0.7792	1	0.7781	1	0.7748	1	0.7752	1
	rs_4	0.3890	3	0.3907	3	0.3967	3	0.4003	3	0.3994	3	0.3775	3	0.3764	3
	rs_5	0.2038	5	0.2027	5	0.1989	5	0.1919	5	0.1800	5	0.1417	5	0.1403	5
d-s-$p(b)$ 型	rs_1	0.5207	2	0.5206	2	0.5216	2	0.5252	2	0.5381	2	0.6046	1	0.6091	1
	rs_2	0.4146	3	0.4201	3	0.4419	3	0.4671	3	0.5061	3	0.5660	3	0.5681	3
	rs_3	0.6033	1	0.6067	1	0.6179	1	0.6265	1	0.6287	1	0.5834	2	0.5803	2
	rs_4	0.3793	4	0.3815	4	0.4140	4	0.4430	4	0.4810	4	0.5078	4	0.5077	4
	rs_5	0.3379	5	0.3338	5	0.3181	5	0.3020	5	0.2838	5	0.2941	5	0.2958	5
d-p-$s(b)$ 型	rs_1	0.5157	2	0.5157	2	0.5180	2	0.5252	2	0.5468	2	0.6256	1	0.6297	1
	rs_2	0.4049	3	0.4116	3	0.4375	3	0.4671	3	0.5135	3	0.6019	2	0.6056	2
	rs_3	0.6450	1	0.6432	1	0.6358	1	0.6265	1	0.6100	1	0.5712	3	0.5695	3
	rs_4	0.3744	4	0.3831	4	0.4137	4	0.4430	4	0.4769	4	0.4974	4	0.4972	4
	rs_5	0.3550	5	0.3477	5	0.3229	5	0.3020	5	0.2858	5	0.3147	5	0.3172	5

　　从表 6-10 和表 6-11 可以看出,d-s-p 型和 d-p-s 型与其他四种累积结果不同,其原因在于权重值操作与极值点的距离上,而并非评估值上;从表 6-11 和表 6-12 可以看出,数据源转化过程中存在信息损失;从表 6-12 可以看出,s-d-p 型比 d-s-p 型和 d-p-s 型有更强的敏感性。因此,对不同的评估情况应合理选用不同的累积方法。

参 考 文 献

[1] Yu X B,Guo S S,Guo J,et al. Rank B2C e-commerce websites in e-alliance based on AHP and fuzzy TOPSIS[J]. Expert Systems with Applications, 2011,38(4):3550-3557.

[2] Chang C W,Wu C R,Chen H C. Using expert technology to select unstable slicing machine to control wafer slicing quality via fuzzy AHP[J]. Expert Systems with Applications,2008,34(3):2210-2220.

[3] 张晓慧,冯英浚. 一种非线性模糊综合评价模型[J]. 系统工程理论与实践,2005, 10:54-59.

[4] 段礼祥,张来斌,钱永梅. AHP-模糊综合评价法在离心泵安全评价中的应用 [J]. 中国安全生产科学技术,2011,2:127-131.

[5] Yang F,Wu D,Liang L,et al. Supply chain DEA:production possibility set and performance evaluation model[J]. Annual Operation Research,2009, 185(1):195-211.

[6] Liu S T. A fuzzy DEA/AR approach to the selection of flexible manufacturing systems[J]. Computers & Industrial Engineering,2008,54(1):66-76.

[7] Boran F E,Genc S,Kurt M,et al. A multi-criteria intuitionistic fuzzy group decision making for supplier selection with TOPSIS method[J]. Expert Systems with Applications,2009,36(8):11363-11368.

[8] Yue Z. An extended TOPSIS for determining weights of decision makers with interval numbers[J]. Knowledge-Based Systems,2011,24(1):146-153.

[9] 江高. 模糊层次综合评价法及其应用[D]. 天津:天津大学,2005.

[10] 吴丽萍. 模糊综合评价方法及其应用研究[D]. 太原:太原理工大学,2006.

[11] John D L,Tee K H. Data envelopment analysis models of investment funds [J]. European Journal of Operational Research,2012,216:687-696.

[12] 陈世宗,赖邦传,陈晓红. 基于 DEA 的企业绩效评价方法[J]. 系统工程, 2005,23(6):99-104.

[13] Chen Y,Li K W,Liu S. An OWA-TOPSIS method for multiple criteria decision analysis[J]. Expert Systems with Applications,2011,38(5):5205-5211.

[14] Yager R R. On ordered weighted averaging aggregation operators in multicriteria

decision making[J]. IEEE Transactions on Systems Man and Cybernetics,1988, 18:183-190.

[15] Xu Z. Intuitionistic Fuzzy Aggregation Operators[J]. IEEE Transactions on Fuzzy Systems,2007,15(6):1179-1187.

[16] Su Z,Xia G,Chen M,et al. Induced generalized intuitionistic fuzzy OWA operator for multi-attribute group decision making[J]. Expert Systems with Applications,2012,39(2):1902-1910.

[17] Yang W,Chen Z. The quasi-arithmetic intuitionistic fuzzy OWA operators [J]. Knowledge-Based Systems,2012,27: 219-233.

[18] Atanassov K T. Intuitionistic fuzzy sets[J]. Fuzzy Set and Systems,1986, 20:2087-2096.

[19] 陶飞.制造网格资源服务优化配置理论与应用研究[D].武汉:武汉理工大学,2008.

[20] Hwang C L,Yoon K. Multiple attribute deeision making:Methods and applications, A State of the Art survey[M]. New York:Springer-Verlag,1981.

[21] 岳超源.决策理论与方法[M].北京:科学出版社,2003.

7 水泥建材装备行业应用案例

建材装备制造业是为建材工业中的建筑材料及制品、非金属矿及制品等的加工过程提供成套装备和技术的基础性产业。随着制造业的不断发展，企业日常运营所涉及的信息越来越多，建材装备制造业的很多企业都意识到单凭传统的管理方式已经无法维持企业的正常运营，很多企业都迫切地需要实现自身信息化，从而完成转型。从目前国内建材装备制造企业来看，信息化程度普遍偏低，多采用一些商业化的信息系统对企业的制造过程进行管理，这些系统虽然能满足建材装备制造企业制造过程管理的基本需求，但是从建材装备制造业的特点及集团化管控的角度来讲，仍存在以下问题：① 制造过程信息共享程度不高，存在重复性工作，信息的集成困难；② 没有实现产品制造过程信息的全跟踪，信息的可追溯性不强，不能满足集团化管理模式下多制造主体间信息的协同需求。本章以国内某水泥装备制造企业为例，阐述水泥装备制造企业实施信息化的具体过程。

7.1 系统总体功能需求

案例企业是国内某建材装备集团下属的主要制造基地之一。该公司以水泥装备设备的制造和工程设备配套以及技术咨询服务等为主营业务。主要产品包括辊压机、立式辊磨、选粉机、收尘器、燃烧器（喷煤管）、预热器专用耐高温锁风阀、分料阀、闸板阀等。"协同数字化智能制造与管理平台"是一套针对某水泥装备制造有限公司实际业务流程进行定制的大型制造企业信息管理系统，其主要由生产与质量管理系统、项目管理系统、协同办公系统组成。其中，生产与质量管理系统通过信息传递对从订单下达到产品完成的整个生产过程以及过程中的质量进行优化控制；项目管理系统对各项目的全生命周期活动进行管理，通过统一的数据模型，提供与项目相关活动的准确视图，使企业能够为项目分配合适的资源，确保项目顺利执行并实现对项目的跟踪；协同办公系统则侧重于对企业日常综合性办公进行信息化协同管理。

　　该平台以项目工程为主线,主要用于整合公司内部各部门间的业务流和数据流,实现公司业务流程的数字化流转,避免部门间业务数据的重复和不一致等问题,以减少公司员工的重复性工作,缩减工作时间,提高工作效率,降低工作成本。此外,通过平台的规划与开发,能够辅助企业领导对公司管理进行进一步优化,强化业务过程的标准化管理和总成本控制。

7.2　系统业务流程分析

7.2.1　主流程设计与控制模型

　　投标是建材装备制造企业获取客户订单的主要模式,投标完成的订单以项目的形式立项,进而进行产品的设计、制造等生产和经营活动。基于项目主导的建材装备制造企业的整体运作流程如图 7-1 所示。市场部投标完成的项目的需求以联系单的形式下发至设计院(部),其具体流程如下:

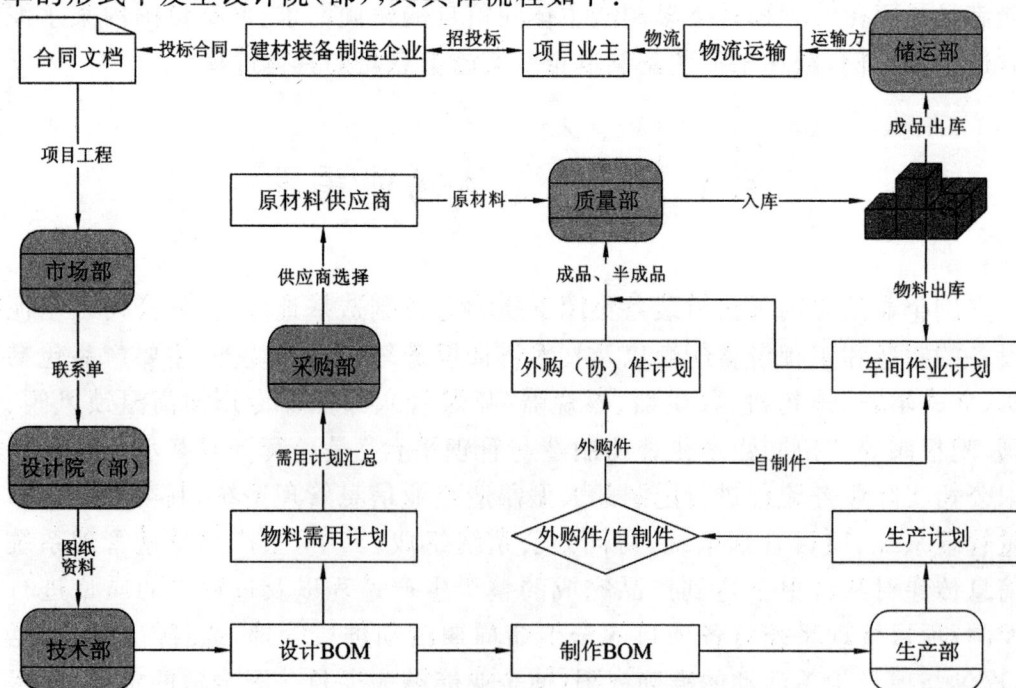

图 7-1　基于项目主导的建材装备制造企业的整体运作流程

　　（1）设计院（部）依据项目的基本需求进行产品的设计,完成的图纸交付给各制造主体进行制造,并行地进行产品的设计和制造;

　　（2）技术部根据设计完成的图纸进行技术准备,处理产品物料信息和制作信息,并将物料信息传递给采购部,制作信息传递给生产部和储运部等部门;

　　（3）根据技术准备的结果,采购部进行原材料及零部件的采购,而生产部进行产品零部件的制作,采购入库的原材料和生产制作完成的成品(半成品)经质量部质检合格后入库;

　　（4）在项目产品制作完成后,储运部根据装箱单进行发运的准备工作,选择合适的物流供应商,将产品交付业主并进行现场施工。

7.2.2　重要模块详细流程设计

7.2.2.1　市场管理流程设计

　　市场部主要负责公司的市场营销和对外服务工作、国内外市场开拓业务,以及市场信息和战略信息的管理工作。该部门组织产品招、投标,负责销售合同管理和产品售后服务工作,对任务单等进行管理,实现投标"网上审批"的自动流转,涉及技术部、采购部、生产部、质量部、储运部。市场管理模块的详细功能需求包含投标管理、合同审批、任务单管理、售后服务、开票管理、到款登记、合同管理等方面。

7.2.2.2　技术管理流程设计

　　技术管理模块用于规范和改善公司的技术管理工作,为企业的生产活动做好技术准备。作为公司实施数字化管理的源头,整个数字化管理平台系统围绕物料需求计划和制作明细(制作 BOM 表)两条主线展开,使企业的管理成为一个系统,以达到技术与采购、生产、质量、储运、财务等各模块间的数据集成与共享。

　　技术管理以公司实际应用为背景,从便于系统各模块间数据集成与共享的角度对需求进行分析,其主要包括技术任务管理、技术准备管理两个模块,具体流程如图 7-2 及图 7-3 所示。

7.2.2.3　采购管理流程设计

　　采购管理模块用于负责公司物资采购管理及仓库管理两部分。其中,物资采购管理模块主要包括材料采购管理、采购任务管理、供货商信息管理、代用单管理、比价单管理、采购订单管理、采购合同管理及采购统计分析。仓库管理模块主要负责公司采购物资的接收、报检、保管、发放、回收等管理工作;负责生产部门物

市场部	技术部负责人	技术员

图 7-2   技术任务管理

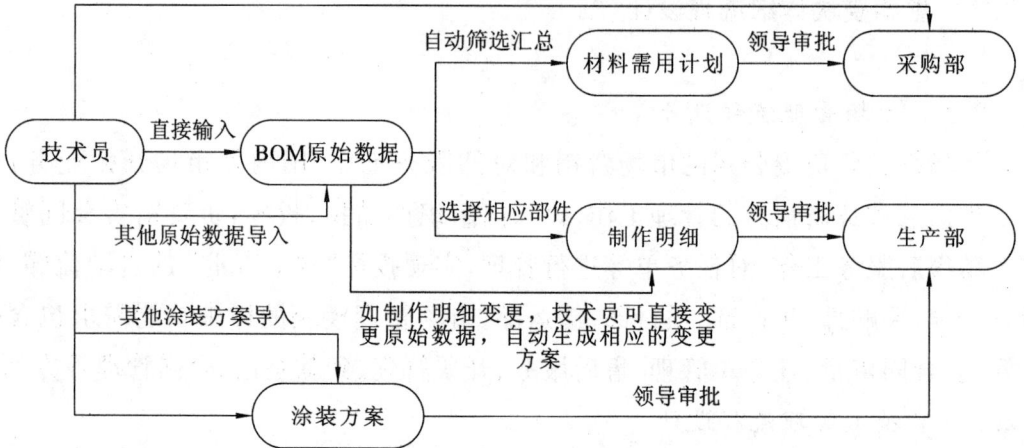

图 7-3   技术准备管理

资／设备的接收、验收（含接收货物包装质量的检验工作）、保管等管理工作；负责
公司废旧物资的处理工作。仓库管理涉及大量信息管理，需要通过数字化平台提
高管理效率。采购管理业务的具体流程如图 7-4 所示。

7.2.2.4   生产管理流程设计

生产管理模块主要负责公司的生产任务管理、外协管理、成品管理等相关工
作。生产任务管理主要是将技术部下发的生产任务进行登记分工，由于建材装备
行业生产的复杂性，本书并未将具体的生产环节纳入系统；外协管理主要指将公
司需要外协的产品进行登记，进行统一询比价、质检等相关工作，具体流程如
图 7-5 所示；成品管理主要包括对公司内所有产成品的质检、入库、发运、比价等工
作，具体流程如图 7-6 所示。

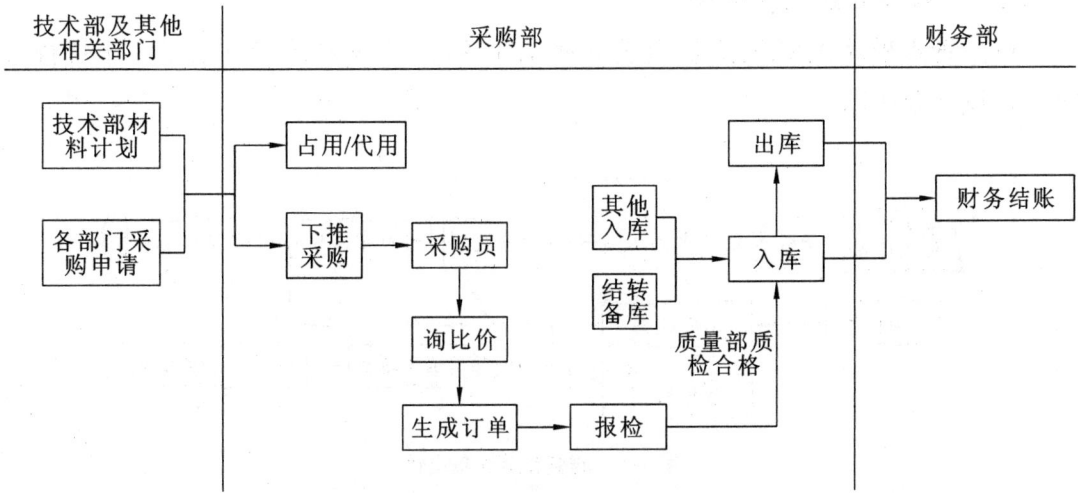

图 7-4　采购管理流程设计

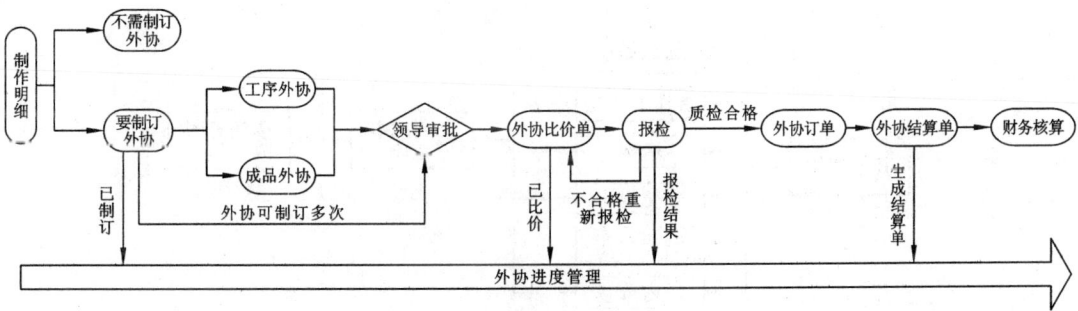

图 7-5　外协管理流程设计

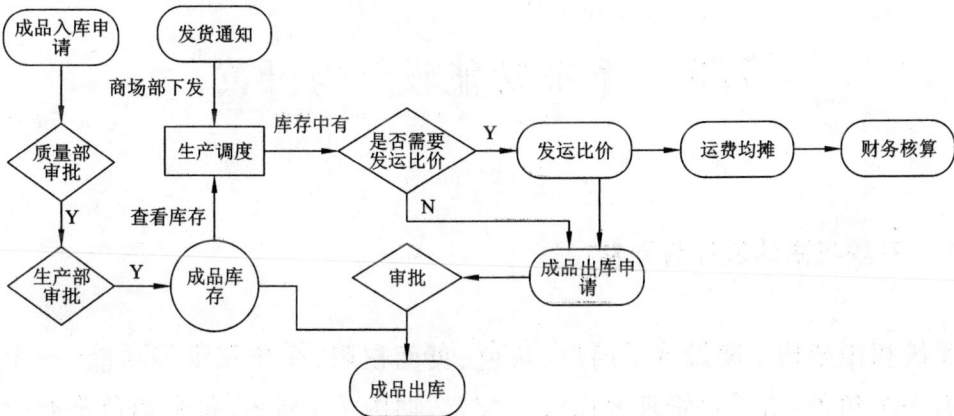

图 7-6　成品管理流程设计

7.2.2.5 财务管理流程设计

财务管理模块主要包括整个公司的存货核算及成本统计工作,具体流程如图 7-7、图 7-8 所示。

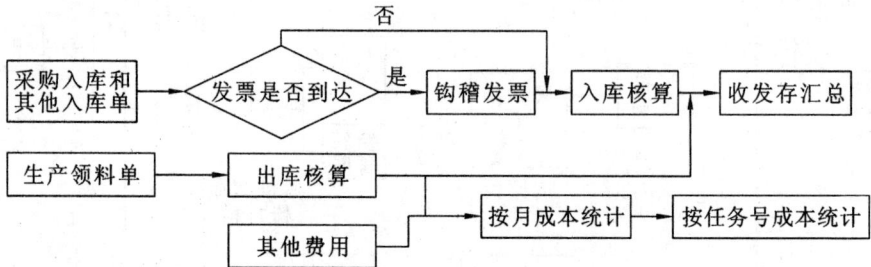

图 7-7 存货核算流程设计

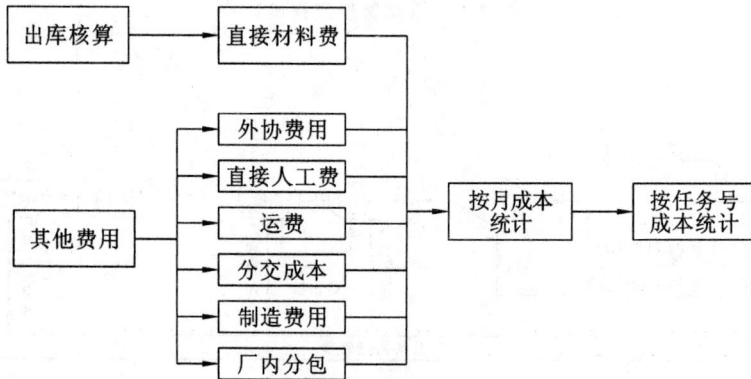

图 7-8 成本统计流程设计

7.3 系统功能设计与开发

7.3.1 系统权限的设计与开发

系统权限架构主要设置了用户、角色、页面权限、操作权限等功能,一个用户只能有一个角色,由后台管理界面统一配置,如图 7-9 所示。每个角色都有分属他的页面权限和操作权限,具体配置如图 7-10 所示。

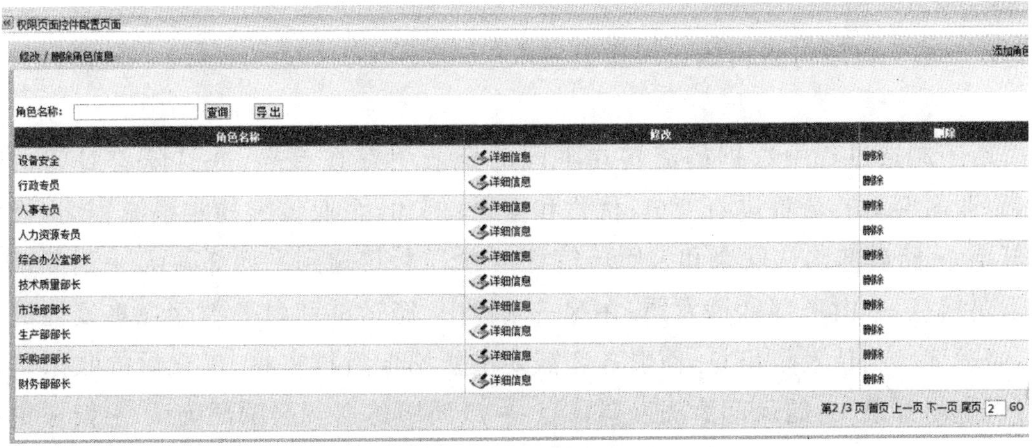

图 7-9　用户角色列表

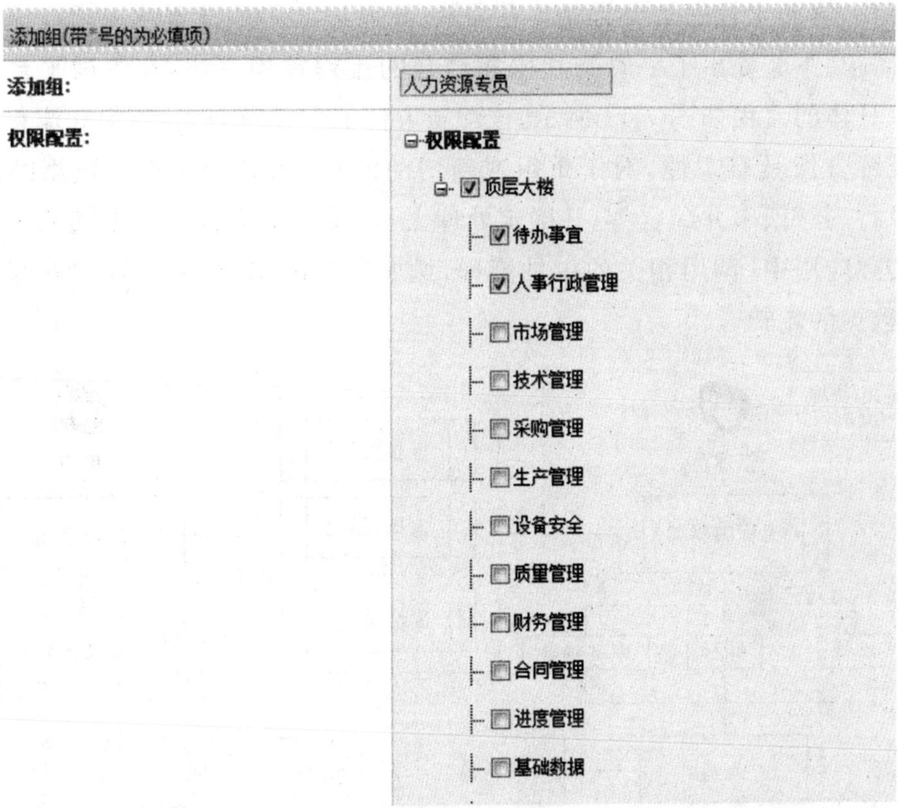

图 7-10　权限配置页面

7.3.2 基于权限与重构的流程重组技术

由于制造过程中数据的流转在不同的企业中存在差异,并且随着时间的推移,企业需要对其流程进行变更、优化和重组。例如,企业传统的收票流程为:供应商开票 → 储运部确认发票和入库单信息 → 纸质版传递到采购部确认 → 财务部添加发票信息 → 财务部钩稽发票。在这一流程中,储运部和财务部存在重复性的工作,储运部已确认发票信息,而财务还需要重新添加后再审核。优化后的收票流程为:供应商开票 → 储运部添加发票信息 → 纸质版传递到采购部确认 → 财务审核钩稽发票。这一流程减少了储运部和财务部的重复性工作;同时企业在进行单据审批时,为了保证审批的合理性和效率,在审批的权限和流程上也存在重组和优化。数字化、智能化管理平台需要具有柔性,能通过简单的配置快速适应流程重组的变化需求。本节提出了一种与权限相结合的流程重构方法,在管理平台中进行了应用,具体的流程如图 7-11 所示。该配置方法的主要特点是:权限和流程配置相结合,配置方法具有柔性,对于重组或新增的流程,由管理员设置数据的流转模式,如串行、并行、串并综合等,并确定处理人员,每一个人员对应不同的角色和权限;在实际应用中,调用相关的审批流程,按照配置的串行、并行或串并综合的模式实现数据的流转。

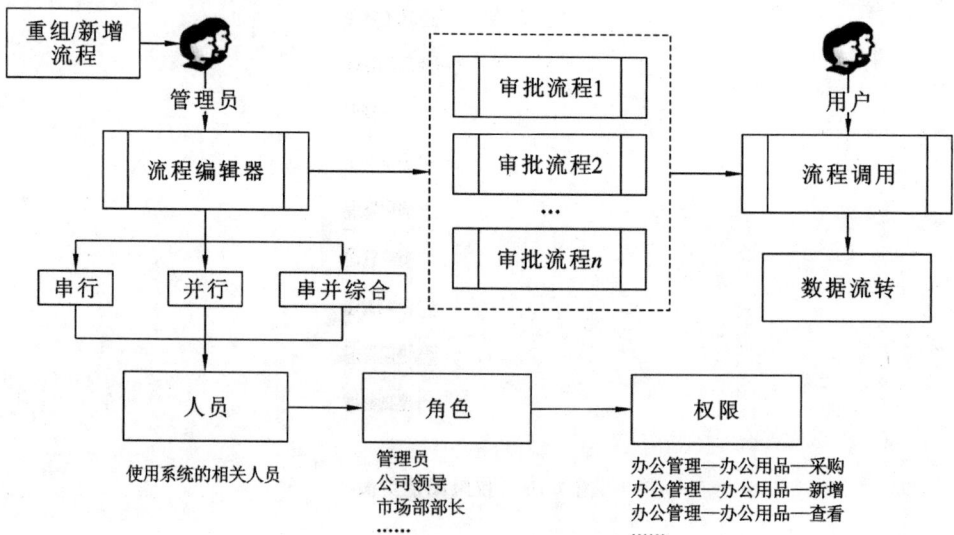

图 7-11 基于权限的流程重构方法

7.3.3　系统主流程搭建

数字化管理平台的功能模块主要按部门进行划分，主要包括待办事宜、办公管理、考核管理、市场管理、技术管理、采购管理、生产管理、质量管理、储运管理、财务管理、合同管理、安全管理、基础数据等模块。系统功能结构如图 7-12 所示。

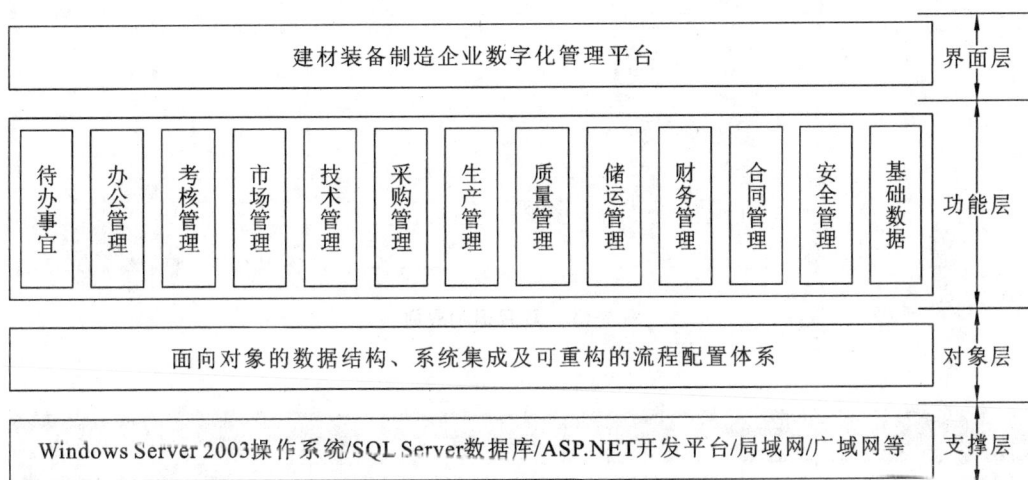

建材装备制造企业数字化管理平台	界面层

待办事宜	办公管理	考核管理	市场管理	技术管理	采购管理	生产管理	质量管理	储运管理	财务管理	合同管理	安全管理	基础数据	功能层

面向对象的数据结构、系统集成及可重构的流程配置体系	对象层

Windows Server 2003操作系统/SQL Server数据库/ASP.NET开发平台/局域网/广域网等	支撑层

图 7-12　系统功能结构

图 7-13 所示为项目的添加界面，在合同投标完成后，由技术管理人员添加项目信息，包括项目的名称、编号、日期等。

图 7-14 所示为各部门汇总到采购部的物料需用计划，由储运部进行库存的占用和代用后，采购部生成询比价单及订单，进行原材料的采购。

图 7-15 所示为生产部月生产进度管理界面，生产部可以根据技术部提交的装箱单及其工程量信息，结合月生产交包对生产制号及项目的进度进行监控。

图 7-16 所示为质量部报检管理界面，各部门提交的报检计划由质量部进行统一处理，对于原材料及成品，需要质检合格后才能入库。

图 7-17 所示为储运部库存管理界面，主要包括物料的基本信息、标识项目归属的计划跟踪号等。储运部根据订单进行入库，按照项目、生产制号进行出库。

图 7-18 所示为合同收支界面，主要包括基于项目的各类合同的金额、收付款比较以及索赔等。

图 7-13　项目添加界面

图 7-14　物料需用计划汇总界面

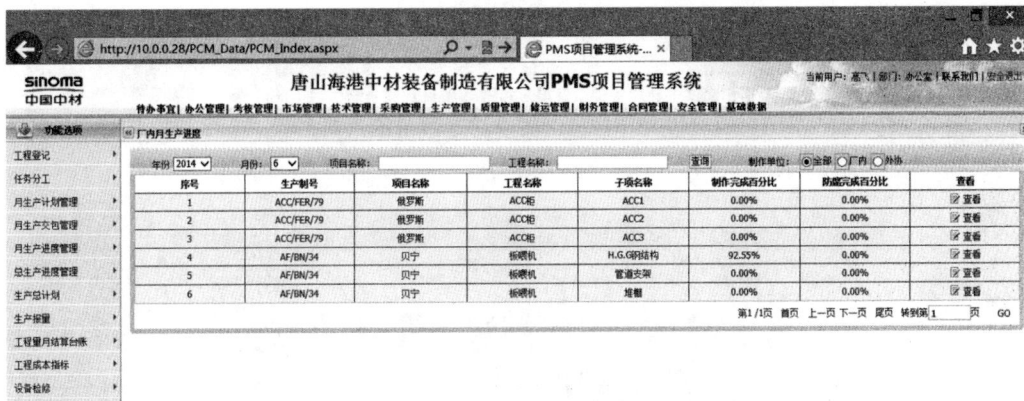

图 7-15 月生产进度管理界面

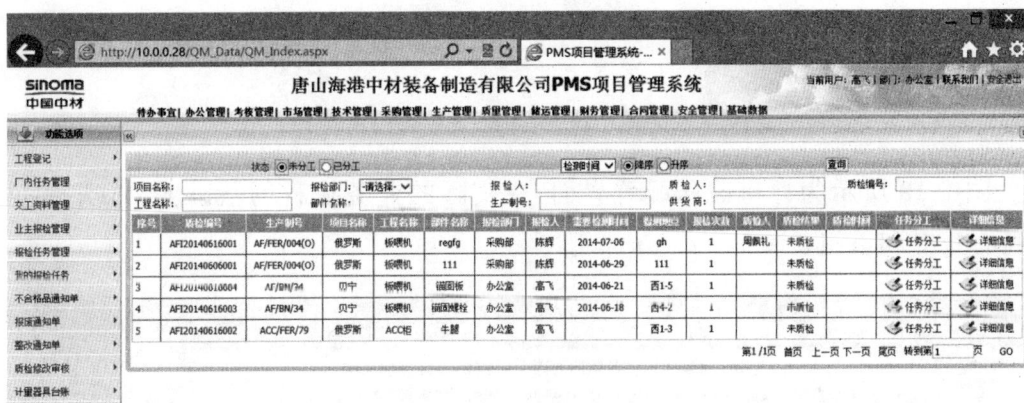

图 7-16 质量部报检管理界面

图 7-17 库存管理界面

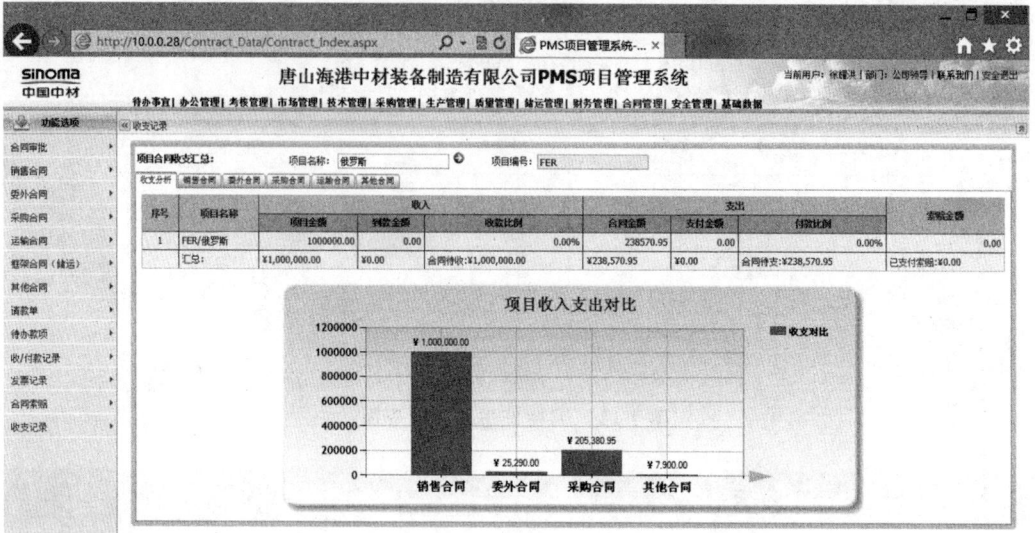

图 7-18　合同收支界面

图 7-19 所示为评审流程配置界面,在实际的业务流程的基础上,可实现审批流程的变更和重组。

图 7-19　评审流程配置界面

7.4 水泥建材装备行业数字制造资源共享分析

7.4.1 数字制造外协资源共享平台

建材装备行业的生产模式是以订单来驱动的。由于产品的复杂性,生产任务的种类很多,直接将生产任务进行分类没有足够的通用性,因此本书采用一种通用的描述方法,即将生产资源以加工工序为单位细分成很多子单元。此方法一方面便于计算机识别,实现网络传输和共享;另一方面具有可靠的移植性和拓展性。OWL 本体语义是由机器可理解的大量数据构成的一个分布式体系结构,在此体系结构中,数据之间的关系通过一些术语表达,这些术语之间又形成一种复杂的网络联系,计算机能够通过这些术语得到数据的含义。经过 OWL 语言描述的生产任务及外协资源,可以通过数字制造外协平台实现在线匹配,从而达到资源共享的目的,具体匹配过程如图 7-20 所示。

7.4.2 制造资源优化配置

7.4.2.1 制造资源种类

制造资源的优化配置是实现数字制造技术的关键之一。数字制造资源分为硬制造资源、软制造资源和制造能力。其中,硬制造资源包括物料资源、设备资源、硬件资源;软制造资源包括软件资源、知识资源、人力资源、物流资源;制造能力指制造过程中相关的论证、设计、生产、实验、管理和集成等能力。

(1)物料资源

物料资源是指在制造过程中生产某种产品所需要的原材料、毛坯和成品。

(2)设备资源

设备资源是指在制造过程中可以提供加工能力的物理设备。按照制造功能来分,制造设备包括机械加工设备、冲锻压设备、焊接设备、热处理设备、电加工设备、铸造设备、特种设备和加工中心。

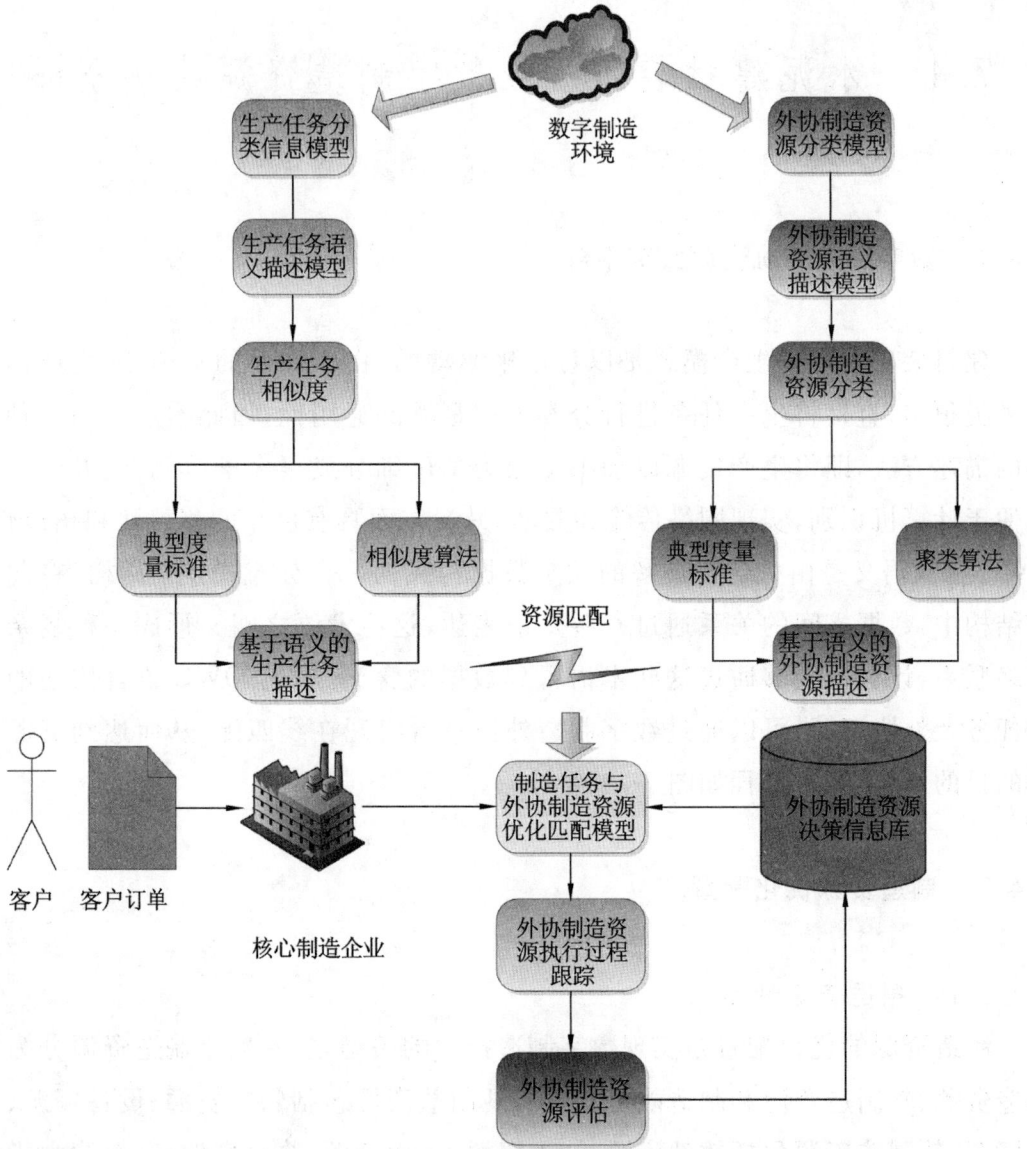

图 7-20 数字制造外协资源共享平台

（3）硬件资源

在数字制造环境下，服务器、存储器、打印机等硬件资源也是制造资源的一部分，这种资源已经超出了传统制造资源的范畴。

（4）软件资源

软件资源是指在制造系统的全生命生产周期中用到的所有软件资源。

（5）知识资源

知识资源包括制造工艺知识和知识产权资源。其中，制造工艺知识进一步细分为工艺知识信息、工艺能力信息、工艺过程信息、工艺卡片信息、典型零件加工工艺、工艺辅助信息等；知识产权资源可以分为发明专利、实用新型专利、版权、商标、商业秘密、专业技术等。

（6）人力资源

根据制造系统的知识结构，人力资源分为设计开发人员、技术人员、管理人员和营销人员等。

（7）物流资源

由于制造资源的异地分布性，异地制造资源间的衔接导致了运输费用的产生，依据时间和成本的要求选取不同的物流运输。按照运输方式的不同，将物流运输分为铁路物流、航空物流、船运物流、汽车物流等。这种资源超出了传统制造资源的范畴。

7.4.2.2 制造资源配置问题的形式化描述

根据数字制造用户需求的特点，数字制造需求任务分为产品级、零部件级、零件加工工艺段级、工序级等四种情形。需求任务根据产品（零部件）设计结构分解成子任务，子任务分解为下层子任务，逐次分解，直到分解为最小子任务或达到执行标准为止。从任务规模分析，需求任务比较大时，粒度相对较粗；需求任务较小时，粒度相对较细。需求任务的粒度粗细不同，其任务分解粒度也不同。对于粗粒度的需求任务，子任务分解粒度过粗会使功能需求层次太高、任务实施过程过于复杂；分解粒度过细，会降低制造单元的整体性，并且增加成本。基于需求任务的多层次和多粒度特征，根据企业组织结构，制造资源从上到下依次分为企业层（Enterprise Resource，ER）、车间层（Workshop Resource，WR）、单元层（Manufacturing Cell，MC）和设备层（Device Resource，DR）等四层。其中，企业层指制造企业集，是一个或多个制造车间；车间层指制造车间集，是一个或多个制造单元的物理或逻辑布局；单元层指制造单元集。由多种类需求任务的分解过程可知，制造资源具有多层次性和多粒度性。随着网络化制造技术的产生和发展，制造资源层不是单一地由某个企业内部组成，而是由处于不同地理位置的多个企业间协作构成，具有异构性、分布性和动态性。在实际的制造过程中，要充分考虑物料流和信息流。

7.4.2.3   制造资源优化配置过程

制造资源的配置过程就是制造资源节点信息与任务请求信息相匹配的过程。为了实现不同用户的资源请求信息与制造网格中资源节点信息的合理配置,本书采用了 Agent 技术。制造资源优化配置 Agent 是制造资源请求响应的组织者和资源优化配置的具体实施者。基于前述的制造资源优化配置模型,可得到图 7-21 所示的制造资源选择和优化配置流程图。

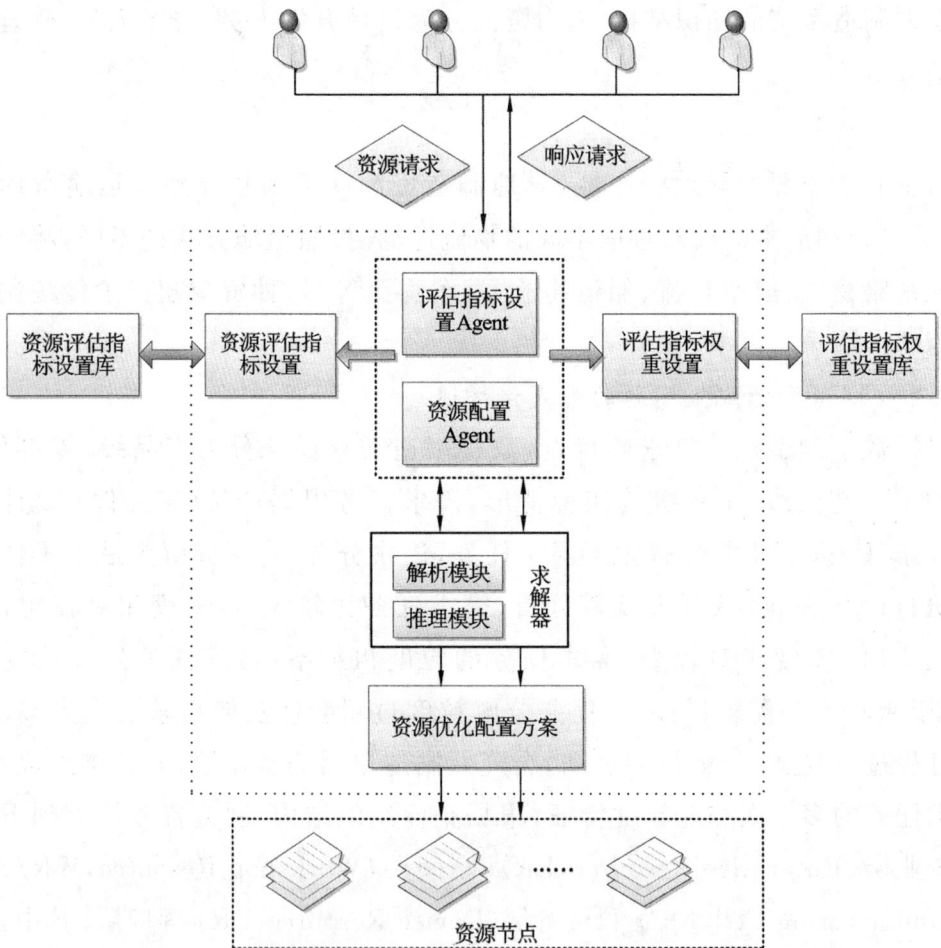

图 7-21   制造资源选择和优化配置流程图

制造资源优化配置代理 Agent 的主要设计功能及系统进行优化配置的大致流程如下:

(1) 响应来自制造网格中合法用户的资源请求,当系统通过用户身份验证后,启动资源请求分析模块,对用户所需的资源类型、资源量等进行分析;

（2）按资源类型分类目录树，进行制造资源节点搜索和分析，完成用户资源请求信息和网格中提供的资源节点描述信息的匹配，确定候选资源节点；

（3）启动制造资源优化配置评估模块，对候选资源节点进行二级模糊综合评估计算，确定其综合性能评价值，并按此值进行节点排序；

（4）根据资源节点的优先排序，选择最佳的资源节点，完成系统资源配置的发布与实施，系统将以点对点的信息交换方式及时向选择资源节点进行各种操作，完成用户的资源请求任务。

7.4.2.4 遗传算法实现

遗传算法是一种全局性的概率搜索算法。不同于传统的搜索和优化方法，遗传算法具有对函数的性态无要求、并行性很高、搜索效率高，以及全局最优解求解能力较好等独特的性能。所以，通常采用遗传算法对制造资源优化配置模型进行求解。

由于制造资源优化配置模型是多目标的，求解前可先采用最通常的权重法，将多目标转化为单目标。采用遗传算法求解制造资源优化模型，需要确定以下问题：

（1）编码

制造资源优化配置模型是典型的 0-1 规划问题，通常采用二进制编码求解。

（2）群体规模

群体规模与优化函数的性质、维数、复杂程度以及编码精度等有直接的关系。在计算量许可的情况下，要尽量选择较大规模的群体，以保证群体的多样性及其进化能力，避免群体早熟现象的发生。

（3）遗传算子的参数设计

遗传算子的参数设计主要是确定交叉和变异概率的大小。交叉和变异概率的确定是一件很困难的事情，没有标准可以遵循，对不同的问题，可能有不同的选择。对二进制编码而言，通常情况下，交叉概率 $p_c = 0.40 \sim 1.00$，变异概率 $p_m = 0.005 \sim 0.01$。p_m 值不能大于 0.05，否则，遗传算法的进化过程将近似于随机搜索行为。

（4）遗传算子的形式设计

① 适应度函数：直接选择目标函数作为适应度函数。

② 选择算子：所选择的算子对算法将起到举足轻重的影响，为了避免过早收敛现象和停滞现象，采用联赛选择的方法。

③ 交叉算子：从群体多样性的角度来看，随着交叉点数的增多，交叉算子群体多样性相比两点交叉有一定程度的提高；对较短的位串，多点交叉算子的性能相比两点交叉提高的程度不显著。从整体上看，交叉算子的性能并不是随着交叉点

数的增长而等比例提高的,这是对传统观念的修正。通常,对于二进制编码形式的部分参数,在实际中大量采用两点交叉算子。

④ 变异算子:采用二进制编码形式,变异算子通过按变异概率随机反转某位基因的二进制字符值来实现。

(5) 终止条件

采用最大进化代数作为遗传算法的终止条件。

7.4.3 数字制造环境下的外协执行过程跟踪模型

建立外协执行过程跟踪模型的目的是为了提高外协执行过程的透明度。建立有效的外协任务执行过程跟踪模型,需要解决两个方面的问题,即跟踪过程的数据储存及跟踪模式。图 7-22 所示为数字制造环境下的外协执行过程跟踪模型,在完成外协任务与制造资源的匹配后,外协任务跟踪 Agent 对制造活动进行跟踪,同时将跟踪获取的数据存放在外协资源决策信息库中,以便让核心制造企业随时了解外协资源加工过程,这也是后续外协资源评估的重要依据。

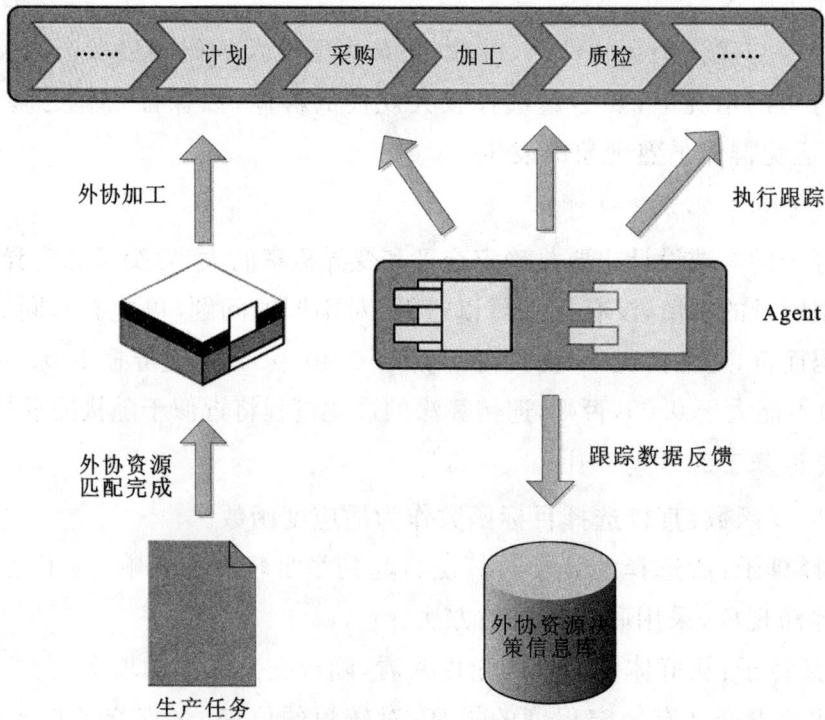

图 7-22 数字制造环境下的外协执行过程跟踪模型

7.4.4　外协数字制造资源执行过程评估方法

　　数据挖掘是指从大量的数据中搜索隐藏于其中的有着特殊关系的信息的过程,广泛应用于社会、经济、管理、军事等许多领域。由于任务资源过程本体中存储的大量的信息资源需要通过数据挖掘的思想,挖掘出外协任务与外协资源之间的关系,而这些关系中又可能存在不同的影响程度,因此,需要对这些关系进行评估。层次分析法是将与决策有关的元素分成目标、准则、方案等层次,在此基础之上进行定性和定量分析的决策方法。其主要思想是将决策问题分解为有序递阶层次的因素结构,对每一因素进行评估,并赋予权重,最后对每一方案的评估结果进行计算。另外,有序加权平均OWA算子是一种介于最大、最小算子之间的多属性决策研究方法。由于客观对象的复杂性及思维的模糊性,人们在处理一些决策问题时所得到的决策信息往往比较模糊。因此,可以提出一种模糊OWA算子,用于确定数字制造模式下外协任务与外协资源执行过程的权重值,最终将评估结果反馈到外协资源决策信息库中。整个外协数字制造资源执行过程评估模型如图7-23所示。

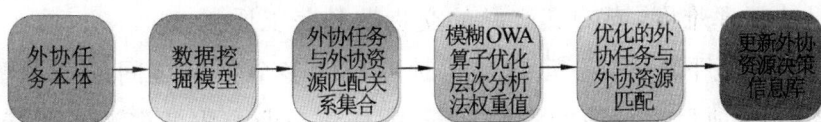

图 7-23　外协数字制造资源执行过程评估模型

参 考 文 献

[1] 郭顺生,杜百岗,孙利波,等.建材装备制造企业数字化管理平台设计与实现[J].计算机集成制造系统,2015,21(1):226-234.

[2] 雷英杰,张善文,李继武.MATLAB遗传算法工具箱及应用[M].西安:西安电子科技大学出版社,2005.

[3] 李海波.云制造环境下基于工作流的多粒度资源组合方法[J].计算机集成制造系统,2013,19(1):210-216.

[4] 万曹雷,邵俊鹏.云制造环境下车间制造资源网格管理设计[J].哈尔滨理工大学学报,2013,18(5):37-41.

[5] 李英姿,张硕,张晓冬.面向协同产品开发过程的多主体资源配置[J].计算机集成制造系统,2013,19(9):2141-2147.

8 光电子行业应用案例

随着科技的进步和国家对光电子行业的政策引导和资金支持,光电子的应用领域越来越广。面对大量的客户订单,光电子企业实施多项目管理。良好的多项目管理缩短了产品的交货期,降低了产品的成本,使企业资源得到优化配置,从而大大提高了企业的效益。同时,由于多项目管理的复杂性,其成为阻碍企业快速发展的瓶颈之一。光电子企业针对产品全生命周期的项目化管理使得项目内管理的资源种类繁多,关系复杂。资源是有限的,在多个项目并行实施的过程中,项目之间在设备、时间、资金、物料、人力等各类资源方面往往存在竞争关系,进而增加了企业对多项目的管理难度,影响其产品的交货期和完工质量。

在多项目环境下,其核心问题是同时进行的多个项目之间的资源配置问题,具体表现为:(1) 项目执行前的资源分配。如何将企业有限的资源在并行的多个项目之间进行合理的分配,以最低的成本满足不同项目的资源需求,从而有效缩短项目工期,保证项目按时完成、产品顺利交付,一直是光电子企业重点关注和迫切需要解决的问题。(2) 项目执行过程中资源冲突的消解。在多项目并行实施的环境下,由于项目管理者知识的局限性、项目执行环境的不确定因素以及系统资源的有限性等原因,不可避免地会遇到各种冲突。若冲突不能及时消解,可能使整个多项目的工期延误、成本超支。为此,需要针对多项目环境下出现的各种冲突现象提出可行的冲突解决方法,及时、有效地消解冲突。(3) 项目收尾后的资源配置的评价。在多项目环境下,项目有着相似的资源输出与收益输入,对各项目之间的资源配置收益的评价可以作为项目资源配置的决策依据,使企业有限的资源保持合理的使用方式。

本章以国内某光电子元器件制造企业为例,阐述光电子企业实施信息化的具体过程。

8.1 系统总体功能需求

近年来,一方面随着国内光电子产品生产厂家的迅速增加,光电子行业的市场竞争空前激烈;另一方面,消费者对产品的需求日趋个性化、多样化,使得产品多为定制化设计、生产,产品生命周期越来越短,市场的不稳定性要求交货期越来越短。企业为应对这种变化,对产品的全生命周期实行项目管理。这种对产品全生命周期实行的项目管理方式与传统的产品研发、生产制造、销售与服务分离的阶段式管理存在较大差异,使得原有企业已实施的信息化系统不能很好地适应这种管理方式的需要。为满足对这种涵盖了销售、研发、采购、质量控制、制造等环节的产品全生命周期过程进行管理的需要,对项目管理系统提出以下五个方面的目标:

(1)满足项目管理的基本功能。这部分的需求包括:将企业各类产品项目按产品大类和小类进行管理,并可以对各类项目设置标准模板,项目可以按照这些标准模板实施;对每个项目,可以将任务分配到确定的人员;对项目的进度、质量、成本、绩效等信息进行有效控制;对项目实施过程中与设计、测试、生产相关的数据和文档进行综合管理,对项目知识进行归档,使项目相关人员能够快速获得所需的知识和信息;对项目中的基础数据(如人员、材料、材料类别、项目类别、项目组等)进行管理。

(2)管理多个项目。由于光电子企业项目的动态性、相似性等特点,项目之间必然相互影响。利用资源的共享和约束系统可以对多个项目的计划、执行、控制进行协调,及时发现项目之间的冲突并制订冲突消解方案。

(3)实现与其他企业信息系统的集成。由于项目的流程较长,在执行的过程中会涉及企业的 ERP、办公自动化系统等多个管理系统,应避免数据重复输入、保证数据的一致性。项目管理系统能够为企业在产品项目实施过程中实现信息、功能、过程等方面的集成提供有效的手段。

(4)满足项目实施流程化、项目实施全过程可监控。为各类项目建立标准流程,以标准流程为基础对项目的实施流程进行管理和控制,使之规范化;对项目实施过程进行监控。

(5)实现产品数据管理功能。由于光电子产品结构较为简单,产品数据(如需求、设计、工艺、BOM、版本等）与项目相关密切，因此，需要在项目管理系统中实现对产品数据的收集整理、查询利用等功能。

案例企业作为国内最早生产半导体发光器件的厂家之一，特别是在 LED 领域，在生产品种、规模、生产自动化程度等方面均处于国内同行领先地位。公司产品品种多，产量大，如 LED 显示模块产品，用于空调、热水器等家电仪表显示，月产量达 100 万 PCS（pieces 的缩写词，指件数、台数等）；LED 背光源、背光模组产品覆盖了液晶显示器、家用电器、遥控器、手机、PDA、MP4、汽车仪器仪表等领域，月产量达 100 万 PCS。其客户包括 IBM、松下、LG、SANYO、海信、美的、格力、志高、TCL、万和、盛隆兴、金立、凯虹、创维、高新奇、康佳等多家知名企业。该案例企业信息化水平程度较高，已经成功应用企业资源计划 ERP 软件、财务软件和办公自动化系统等多种信息化管理系统。

考虑到企业现有的信息系统，从实用性、安全性及经济性等方面综合考虑，原型系统基于 B/S（浏览器／服务器）模式进行开发。系统开发的软件环境如表 8-1 所示，硬件环境如表 8-2 所示。

表 8-1　系统开发的软件环境

类别	工具
开发平台	Microsoft Visual Studio 2008、Lotus/Domino7.0.2
关系数据库	SQL Server 2000
文档数据库	Lotus/Domino7.0.2
工作流引擎	DigiFlow V5.0
脚本语言	JavaScript、LoutsScipt
页面设计	Flash、Dream weaver、Photoshop
辅助分析工具	Matlab 7.0
第三方控件	Ajax.dll、WebChart.dll、NTKO OFFICE 文档控件、Crystal Reports
操作系统	Windows 2003
客户端 Browser	IE6.0 及以上版本

表 8-2　系统开发的硬件环境

组件名称	配置
硬盘	SCSI 300GB
处理器	Intel XEON 5160 DUAL CORE 3.0 GHz
内存	4G

8.2 系统业务流程分析

8.2.1 光电子企业产品特点

光电子产品属于知识、技术密集型高科技产品,典型的光电子产品如图 8-1 所示。光电子产品具有以下特点:

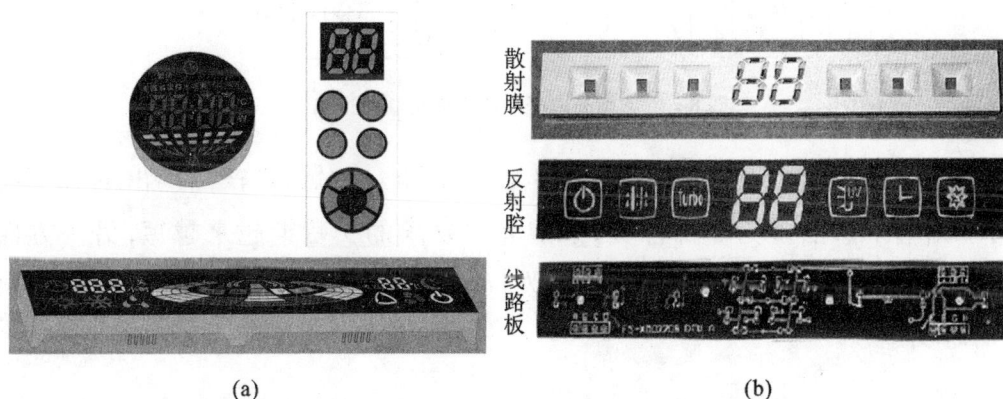

图 8-1 典型的光电子产品 ——LED 显示模块外观与结构

(a)LED 显示模块的外观;(b)LED 显示模块的结构

(1) 产品知识、技术密集。在产品开发的项目过程中,涉及设计、工艺、封装、测试、仿真、光学、热学、电学、质量控制等大量相关知识。

(2) 产品的结构、设计与制造过程复杂。典型光电子产品的设计与制造过程如图 8-2 所示。有的产品原材料多达 30 多种,在设计与制造时不仅要考虑产品外观,还要考虑光、热、电等多个物理性能。

(3) 产品的生产形式多样。既有装配生产、多品种中小批量生产及大批量生产,又有连续生产、混合式生产;生产车间的环境要求高,对温度、湿度和灰尘等有不同程度的要求。

(4) 应用领域广泛,面向的客户多,产品品种多且多为定制化生产。例如佛山某光电子企业将其产品分为 9 个大类,仅显示模块一类就面向 30 多家客户企业,年产品种类就达 200 多种。

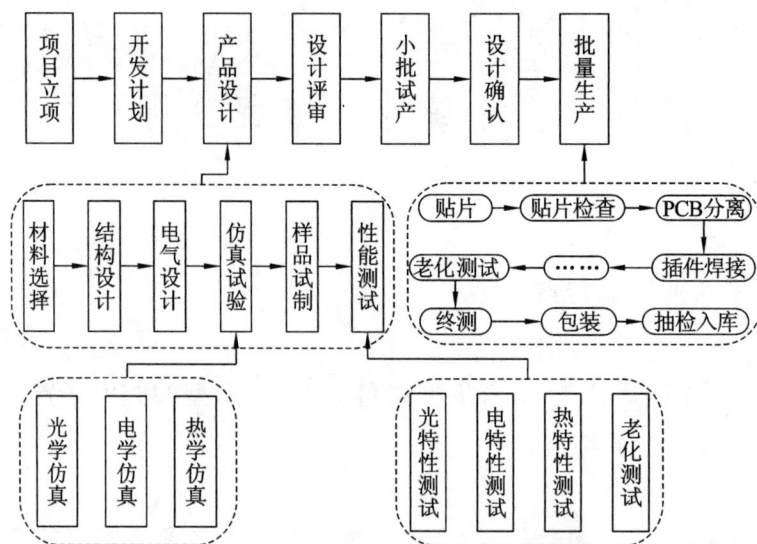

图 8-2　典型光电子产品设计与制造过程

（5）产品的交货期短。光电子产品生命周期相对较短,新产品层出不穷。一方面,由于光电子产品多为零部件类,下游客户要求的交货期越来越短;另一方面,企业为了赢得市场竞争,追求更短的研发周期和生产周期,不断重组、改进、优化产品的研发过程。

8.2.2　光电子企业项目过程模型

光电子企业现行的组织管理模式主要是依据不同的职能来划分部门,比如:负责产品开发的研发中心。而在研发中心内部依据不同的业务范围,又划分为不同的项目组,常见的有显示模块项目组、背光源项目组、TOP LED 项目组、Chip LED 项目组、基于 PCB 的 LED 器件项目组等。这种职能划分体现了光电子企业的运行管理模式。

目前光电子企业的管理现状是,产品开发管理局限于企业内部的流程管理,与客户和供应商的沟通仅在产品开发初期和完工阶段。产品开发的流程如图 8-3 所示。整个流程的各个阶段都有明确的任务,并在规定的时限内完成任务,继续向下传递产品开发信息。该流程的不足之处是产品串行开发使得周期较长。

光电子企业产品开发过程中相关的数据文档,主要包括产品的立项建议书、产品开发计划、设计评审、工艺文件、设计文件、材料确认、设计确认,以及工程变

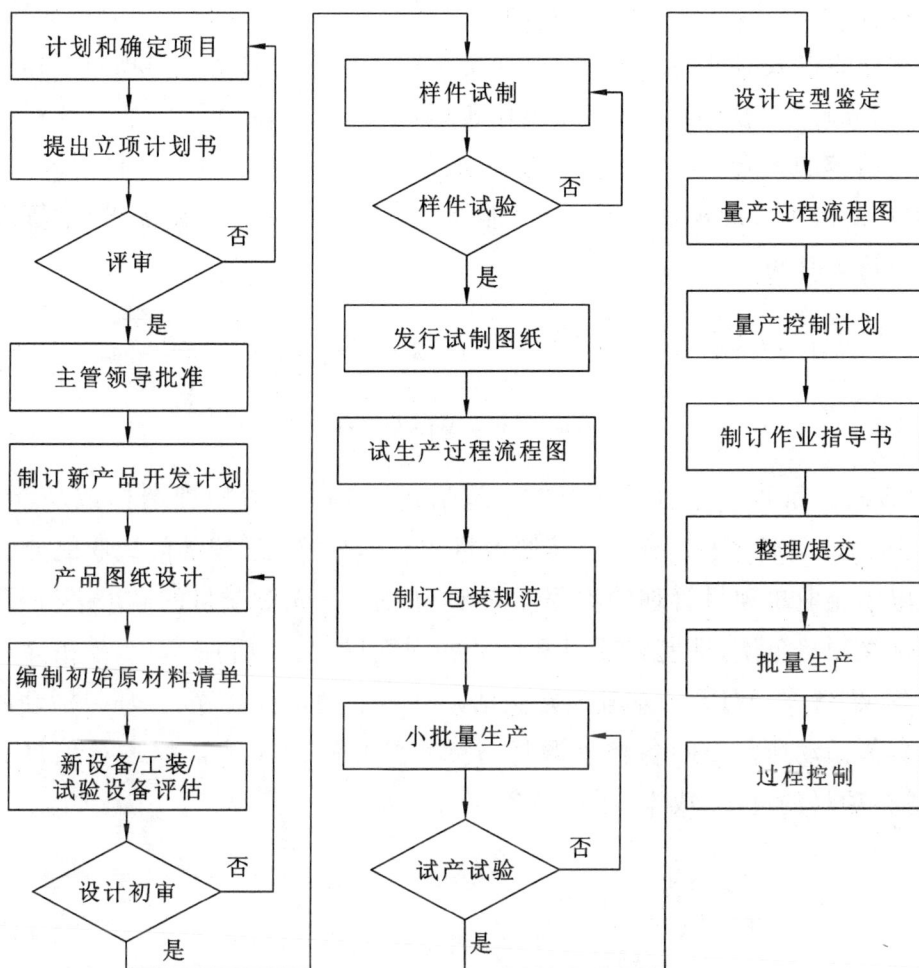

图 8-3　光电子企业产品开发项目管理流程

更等文件。然而,很多光电子企业,包括一些刚上市的企业,其产品开发相关的数据管理仍然是手工的、纸质的。这种分散的数据管理方式不利于积累产品开发知识以及实现产品开发知识的再利用。

8.2.3　光电子企业 WBS

作为现代项目管理的基石,WBS 是指以项目可交付的成果为导向的工作层级分解,其分解的对象是项目团队为实现项目目标、提交所需可交付成果而实施的工作。WBS 是项目信息沟通的共同基础,是系统综合与控制的对象,是进行项目资源配置、成本管理、进度管理、质量管理的重要基础工具。

创建WBS的过程(图8-4),是指把项目可交付成果与项目工作分解成较小的、更易于管理的组成部分的过程。WBS每分解一个层次就意味着对项目工作作更详尽的定义。分解后底层的元素称为工作包(Work Package,WP),是一系列项目相关活动或动作的集合。WP代表WBS中最低层、不能细分、独立的项目可交付成果,是项目的最小管理模块。依靠WP能够可靠地管理项目资源需求,估算工作成本和活动持续时间。

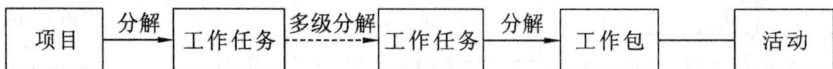

图 8-4　创建 WBS 的过程

WBS的分解可以采用多种方式,包括:① 按产品的物理结构或功能分解;② 按照项目的实施流程分解;③ 按照项目的目标分解;④ 按部门或职能分解等。

光电子企业单项目管理的流程如图 8-5 所示,首先对项目的需求进行分析,根据需求定义项目范围,即制订项目和产品的详细描述。然后在 WBS 模板库中选择模板创建WBS,在 WBS 的基础上定义活动并对活动进行排序。在项目活动的基础上估算具体活动所需要的各类资源量、持续时间等,以此为依据进行项目的资源配置,进行项目的进度、成本、质量等管理。

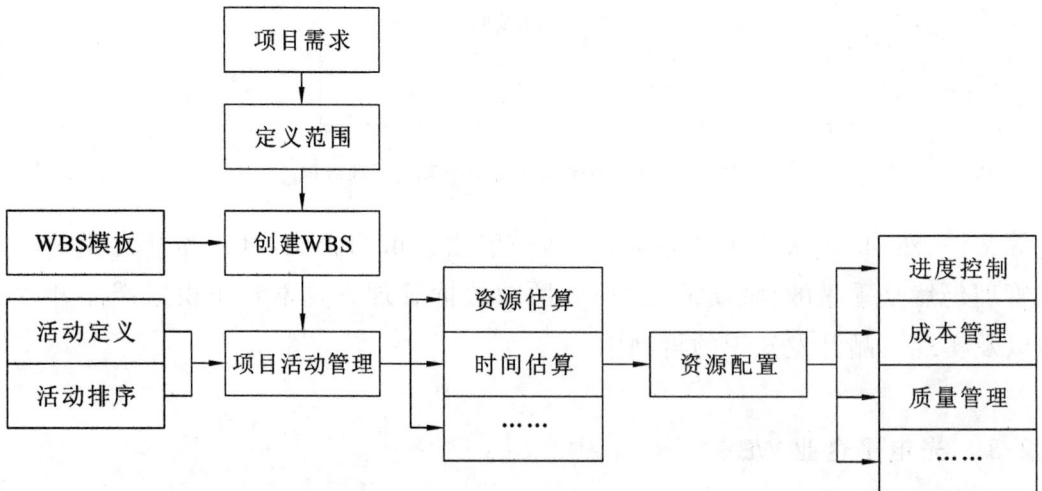

图 8-5　光电子企业单项目管理的流程

某光电子企业生产显示模块 FS-QW900K,其产品项目 WBS 如图 8-6 所示。由于光电子产品项目相似度较高,为使管理者快速准确地创建 WBS,应先将产品进行归类,针对每个大类制订 WBS 模板。根据产品需求特性,选择模板快速创建

WBS。由于光电子企业项目管理流程较长,过程复杂,故不同的分解层次采用不同的分解方式。在第一阶段按项目实施流程分解为项目立项、开发计划、产品设计等十个工作任务,按工作内容再将项目立项分解为三个 WP,按产品物理特性将样件测试分为光特性测试、电特性测试、热特性测试、老化测试等。

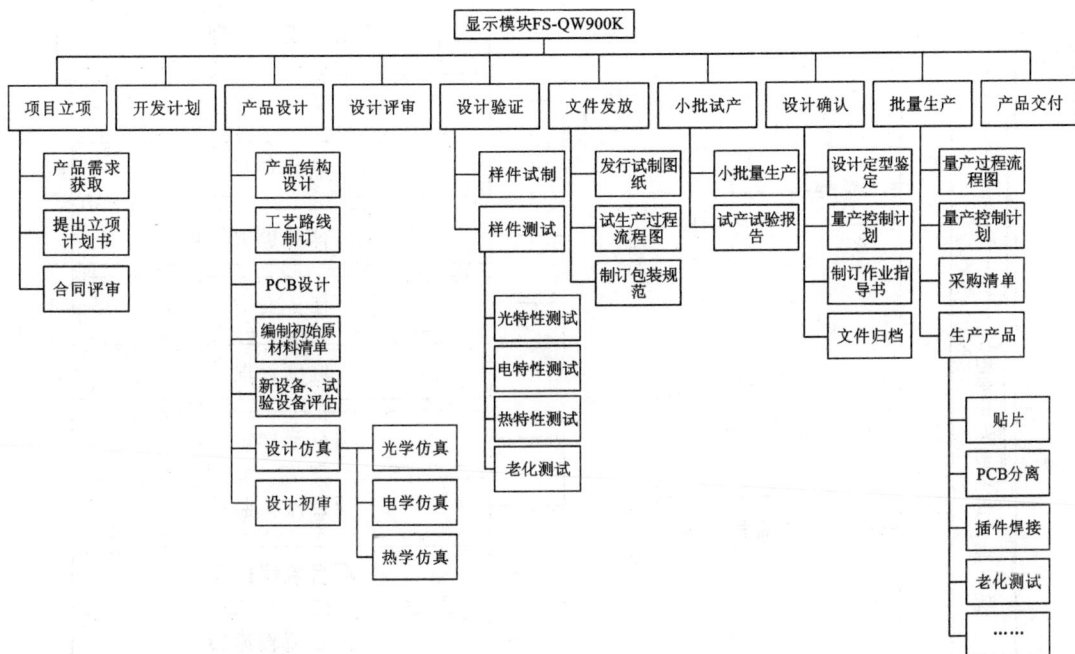

图 8-6 项目编号为 FS-QW900K 的显示模块的产品项目的 WBS

8.3 系统功能设计与开发

8.3.1 系统总体结构设计

根据上节中的系统需求与目标分析,以及案例企业的实际特点,设计出的光电子企业多项目管理系统的总体结构如图 8-7 所示。

系统的主要功能模块包括以下六个部分:

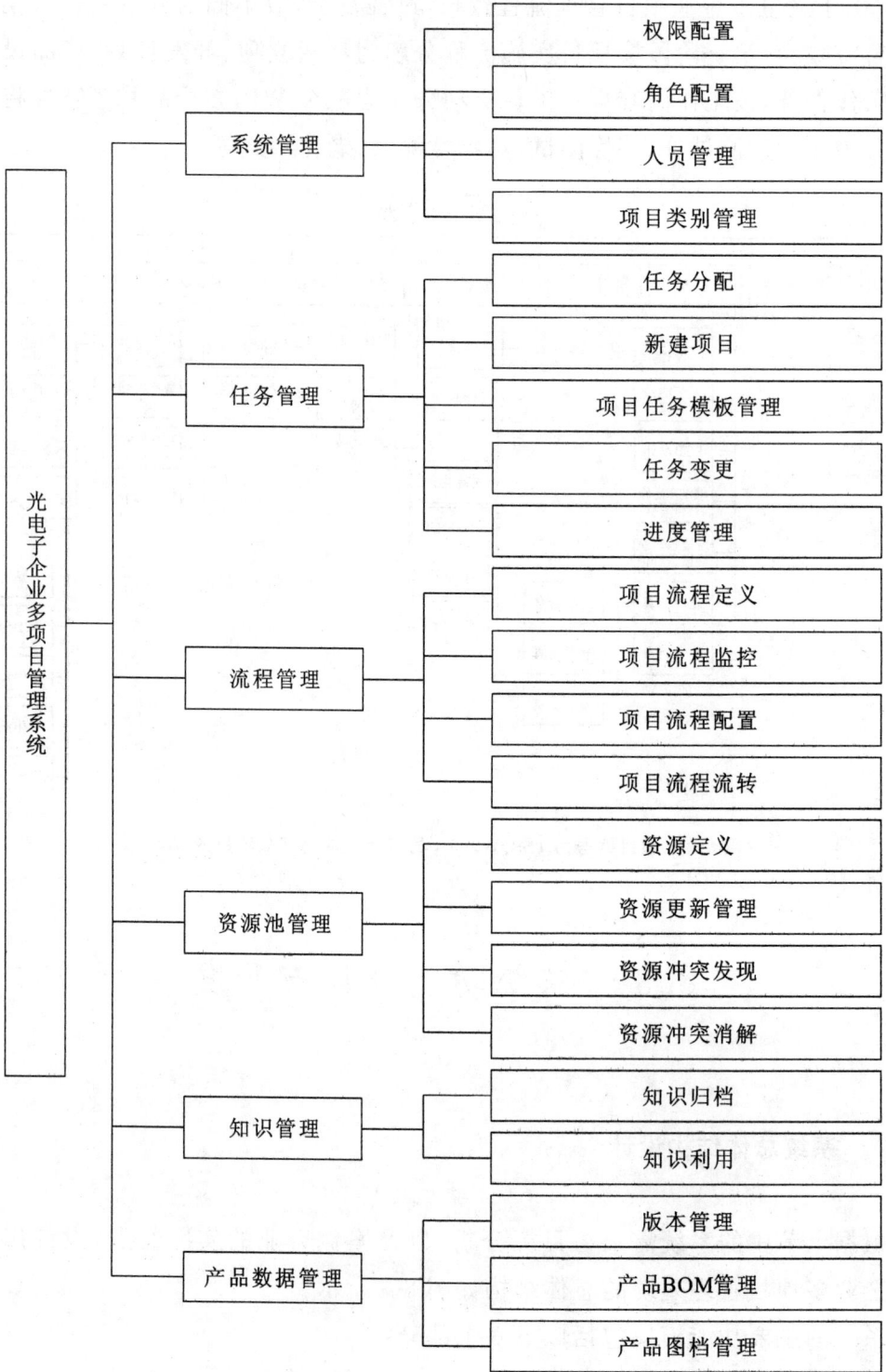

图 8-7　光电子企业多项目管理系统总体结构

(1) 系统管理

该模块主要负责对系统中需要的权限,以及支持系统运行的相关基础数据等进行管理。其中,权限管理是指根据各功能模块的操作需求对系统的整体结构进行权限配置,建立合适的角色并按照公司组织结构给不同的角色配置相应的权限,再将角色赋予相关人员。通过将权限赋予角色、角色赋予人员,实现权限和人员之间的关联,如图 8-8 所示。相关基础数据管理包括人员管理(图 8-9)、项目类别管理(图 8-10)等。

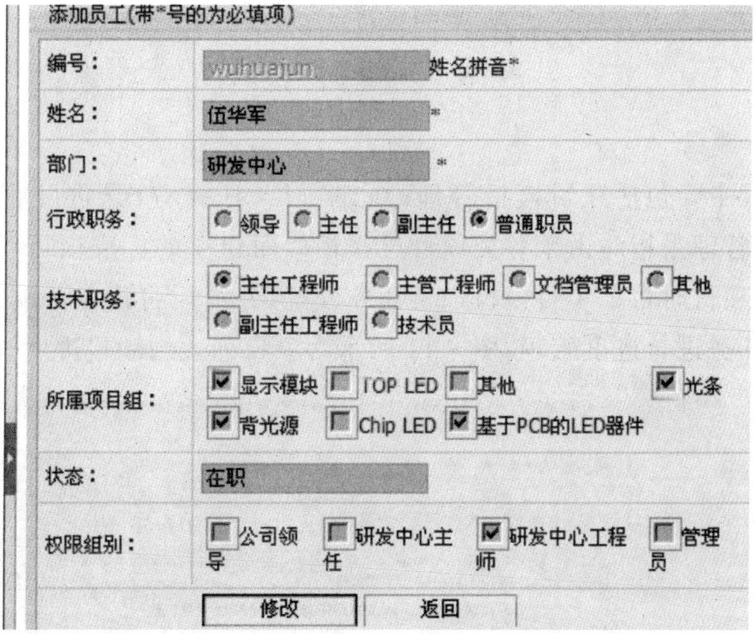

图 8-8　人员属性与权限配置界面

员工列表　　添加员工

员工编号	员工姓名	所属部门	行政职务	技术职务	修改	删除
yubinhai	余彬海	公司领导	领导	其他	详细信息	删除
wuhuajun	伍华军	研发中心	普通职员	主任工程师	详细信息	删除
wangsen	王森	公司领导	领导	其他	详细信息	删除
sunguangxi	孙光霞	研发中心	普通职员	主管工程师	详细信息	删除
panyixing	潘一行	研发中心	普通职员	主管工程师	详细信息	删除
liyoumin	李友民	研发中心	普通职员	主任工程师	详细信息	删除
liweiping	李伟平	研发中心	副主任	其他	详细信息	删除

图 8-9　人员管理界面

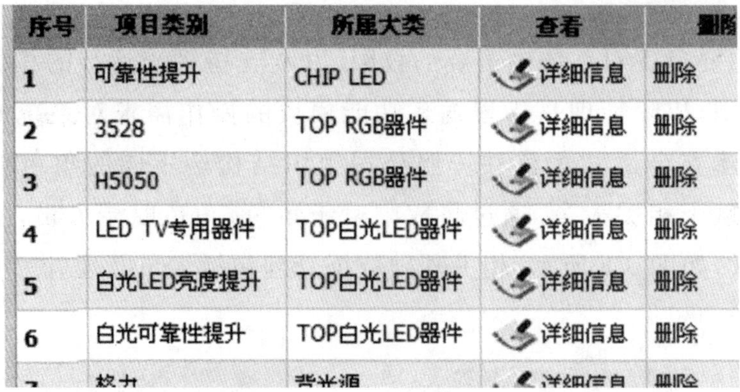

序号	项目类别	所属大类	查看	删除
1	可靠性提升	CHIP LED	详细信息	删除
2	3528	TOP RGB器件	详细信息	删除
3	H5050	TOP RGB器件	详细信息	删除
4	LED TV专用器件	TOP白光LED器件	详细信息	删除
5	白光LED亮度提升	TOP白光LED器件	详细信息	删除
6	白光可靠性提升	TOP白光LED器件	详细信息	删除

图 8-10 项目类别管理界面

(2) 任务管理

任务管理主要包括项目模板管理、新建项目、任务分配、进度管理等功能部分。项目模板管理是指对由于各类项目过程相似而建立的标准项目任务模板进行管理。在新建项目时根据项目模板进行任务分解，分解后将任务分配给各类人员，并对分配的任务进行进度管理。图 8-11 所示为项目列表与项目进度查询界面。

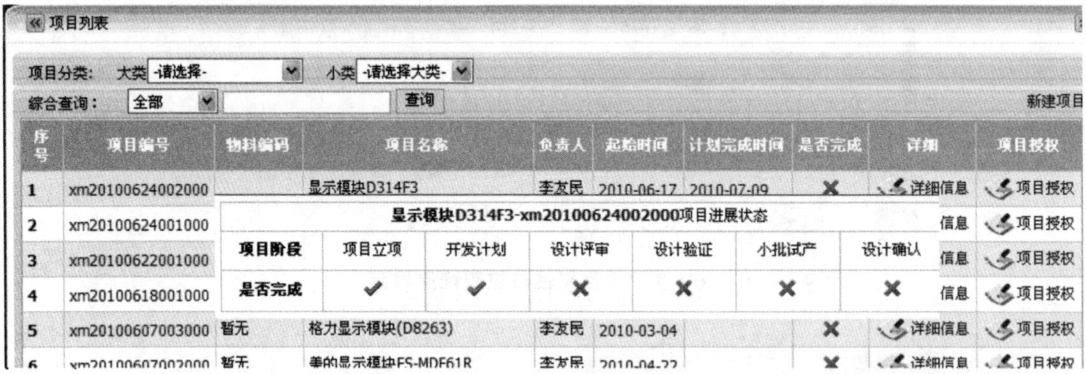

图 8-11 项目列表与项目进度查询界面

(3) 流程管理

项目中的任务由于类别、客户等原因的不同，其执行流程也可能不同。因此，有必要应用工作流技术将流程从业务过程中分离出来，对流程进行单独管理。流程管理主要包括流程的定义、配置、流转与监控等功能模块。图 8-12 所示为流程流转控制与查询界面。

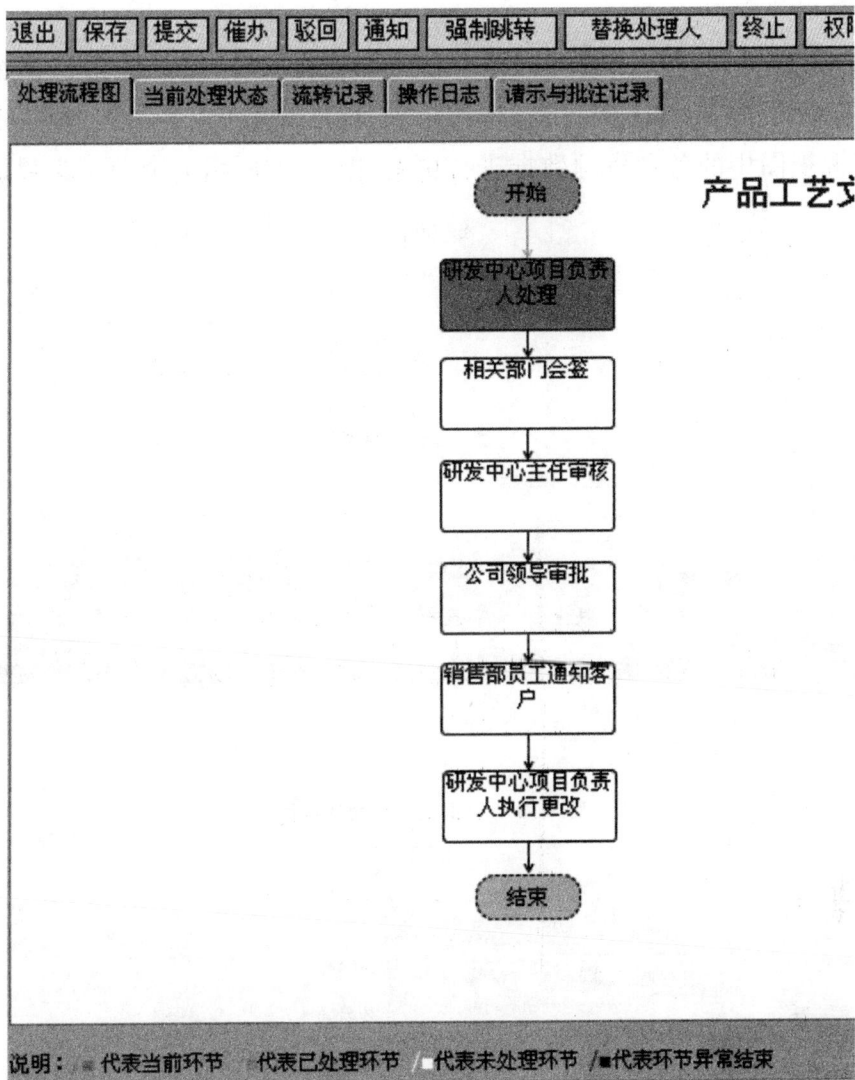

图 8-12   流程流转控制与查询界面

（4）知识管理

由于光电子产品属于知识密集型高科技产品，在产品的项目过程中涉及设计、工艺、封装、测试、仿真、光学、热学、电学、质量控制等大量知识，这些知识在项目过程中主要以文件的形式积累下来，这部分模块主要包括知识的归档和利用两个功能模块。图 8-13 所示为知识文档编辑界面。

（5）资源池管理

资源池管理主要包括资源定义、资源更新、资源冲突检测、资源冲突消解等功能模块。其中，资源定义用于确定资源的各种属性，如数量、工作能力等；资源更新是指对资源视图中的各种资源数据进行更新。图 8-14 所示为资源定义界面。

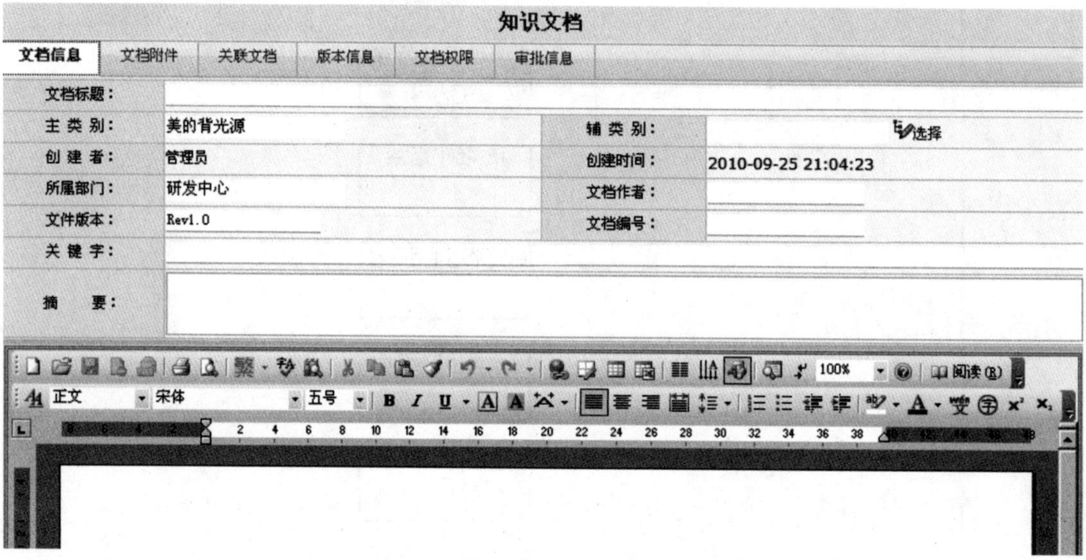

图 8-13　知识文档的编辑界面

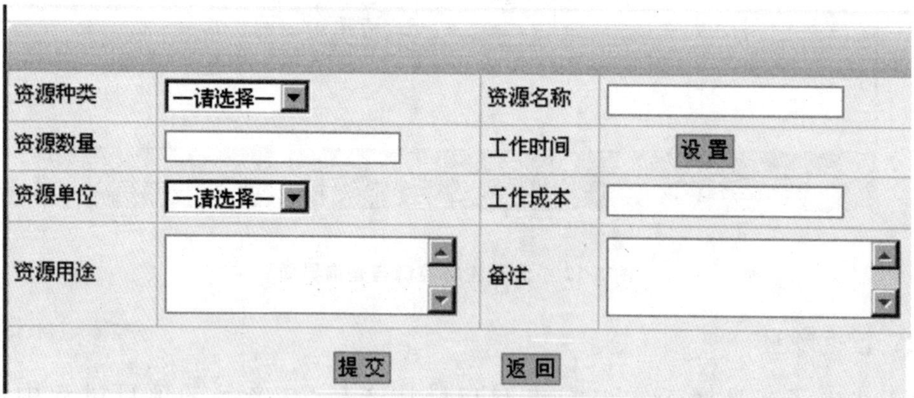

图 8-14　资源定义界面

（6）产品数据管理

产品数据管理是以项目为主线对产品数据进行管理，包括产品的图档管理、产品 BOM 管理与产品版本管理等功能模块。图 8-15 所示为 BOM 管理界面。

图 8-15　BOM 管理界面

8.3.2　系统结构设计

　　原型系统采用 B/S 模式中常用的分层设计的思想,基于关系型数据库的系统层次结构图如图 8-16 所示,共分为 5 层:① 客户层采用的是标准的 Web 浏览器方法,用户无须安装额外软件即可完成各种应用。② 应用层为客户层提供了各种应用程序服务。③ 数据访问层为应用层提供数据库操作服务,并对该服务进行封装,提高数据的安全性和系统的并发能力。④ 业务实现层用于处理复杂的业务逻辑。⑤ 数据库层提供了项目中各类数据的结构化存储容器。

　　基于 Domino 与 DigiFlow 的项目流程管理层次结构图如图 8-17 所示。该结构中数据库层主要包括流程定义库和流程实例库,前者用于保存从业务过程中分离出来后在流程定义器中定义的抽象流程;后者用于保存应用程序(即项目任务的执行)加载抽象流程,并进行流转后的流程实例。流程和项目任务之间是松散耦合的关系,即一个项目任务的执行过程只能配置一个流程,而一个流程可以跟多个项目任务的执行过程关联。

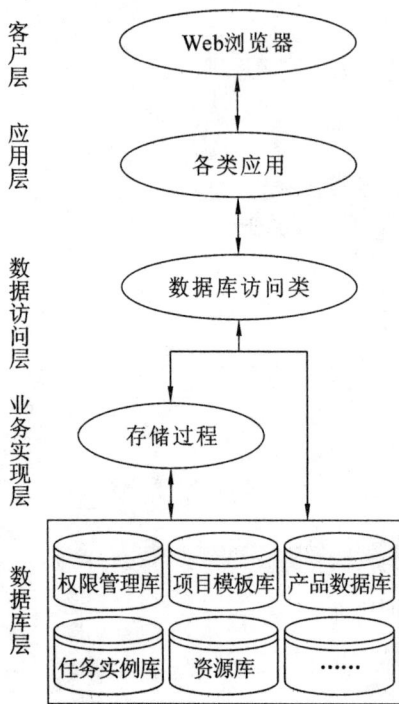

图 8-16　基于关系型数据库的系统层次结构图

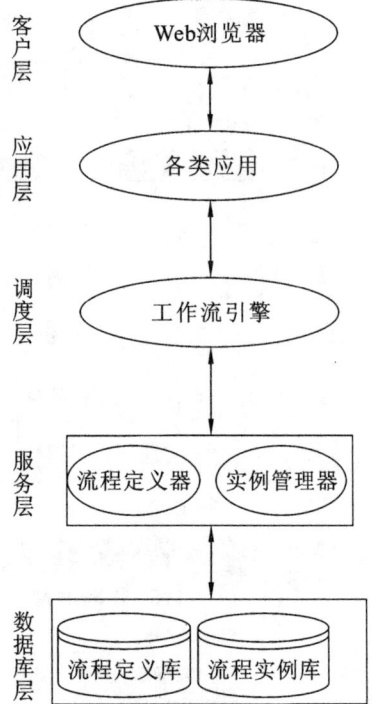

图 8-17　基于 Domino 与 DigiFlow 的项目流程管理层次结构图

8.3.3　系统安全性设计

Domino 平台本身提供了一整套多层次的安全机制以确保系统的安全性,可以保护域、区段、表单、视图、数据库、服务器和网络域等各方面的安全。因此,本书关于 Domino 平台下的安全性不再论述。

由于 ASP. NET 平台下安全机制较弱,因此有必要对其进行设计。本书的安全性设计主要是基于对页面与数据的读写访问进行权限控制,为此,系统采用面向角色的访问控制(Role Based Access Control,RBAC),采用权限、角色和人员三级访问控制关系对系统进行权限的配置,为此设计了如图 8-18 所示的 4 个表。其中,page_control 用于保存对各个页面控件的权限控制信息;power_page 用于保存对各个页面的权限控制信息;role_info 用于保存角色信息;power_role 用于保存角色-页面-控件的控制信息,即每个角色(r_id)可以访问哪些页面(page_id)的哪些控件(control_id)。

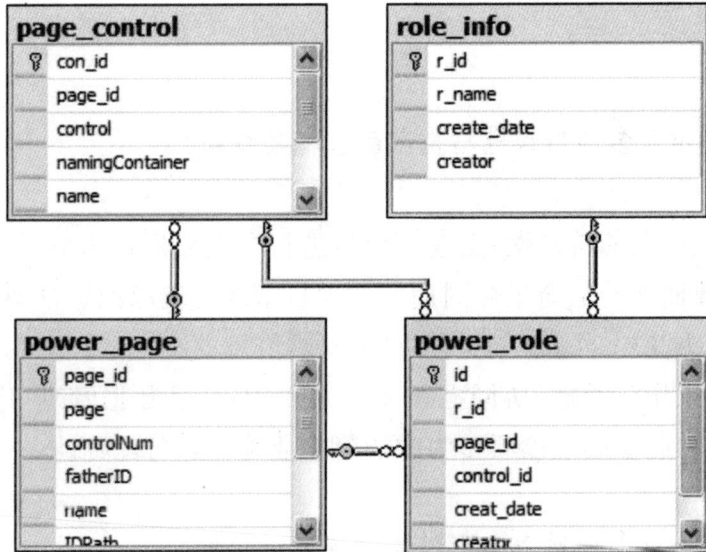

图 8-18 权限数据结构表

8.3.4 系统集成性设计

一方面光电子企业项目管理的过程涵盖了企业管理的大部分内容,涉及企业的多个信息系统;另一方面本书的开发平台设计了关系型数据库和文档型数据库。因此,原型系统有必要对涉及跨平台、异构的数据源进行集成性设计。本书中的集成性主要考虑以下两种类型的集成:

(1) Domino 文档型数据库与 SQL Server 关系型数据库之间的集成。两者主要区别在于前者存储的是非结构化数据,后者存储的是结构化数据,这种差别导致二者不能直接相连,对此,本书主要采用文献[9]提出的方法进行集成。

(2) 关系型数据库下不同系统之间的集成。在项目管理系统和 ERP 中,产品 BOM、企业资源等信息被结构化存储于关系型数据库中,为避免信息孤岛、减少数据重复录入、保持数据的一致性,需要对其进行集成。利用 ADO、ODBC 等数据库访问组件在数据访问层中建立功能接口即可实现集成。

8.4　光电子行业数字制造资源共享分析

8.4.1　光电子企业多项目管理与资源配置框架分析

　　由于光电子产品的特殊性，企业对项目进行全生命周期的管理，对此，本书提出了光电子企业面向产品全生命周期的多项目管理与资源配置框架，如图 8-19 所示，图中的双箭头"↔"表示系统之间的业务或信息的交互。该框架以项目管理系统为核心，包括工作流管理（协同办公系统）、ERP、产品数据管理（PDM）、文档管理（知识管理），在此基础上以项目为中心对企业资源进行配置。

8.4.2　光电子企业多项目资源配置的过程分析

　　一般来说，光电子企业在进行多项目的资源配置管理过程中，需要开展如下四个方面的工作（图 8-20）：

　　（1）确定当前各项目对各类资源的需求

　　确定项目对各类资源的需求（即识别项目资源需求）的过程，一般包括制订 WBS、根据 WBS 确定项目活动、进行项目活动资源估算、依据项目活动及其资源绘制网络计划图形成进度计划四个步骤。

　　（2）分析资源约束

　　企业在识别项目的资源需求后，需要分析多项目的资源约束情况。多项目可以看作是受到相同资源约束的项目集合，资源约束贯穿于整个多项目管理的过程之中。多项目的资源约束具体表现为某时刻资源需求量大于其可用量。在分析资源约束的过程中，首先需要及时对资源进行更新，将企业可用资源添加到资源池中，资源池对所有项目是共享的。然后将所有项目资源综合需求峰值与资源池中的资源进行比对。

　　（3）制订多项目的资源计划

　　对需求资源进行准确的识别并考虑资源约束后，需要制订多项目的资源配置计划，其实质是找出资源需求与资源约束的最佳平衡点，即资源的分配和在多项目之间的平衡问题。

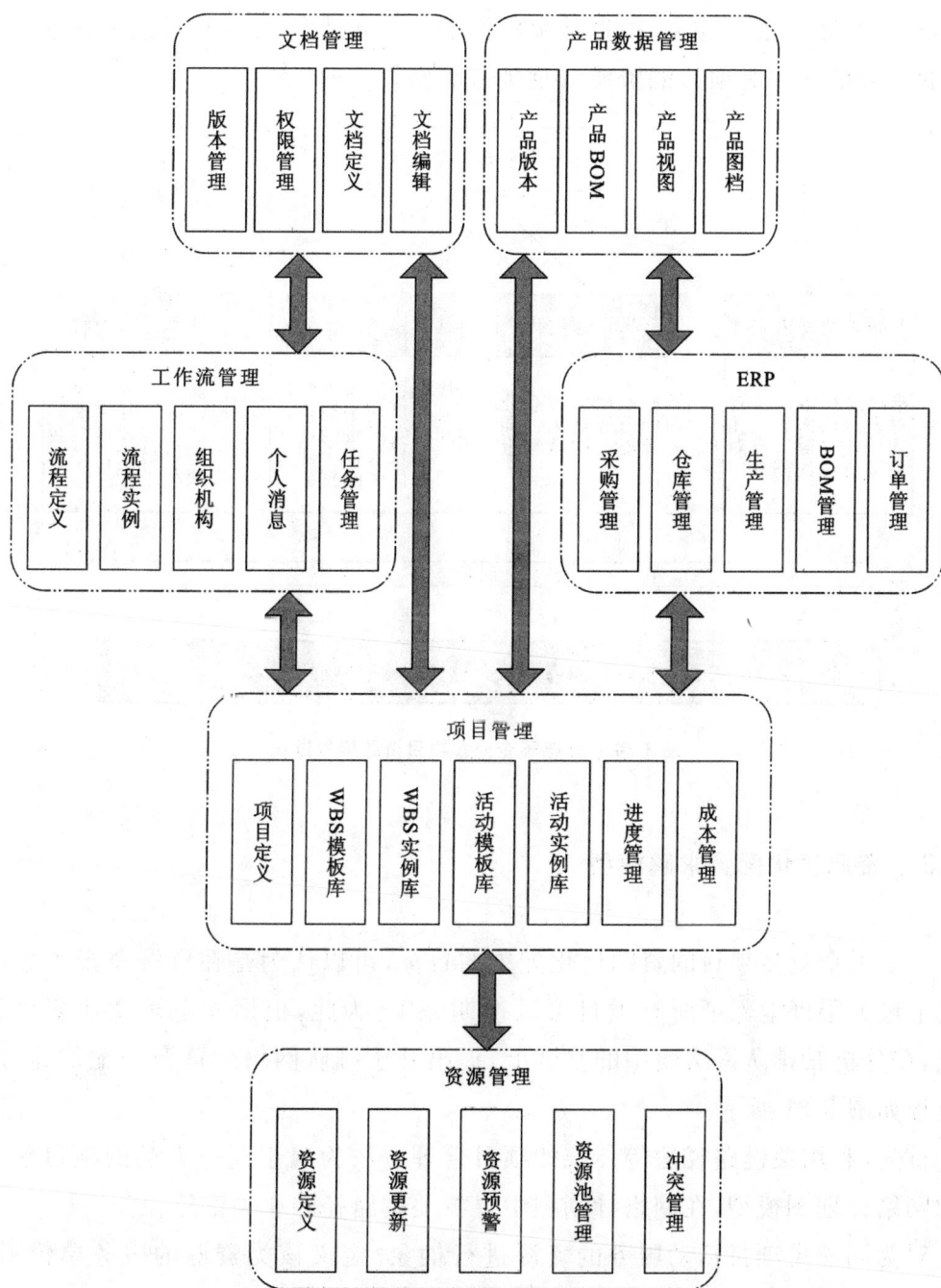

图 8-19 光电子企业面向产品全生命周期的多项目管理与资源配置框架

（4）资源冲突消解

由于各种不确定因素的存在，在项目资源计划的执行过程中可能会因未按照原定计划进行而产生资源冲突。因此，企业需要对各个项目的实施情况进行实时监测,对于可能产生的冲突,根据冲突的影响大小预先提出不同级别的预警,制订相应的补救措施并对项目的资源计划加以调整。

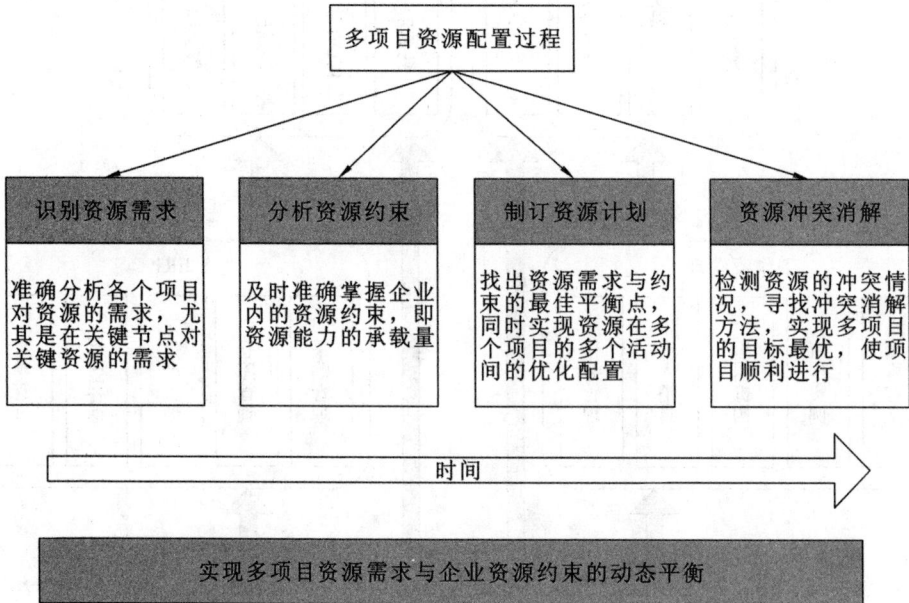

图 8-20   光电子企业多项目资源配置过程

8.4.3   资源优化配置求解模型

光电子企业多项目的资源优化配置的目标,可以认为是在资源总投入最少的情况下最大限度地保证所有项目可以按期完工。为此,根据光电子企业多项目的特点,在分析其排队网络模型的基础上,提出基于排队网络的资源分配优化方法,其流程如图 8-21 所示。

首先,利用关键路径法等传统的项目管理方法为属于同一大类的项目建立项目的网络计划图模型,在网络计划图中寻找关键路径和非关键路径。

对为同一类项目活动服务的资源进行抽象,定义该类资源的服务单位、服务时间等特征。假设对项目进行 WBS 抽象后,项目有 N 个项目活动,对应的抽象资源应有 N 类,每类抽象资源完成对应项目活动的时间服从参数为 μ_i 的负指数分布。然后根据统计数据确定项目的到达参数 λ,建立多项目的排队网络模型。根据该模型确定资源分配目标并寻找约束条件,资源分配的目标是使总费用最少。

8.4.4　资源冲突消解模型

　　资源在多个项目之间的冲突,必然会导致某个项目活动的执行时间出现延迟,严重时还可能导致整个多项目的运作出现混乱。因此,在多项目的执行过程中,需要实时对资源冲突进行监测,及时消解冲突。

　　光电子企业多项目的资源冲突处理过程如图 8-22 所示。首先需要对项目执行进度及其相关资源进行实时监控,为资源冲突的检测提供数据来源。根据项目活动库和资源库中的数据对是否存在资源冲突进行判断。如果存在资源冲突,则需要将资源冲突的情况进行分析表达,确定哪些项目、项目的哪些活动、哪些资源需要参与冲突消解过程。如果对冲突进行消解的结果满足项目的目标,则冲突消解成功,修改项目计划。

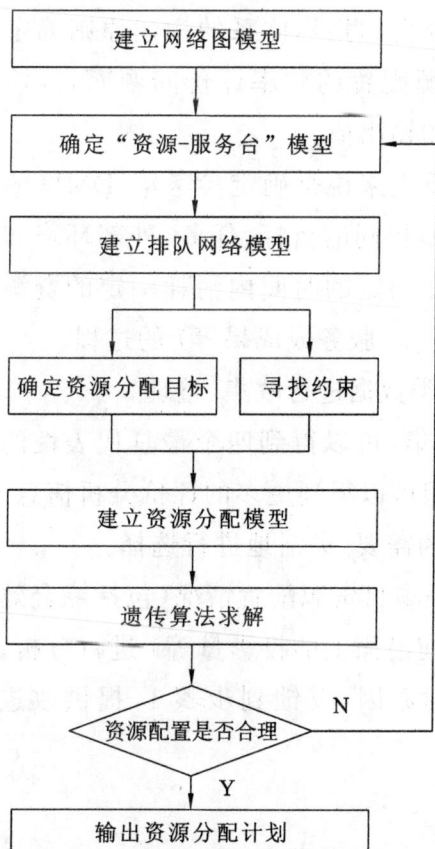

图 8-21　光电子企业基于排队网络的多项目
　　　　　资源分配优化流程

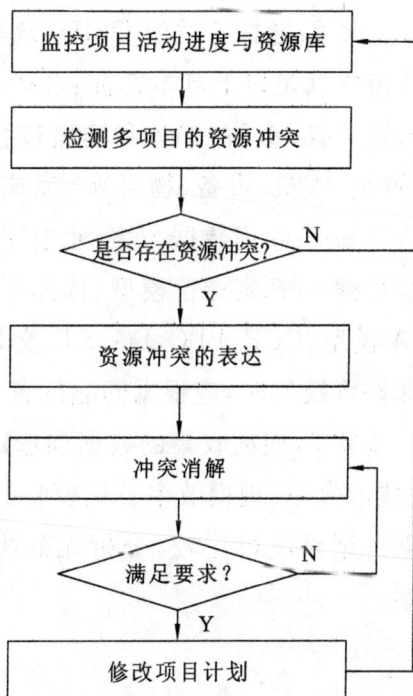

图 8-22　光电子企业多项目的资源冲突处理过程

```
┌─────────────────────┐
│  确定输入、输出指标  │◄──────┐
└─────────────────────┘       │
           │                  │
           ▼                  │
┌─────────────────────┐       │
│   选择合适的DMU     │       │
└─────────────────────┘       │
           │                  │ 反馈
           ▼                  │
┌─────────────────────┐       │
│     收集数据        │       │
└─────────────────────┘       │
           │                  │
           ▼                  │
┌─────────────────────┐       │
│   选定评价模型      │       │
└─────────────────────┘       │
           │                  │
           ▼                  │
┌─────────────────────┐       │
│     评价分析        │───────┘
└─────────────────────┘
```

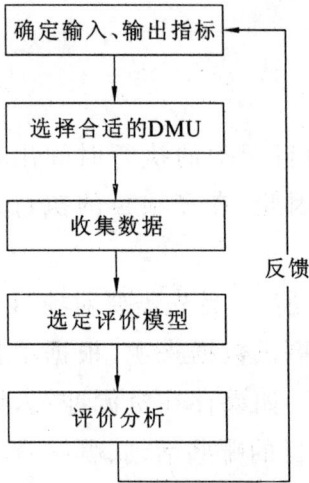

图 8-23　应用 DEA 方法的评价流程

8.4.5　基于 DEA 的多项目资源配置评价

DEA 方法由 Charnes、Coopor 和 Rhodes 于 1978 年提出。该方法的原理主要是通过保持决策单元的输入或者输出不变,借助于数学规划和统计数据来确定相对有效的生产前沿面,将各个决策单元投影到 DEA 的生产前沿面上,并通过比较决策单元偏离 DEA 前沿面的程度来评价它们的相对有效性。

应用 DEA 方法对目标系统进行评价,一般有以下几个步骤(图 8-23):

步骤 1:确定输入、输出指标。根据对问题的分析和指标体系的构建原则确定能反映评价目标的输入、输出指标。对多项目资源配置的效率评价问题而言,输入、输出指标分别是各类资源输入量与各种收益的输出值。

步骤 2:选择合适的 DMU。选择 DMU 从实质上来说是确定参考集。DMU 的选择需要满足以下基本特征:选择的对象具有类型相同的目标、任务、外部环境和输入输出。DMU 的输入和输出过程可以看作是在限定的时间内消耗一定的资源(如资金、人员、设备、物料等)完成特定的目标(产品、服务或成果等)的过程。

步骤 3:收集数据。对企业中项目收尾后的各类数据进行收集、整理。

步骤 4:选定评价模型。选择不同的生产可能集,可以得到四个最具代表性的 DEA 模型:CCR、BBC、FG、ST。交替使用这些模型可以得到更多的评价分析信息。选择评价模型时,应根据问题的背景和评价目标的需要,灵活地进行选择。

步骤 5:根据收集的数据和选定的模型对各类项目资源配置情况(包括综合效率、技术效率、规模效率及规模收益情况、在有效前沿面上的投影量等)进行分析。对上述结果进行比较,分析无效决策单元无效的原因,反馈到步骤 1,提供改进方案。

参 考 文 献

[1] 黄小荣. 光电子企业多项目资源配置优化与评价方法研究[D]. 武汉:武汉理工大学,2011.

［2］李益兵. 光电子产品生命周期质量管理关键技术研究［D］. 武汉:武汉理工大学,2008.

［3］王天日. 支持流程优化的光电子企业产品协同开发过程管理［D］. 武汉:武汉理工大学,2010.

［4］毕琳,姚平. 基于 DEA 的资源配置评估系统的研究［J］. 哈尔滨工程大学学报,2005(1)：136-138.

［5］李俊亭,王润孝,杨云涛. 基于资源冲突调度的关键链项目进度研究［J］. 西北工业大学学报,2010(4)：547-552.

［6］盛步云,林志军,丁毓峰,等. 基于粗糙集的协同设计冲突消解事例推理技术［J］. 计算机集成制造系统,2007,12(12)：1952-1956.

［7］甘佳,段桂江. 云制造服务信任评估技术［J］. 计算机集成制造系统,2012,18(7)：1527-1535.

［8］孙忠良,吴文武,洪军,等. 基于数据包络分析的网络化制造联盟企业制造资源配置评价研究［J］. 计算机集成制造系统,2008,14(5)：962-969.

［9］姜红凡,郭顺生,蔡兰. Notes 文档数据库和 SQL 数据库的集成及其应用［J］. 机电工程,2007,8:98-100.